발간에 즈음하여

21세기 대한민국에서 kpop 데몬헌터스 가 폭팔적으로 인기를 끌고 있다

1980년대 노동자로서 힘의원천은 조선시대 과거시험 우리선조의 바느질솜씨로

양궁 골프 탁구 등 손의로 하는운동은 독보적이다

우리선조들의 어머님은 장독에 매주를 담가 깊은 음식맛을 만들었고 비느질 다듬이질로

가족의 생계의원천이 후손에게 힘을 발휘한 것 같아 보인다

손재주는 어느국가도 따라올 수 없다

국토면적의 70%가 산인 우리나라 계곡에서 나물이 나오고 모진비바람을 견디는 고대 난방 주거문화가 이제야 전세계에 빛을 바라는 것을 느꼈다

인터넷혁명으로 거래90%가 인터넷으로 흐르고 지식문화예술분야에서 급속도로 번지고 있다

그런데 한국은 방송통신대가 1970년대 발족하여 우리사회 버팀목으로 자리잡아 가고 있다 우리민족의 잠재력을 극대화할 수 있는 대학이다

조선시대500년간 치열한 과거시험 전국민이 누구나 참가 합격하면 신분상승의 기회를 주었기에 우리민족은 교육열은 우리조상의 잠재력을 잘표현하고 있다

방송통신대 는 우리민족의 축복이다

필자는 방송통신대를 조선시대 과거시험에 비추어 제2의 혁명이다 할 수 있다

우리대한민국이 중심으로 모든분야가 자라잡고있는이유가 역사적 흐름이있다고 본다

곧 방송통신대 100만명 입학시대가 온다

저렴한학비 생활비지원등 이대학에 합격만하여 학업한다면 신의축복이고 신분상승이다

요즘은 실력우선이다 누가 어디서 대한민국혼을 잘받들어 사느냐의 싸움이다

오대양육대주에 한국방송통신대라인은 매우경제적이며 세계인이 한국어 학습시

방송통신대 입학으로 모두 커버할 수 있는 파괴력이 있다

망설이지 말자 방통대에서 외국어 법학 경영경제 한방에 해결할 수 있다

대한민국 무직자 실업자 명퇴자 주부 등 직업이 불확실하신분 방통대입학하라

신설동에 펜글씨 검정고시로 성공하여 수천억 재산가도 나타난 것을 눈으로

목격하고 방향이 이방향으로 깃발을 꽂고 인생을 설계함이 바람직하다

실패했다면 방통대 입학하여 다시 인생을 설계하라 절대로 돈있다고 성공하는 것이

아니다 방향이 맞고 조선시대 선비처럼 학문에 매진하는 분위기를 21세기 대한민국에서 계속 이어가길바란다

이도서는 여러분에게 입학하여 친밀감을 주기위해 실제 무엇을공부하고 어떻게 공부하는가에 역점을 두었다

2025년 10월28   저자 김정수배상

목차

1. 2025 모집요강

한국방송통신대학교 2025학년도 1학기

대학생활 길라잡이

새로움을 시작하다

KN OU

국립 한국방송통신대학교
Korea National Open University

한국방송통신대학교 2025학년도 1학기

대학생활 길라잡이

(해외거주학생용)

이 자료는 해외에 거주하는 학생 여러분이 본교 학업 수행을 잘 할 수 있도록 도움을 드리기 위한 자료입니다.
해외거주학생에 해당하는 필수적인 내용으로만 구성하였으니, 전체적인 학사운영 제도가 궁금하신 분은 "대학생활 길라잡이(국내거주학생용)"을 참고하시기 바랍니다.

CONTENTS | 목차

입학 환영사

국립 한국방송통신대학교의 새로운 가족이 되신 해외 학생 여러분! 입학을 진심으로 축하드립니다.

1972년에 개교한 이래 52년간 79만 명의 동문을 배출하여 대한민국의 유일한 국립 원격대학으로서 역할을 담당해 온 우리 대학은, 2024학년도부터 대한민국을 넘어 세계 각국에 거주하는 여러분에게 원격 고등교육 서비스를 제공하게 되었습니다.

이 자료는 세계 각국에서 한국방송통신대학의 학생이 되어 원격으로 학업을 수행하게 되신 "해외거주학생"을 위해 별도로 제작된 대학생활 안내 자료입니다. 우리 대학만의 특별한 학사 제도와 강의 방식, 학과 등에 대한 자세한 정보를 담고 있습니다. 이 자료가 성공적인 대학생활과 학업성취와 졸업에 많은 도움이 되길 기대합니다.

내일을 위한 투자를 아끼지 않는 세계 시민과 동포 여러분! 여러분의 열정과 용기에 힘찬 박수를 보내며 여러분 모두의 소중한 꿈을 실현하도록 최선을 다하겠습니다. 감사합니다.

한국방송통신대학교 총장 고 성 환

2025 학년도 학사력

1 January	24/09/02(월)~01/21(화)	2024. 전기 졸업유보 신청
	01/02(목)~01/02(목)	2025. 시무식
	01/03(금)~01/09(목)	2024. 2차 연계·복수 전공 취소 신청
	01/05(일)~01/05(일)	2024. 동계 계절수업시험
	01/06(월)~01/10(금)	2025. 1학기 시간제등록생 입학지원서 접수 및 수강신청
	01/16(목)~01/21(화)	2025. 1학기 재학생 수강신청
	01/22(수)~01/22(수)	2025. 1학기 시간제등록생 합격자 발표
	01/23(목)~01/27(월)	2025. 1학기 시간제등록생 등록
	01/23(목)~01/27(월)	2025. 1학기 신·편입생 등록
	01/23(목)~01/23(목)	2025. 1학기 신·편입생 합격자 발표
	01/23(목)~01/2/(월)	2025. 1학기 신·편입생 수강신청
	01/31(금)~02/04(화)	2025. 1학기 재학생 등록
2 February	02/17(월)~06/15(일)	2025. 1학기 형성평가
	02/25(화)~02/25(화)	2025년도 전기 학위수여식
3 March	03/01(토)~03/01(토)	2025학년도 입학식
	03/01(토)~05/25(일)	2025. 1학기 출석수업
	03/02(일)~06/15(일)	2025. 1학기 학습기간
	03/04(화)~07/22(화)	2024. 후기 졸업유보 신청
	03/04(화)~03/10(월)	2025. 1학기 마이크로전공 신청
	03/04(화)~03/13(목)	2025. 1학기 졸업논문 계획서 접수
	03/09(일)~03/09(일)	개교기념일
	03/11(화)~03/24(월)	2025. 2학기 생활과학부 전공배정 신청
	03/17(월)~03/21(금)	2025. 1학기 졸업논문대체 접수
4 April	04/04(금)~04/04(금)	2025. 1학기 졸업논문대체 합격자 발표
	04/04(금)~04/14(월)	2025. 1학기 중간과제물 접수(정시)
5 May	05/01(목)~05/07(수)	2025. 하계 계절수업 수강신청
	05/02(금)~05/09(금)	2025. 1학기 졸업논문 접수
	05/08(목)~05/14(수)	2025. 2학기 복수전공 신청
	05/09(금)~05/14(수)	2025. 하계 계절수업 등록
	05/30(금)~07/01(화)	2025. 2학기 재입학 신청
	05/31(토)~06/01(일)	2025. 1학기 출석수업대체시험
6 June	06/06(금)~06/08(일)	2025. 1학기 기말시험
	06/09(월)~07/08(화)	2025. 2학기 신·편입생 입학지원서 접수
	06/13(금)~06/15(일)	2025. 1학기 기말시험
	06/16(월)~07/06(일)	2025. 하계 계절수업 강의
	06/24(화)~06/30(월)	2025. 1차 연계·복수·마이크로 전공 취소 신청
	06/27(금)~06/27(금)	2025. 1학기 졸업논문 합격자 발표
7 July	07/06(일)~07/06(일)	2025. 하계 계절수업 시험
	07/09(수)~07/15(화)	2025. 2학기 시간제등록생 입학지원서 접수 및 수강신청
	07/17(목)~07/22(화)	2025. 2학기 재학생 수강신청
	07/25(금)~07/25(금)	2025. 2학기 시간제등록생 합격자 발표
	07/28(월)~07/31(목)	2025. 2학기 재학생 등록
	07/28(월)~07/31(목)	2025. 2학기 시간제등록생 등록
	07/28(월)~07/31(목)	2025. 2학기 신·편입생 등록
	07/28(월)~07/28(월)	2025. 2학기 신·편입생 합격자 발표
	07/28(월)~07/31(목)	2025. 2학기 신·편입생 수강신청

8 August	08/18(월)~12/14(일)	2025. 2학기 학습기간
	08/18(월)~12/14(일)	2025. 2학기 형성평가
	08/27(수)~08/27(수)	2025년도 후기 학위수여식
9 September	09/01(월)~09/05(금)	2025. 2학기 마이크로전공 신청
	09/01(월)~01/20(화)	2025. 전기 졸업유보 신청
	09/01(월)~11/23(일)	2025. 2학기 출석수업
	09/02(화)~09/11(목)	2025. 2학기 졸업논문 계획서 접수
	09/09(화)~09/22(월)	2026. 1학기 생활과학부 전공배정 신청
	09/22(월)~09/26(금)	2025. 2학기 졸업논문대체 접수
10 October	10/01(수)~10/14(화)	2025. 2학기 중간과제물 접수(정시)
	10/10(금)~10/10(금)	2025. 2학기 졸업논문대체 합격자 발표
	10/10(금)~10/14(화)	2025. 동계 계절수업 수강신청
	10/17(금)~10/22(수)	2025. 동계 계절수업 등록
	10/28(화)~11/03(월)	2026. 1학기 복수전공 신청
	10/31(금)~11/07(금)	2025. 2학기 졸업논문 접수
11 November	11/24(월)~12/30(화)	2026. 1학기 재입학 신청
	11/29(토)~11/30(일)	2025. 2학기 출석수업대체시험
12 December	12/03(수)~01/05(월)	2026. 1학기 신·편입생 입학지원서 접수
	12/05(금)~12/07(일)	2025. 2학기 기말시험
	12/12(금)~12/14(일)	2025. 2학기 기말시험
	12/15(월)~01/04(일)	2025. 동계 계절수업 강의
	12/26(금)~12/26(금)	2025. 2학기 졸업논문 합격자 발표
	12/31(수)~12/31(수)	2025. 종무식

2026년

1 January	01/02(금)~01/02(금)	2026. 시무식
	01/04(일)~01/04(일)	2025. 동계 계절수업 시험
	01/05(월)~01/09(금)	2025. 2차 연계·복수·마이크로 전공 취소 신청
	01/06(화)~01/12(월)	2026. 1학기 시간제등록생 입학지원서 접수 및 수강신청
	01/15(목)~01/20(화)	2026. 1학기 재학생 수강신청
	01/22(목)~01/22(목)	2026. 1학기 시간제등록생 합격자 발표
	01/23(금)~01/28(수)	2026. 1학기 시간제등록생 등록
	01/23(금)~01/28(수)	2026. 1학기 신·편입생 등록
	01/23(금)~01/23(금)	2026. 1학기 신·편입생 합격자 발표
	01/29(목)~02/03(화)	2026. 1학기 재학생 등록
2 February	02/25(수)~02/25(수)	2026년도 전기 학위수여식

※ 상기 일정은 사정에 따라 변경될 수 있음

KOREA NATIONAL OPEN UNIVERSITY

KNOU

Ⅰ. 대학생활

1

우리 방송대는 어떠한 대학인가요?

1-1. 대학의 비전과 교명과 심볼, 교가 등

■ 비전과 핵심가치

전문성

자율성

더 나은 내일을 위한
성공 플랫폼,
국립 KNOU

공공성

개방성

KNOU
KOREA NATIONAL OPEN UNIVERSITY

■ 교명과 약칭
① 교명 : '한국방송통신대학교' (약칭 : '방송대')
② 영문 명칭 : Korea National Open University (약칭 : KNOU)

■ 대학의 위치와 우편 주소, 홈페이지, 대표전화
① 대학본부의 위치와 우편주소 : (03087) 서울시 종로구 대학로 86(동숭동)
② 학교의 홈페이지 : https://www.knou.ac.kr
③ 대학본부 행정부서 및 학과 연락처 : 별첨 1, 2
④ 대표 안내전화 : ☎ 1577-9995

정장

약장

■ 심볼마크
우리 대학의 심볼마크는 "열린 학습사회를 선도하는 세계 속의 첨단 원격대학"의 이념과 미래상을 표상합니다.
우주공간에 떠 있는 타원의 형태는 통신위성을 뜻하며 21세기 정보 통신시대의 첨단 원격교육을 펼쳐가는 첨단대학을 의미합니다.
청색 원은 세계를 뜻하며 O(Open) 자형 타원과 열려진 U(University) 자형은 항상 개방되어 있는 열린 대학을 의미합니다.
열린 U자의 L(Love)과 J(Justice)의 조형은 사랑과 정의로 남과 북 그리고 온겨레가 하나 되는 민족대학임을 지향하는 것을 의미합니다.

■ 개교기념일 : 3월 9일

■ 교가
우리 대학의 교가는 유명한 가곡 [그리운 금강산]을 작곡한 최영섭 선생님이 작곡하였고 작사자는 '방송대학'으로 표기되어 있습니다.
입학식, 오리엔테이션을 비롯해 다양한 학교 행사에서 교가를 부르는 경우가 많습니다. 그러므로 (학교 홈페이지 → 홍보관 → 대학 상징 → 교가)를 클릭하면 악보와 교가 음원 mp3가 있으니 가사를 음미하며 연습해 보세요.

1-2. 대학의 조직과 전경

• 우리 대학은 총장, 부총장, 대학본부, 교육조직, 중앙도서관 및 부속시설 등 법인과 기타시설로 조직되어 있습니다.

대학본부에는 교무처, 학생처, 기획처, 사무국, 교육정보화본부가 있습니다.

부서	조직
교무처	교무과/학사운영과
학생처	학생과/입학과/학생통합서비스센터
기획처	전략기획과/대외협력홍보과
사무국	총무과/재무과/시설과
교육정보화본부	교육정보화과

대학은 4개의 단과대학과 그 소속의 24개 학과, 프라임칼리지로 조직되어 있습니다.

단과대학	소속 학과·전공
인문과학대학	국어국문학과/영어영문학과/중어중문학과/프랑스언어문화학과/일본학과
사회과학대학	법학과/행정학과/경제학과/경영학과/무역학과/미디어영상학과/ 도시콘텐츠·관광학과/사회복지학과(2018학년도 신설)
자연과학대학	농학과/생활과학부(가정복지상담학전공, 식품영양학전공, 의류패션학전공)/ 컴퓨터과학과/통계·데이터과학과/보건환경안전학과/간호학과
교육과학대학	교육학과/청소년교육복지상담학과/유아교육과/문화교양학과/ 생활체육지도과(2020년 신설)

※ 사회복지학과, 생활과학부 식품영양학 전공, 유아교육과는 해외거주학생으로 입학 및 재학 불가

특별교육조직	소속·전공
프라임칼리지	융합경영학부(회계금융전공, 마케팅·애널리틱스전공)/ 첨단공학부(산업공학전공, 메카트로닉스전공, AI전공)

대학본부

대학원에는 19개의 학과가 있고, 경영대학원에는 7개의 전공이 있습니다.

대학원	소속 학과·전공
대학원	문예창작콘텐츠학과, 실용영어학과, 실용중국어학과, 아프리카·불어권 언어문화학과, 일본언어문화학과, 법학과, 행정학과, 영상문화콘텐츠학과, 농업생명과학과(농학, 동물 자원), 생활과학과(생활과학, 가정복지상담학, 식품영양학, 의류패션학), 정보과학과, 에듀테크학과, 통계·데이터과학과 (바이오통계학, 통계과학), 환경보건시스템학과, 간호학과, 평생교육학과, 청소년교육학과, 유아교육학과, 사회복지학과(2020년 신설)
경영대학원	OBHR전공/GM전공/DS전공/마케팅전공/회계금융/경제정책전공/ 국제무역전공

· 교육기본시설에는 중앙도서관이 있습니다.
· 부속시설에는 디지털미디어센터(방송대학TV), 교양교육원, 역사기록관, 국제협력단 등이 있습니다.
· 연구시설에는 미래원격교육연구원과 통합인문학연구소가 있습니다.
· 그외 산학협력단, 발전기금재단, 출판문화원 등이 있습니다.

중앙도서관   역사관

우리대학에는 다음과 같이 13개의 지역대학이 있습니다. 지역대학에서는 관할 구역 내 학생의 출석수업과 시험 등을 관리하며, 해외거주학생은 서울지역대학에서 관리합니다.

지역대학명	소 재 지
서 울	서울특별시
부 산	부산광역시
대구·경북	대구광역시
인 천	인천광역시
광주·전남	광주광역시
대전·충남	대전광역시
울 산	울산광역시
경 기	경 기 도
강 원	강 원 도
충 북	충청북도
전 북	전라북도
경 남	경상남도
제 주	제 주 도

서울 지역대학(성수)

부산 지역대학

대구·경북 지역대학

인천 지역대학

광주·전남 지역대학

대전·충남 지역대학

울산 지역대학

경기 지역대학

강원 지역대학

충북 지역대학

전북 지역대학

경남 지역대학

제주 지역대학

2

입학하면 수업을 받기 전에
무엇을 먼저 해야 하나요?

2-1. 인터넷 ID 등록과 학생 e-mail 신청

- 우리 대학은 원격교육기관이므로 학생이 ID(아이디)와 학생 e-mail(이메일)을 가져야 학교 홈페이지에서 수업일정, 성적 등 자신의 학사정보를 포함하여 학업과 대학생활에 필요한 각종 자료와 정보를 받을 수 있습니다.

ID등록 방법

1

ID 등록은 학적 정보가 생성되고 입학 합격자 발표가 난 후에 할 수 있습니다. ID는 5~15 자로 영문 소문자·숫자 사용, 비밀번호는 영문자·숫자·특수문자 조합으로 9~15자로 만드는데 영문자는 대소문자를 구분합니다.

2

학교 홈페이지 초기화면의 로그인 영역에서 [아이디 등록]을 누른 후 사용자 구분에서 '학부생'을 선택하고 기본 인적사항(이름, 생년월일, 성별, 학번 등)을 입력합니다. 그 후 개인정보의 수집, 이용, 제공 등에 동의하고 [확인]을 클릭하면 등록할 수 있습니다.

3

등록한 ID는 변경할 수 없으니 ID 결정 시 신중하여야 합니다. 비밀번호 변경은 [로그인 → 맞춤정보 → '비밀번호관리']에서 변경할 수 있습니다.

4

학번, ID와 비밀번호는 본인이 잘 관리하여야 하고 잊어버렸다면 찾기 서비스를 이용할 수 있습니다. 이를 위해 다음 화면에서 나오는 개인정보를 미리 등록할 필요가 있습니다. 비밀번호를 잊어버린 경우에 '비밀번호 분실신고'를 클릭하면 임시 비밀번호를 발급받을 수 있는데 발급 받은 후 24시간 이내에 로그인하고 비밀번호 변경을 해야 합니다.

5

사용자 유형을 여러 개 보유하고 있더라도 ID는 하나로 씁니다.

6

시간제 등록 및 신·편입으로 인한 사용자 유형 추가는 시스템에서 일괄 처리합니다.

ID 등록	학번 찾기	ID 찾기	비밀번호 찾기	비밀번호 분실신고

ID 등록

! * 표시는 필수정보입니다.

학번			
성명(한글) ★		성명(영문)	
소속지역대학		광역지역대학	
학과			
ID ★	[　　　] 중복확인 (5~15자 소문자 영문, 숫자 사용) ※ ID는 등록 후 변경할 수 없으므로 주의바랍니다.		
비밀번호 ★	[　　　] (9~15자 영문자, 숫자, 특수문자 사용)		
비밀번호 확인 ★	[　　　] (비밀번호를 한번 더 입력해주세요.)		
우편번호 ★	[　　　] 🔍		
주소 ★	[　　　] [　　　]		
자택 전화번호	[　　] 예)123-1234-1234	휴대 전화번호 ★	[　　] 예)123-1234-1234
직장 전화번호	[　　] 예)123-1234-1234	팩스번호	[　　] 예)123-1234-1234
직업	=== 선택 === ▼		
E-mail ★	[　　] (비밀번호 분실시 재발급에 필요합니다. 예) test@example.com)		
학사 E-mail 수신여부	◉ 수신 ○ 거부	정보 E-mail 수신여부	◉ 수신 ○ 거부
교육부 E-mail 수신여부	◉ 수신 ○ 거부		
SMS 수신여부	◉ 수신 ○ 거부		
홈페이지	http://		

(완료)

e-mail 생성 ① 학교 e-mail 생성을 위해 개인정보 동의서에 동의한 다음 KNOU 이메일 주소와 비밀번호 설정을 하는 것이 필요합니다.

② 이메일 생성이 완료되면 "축하합니다"라는 메시지가 뜨고 로그인하면 학교가 메일로 제공하는 각종 정보를 이메일로 받을 수 있습니다.

이메일 생성 완료

축하합니다.

○ 한국방송통신대학교에서 제공하는 이메일이 생성되었습니다.

○ 한국방송통신대학교에서 제공하는 모든 정보는 생성된 방송대 메일로 전송됩니다.

○ 메일로 제공하는 정보를 학교메일이 아닌 개인메일로 받고자 하시는 분은
로그인 >> 개인정보 관리 >> 비밀번호 입력후 나타나는 개인정보변경에서 **이메일정보**를 **수정**하여 주십시오.

이메일 사용자 ★	
생성된 이메일 주소 ★	_____@knou.ac.kr (ID 등록시 입력한 메일 주소 정보가 생성된 방송대 메일주소로 변경됩니다.)

확인

방송대 교육용(구글) 이메일 신청

신청절차

https://www.knou.ac.kr

방송대 포털 사이트(https://www.knou.ac.kr)에서 로그인 후, 맞춤정보에서 메일 신청하시면 됩니다.

※ 홈페이지에서 로그인은 우리대학의 구성원 여부를 확인하기 위한 절차입니다.

※ 맞춤정보

로그인 클릭   ID 및 비밀번호 입력   맞춤정보 클릭

1) 맞춤정보에서 메일신청 ● • 최초 로그인 후 맞춤정보에서 **[메일신청] 버튼 클릭**

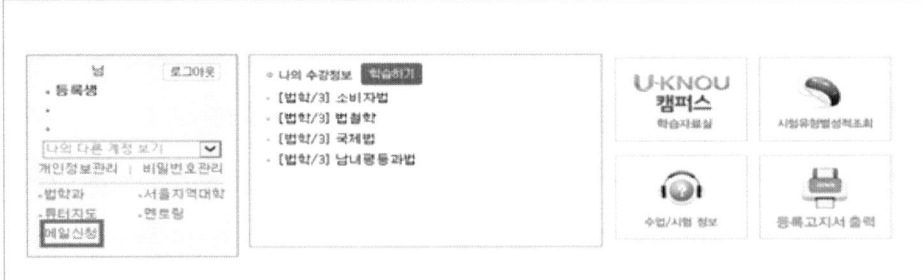

2) 이메일 생성 페이지에서
   각 항목 입력

① 개인정보 동의 항목 체크
   - 체크하지 않으면 메일 생성 불가
② 메일계정은 본인
   ID@knou.ac.kr로 자동 설정
③ 사용자의 성을 입력
   - 학생 이메일에 표시되는 성
④ 사용자의 이름을 입력
   - 학생 이메일에 표시되는 이름
⑤ 이메일 비밀번호 설정
⑥ 이메일 비밀번호 확인
⑦ 이메일 생성 버튼 클릭

3) 이메일 생성 여부 재확인 · [확인] 버튼 클릭 - 이메일 생성 여부 재확인

4) 이메일 생성 완료

① 학생 이메일 생성과 동시에 기존 학생 수신용 메일이 업데이트되므로, 메일 미수신에 따른 여러 문제를 해결 하기 위해서 재확인을 수행함
② [확인] 버튼 클릭
  - 반드시 [확인]버튼을 클릭하여야 로그인 시 [메일신청]에서 [메일]로 변경 됨

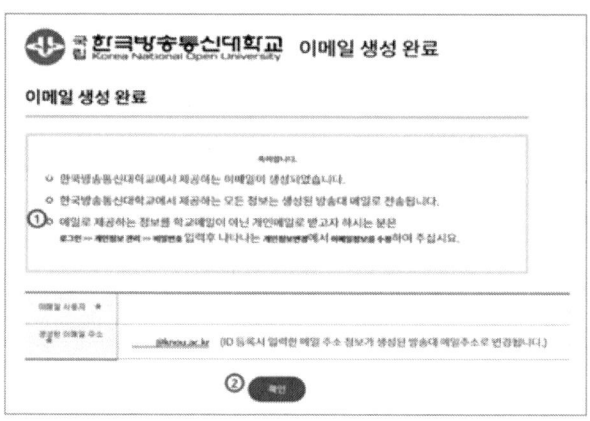

5) 이메일 사용

• **[메일] 버튼 클릭**
  - [메일] 버튼을 클릭하면 클라우드 시스템으로 넘어감

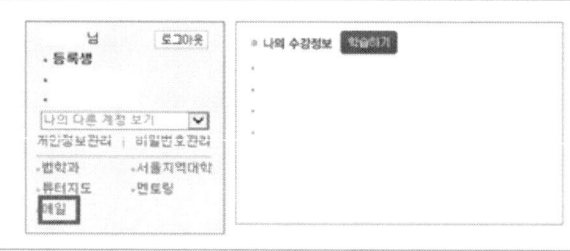

6) 이메일 사용

• **[메일 주소 입력]**
  - ID@knou.ac.kr
  - [다음] 버튼

7) 비밀번호 입력

• **[비밀번호 입력]**
  - 비밀번호 입력
    [로그인]버튼

※ 교육메일은 방송대 아이디를 이용하여 아이디@knou.ac.kr로 생성이 됩니다.
   교육메일 생성 시 학내시스템 개인정보 중 메일주소가 '교육메일' 주소로 자동 변경 됩니다.
   방송대 홈페이지가 아닌, 직접 구글 홈페이지인 www.gmail.com에서 아이디와 패스워드로
   로그인 할 수 있습니다.
   이 서비스는 구글에서 제공하는 서비스이므로, 구글의 정책에 따라 서비스 내용이 변경될 수
   있습니다.

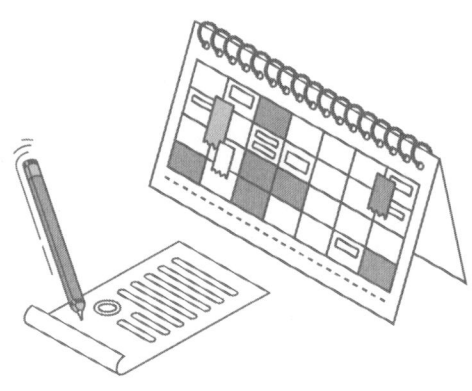

교육용(구글) 이메일 이용 제한 및 삭제 관련

본 서비스는 교육용 목적으로 제공되는 서비스로서 그 용도와 목적에 따라 서비스 제공내용(데이터 사용 가능량 등)이 제한되며, 서비스 제공내용이 변경될 수 있습니다. 본 서비스에 대하여는 본 대학 포털시스템 운영지침이 적용되며, 위 지침 및 서비스 제공자의 운영정책 변경 등 사정에 따라 제공 데이터 용량이 변경되거나, 이용 제한 또는 삭제 사유가 존재하는 경우 이용에 대한 제한, 삭제 조치가 행해질 수 있음을 유의하시기 비랍니다. 이용 제한 및 삭제의 요건과 절차는 아래와 같습니다.

이용 제한 사유 및 절차

- 사유
- 사용자별 저장용량 한도를 초과한 경우
- 스팸 발송, 해킹, 비밀번호 유출이 의심되는 이상 활동 감지, 음란물 또는 지적재산권 침해 소지가 있는 파일 저장 및 송수신이 의심되는 계정
- 대학 대표 홈페이지 ID가 없거나, 1년 이상 미 로그인 상태인 경우
- 제적생인 경우

- 절차
- 이용 제한 조치 4주일 전까지 해당 이용자에게 이메일, 문자메시지 등을 통해 제한 조치에 관한 안내 및 고지 후 이용 제한

삭제 사유 및 절차

- 사유
- 이용 제한 6개월 경과인 경우
- 본인이 삭제 요청을 한 경우
  (포털시스템 내 [교육메일삭제신청] 화면에서 본인이 직접 신청)
  (홈페이지 로그인-나의정보-좌측하단-교육메일관리-교육메일삭제신청)

- 절차
- 삭제 조치 3개월 전까지 해당 이용자에게 이메일, 문자메시지 등을 통해 삭제에 관한 안내 및 고지 후 교육용(구글) 이메일 계정 삭제
  (단, 본인이 삭제 요청을 한 경우, 담당자 확인 후 이메일 계정 삭제)

1) 나의정보에서 이메일 삭제신청

- 로그인 후 나의정보에서
  [교육메일삭제신청] 버튼 클릭

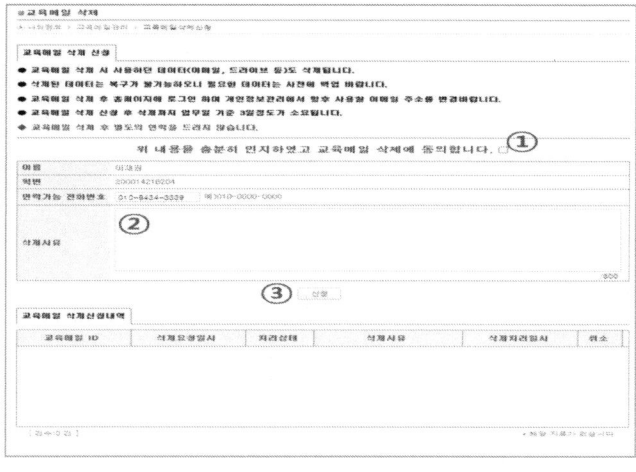

2) 교육메일 삭제신청 페이지에서
   각 항목 입력

① 교육메일 삭제 동의 항목 체크
② 삭제 사유를 간단하게 작성
③ 신청 버튼 클릭

● 알림   ✕

교육메일 삭제 신청하시겠습니까?

확인   취소

3) 교육메일 삭제 여부 재확인

- [확인] 버튼 클릭 – 삭제 여부 재확인

2-2. 학교와 소속 지역대학 및 학과의 홈페이지 검색

• 우리 대학은 원격교육기관의 특성상 수강신청, 등록, 수업, 시험, 학사운영, 학생 서비스, 각종 행사 등 학업과 대학생활에 필요한 각종 자료와 정보를 학교 홈페이지에 게시합니다. 그러므로 입학 후 학교 홈페이지, 소속 지역대학과 학과의 홈페이지를 살펴보고 자신에게 필요한 정보를 파악하는 것이 필요합니다. 홈페이지에 게시된 정보에 관하여 의문이 들거나 궁금한 사항이 있으면 언제든지 대학본부와 소속 지역대학에 있는 학생서비스센터에 메일 또는 전화로 문의해 주시기 바랍니다.

• 해외거주학생은 서울지역대학에 소속됩니다.

• 해외거주학생으로 입학한 후에도 국내로 지역대학변경이 가능하며, 국내 학생으로 입학한 후에도 해외거주학생으로 지역대학 변경이 가능합니다.

• 단, 국내-해외간 지역대학변경은 학기 단위로 가능하며, 국내 학생으로 입학한 학생이 해외지역대학으로 변경한 경우에는 매 학기 거주지 증빙을 해야 합니다.

2-3. 오리엔테이션(OT, 안내교육)과 입학식 참여

• 우리 대학은 입학생이 학업과 등록, 대학생활에 필요한 안내를 하여 학교에 적응을 잘할 수 있도록 오리엔테이션(OT)을 실시합니다. OT는 학과가 주관하며 국내의 지역대학에서 개최됩니다.

• OT에 참석하지 못하는 학생을 위하여 소속학과 홈페이지 또는 유튜브 등에 OT 자료를 게시하는 사례가 있으니 해외거주학생들은 참고하시기 바랍니다.

2-4. 수강신청과 등록

• 우리 대학에서 학업과 대학생활을 하려면 수강신청과 등록을 반드시 해야 합니다. 수강신청과 등록은 입학을 결단한 각오를 실천하고 방송대의 좋은 특성을 체험하며 "방송대 학우"가 되는 첫걸음입니다.

3
수강신청은 어떻게 하나요?

수강신청의 일정과 방법에 대하여 매 학기 「수강신청 안내」를 학교 홈페이지에 공지합니다. 해외 거주 학생의 경우 수강이 제한되는 과목이 있으니 학교 홈페이지뿐 아니라 반드시 소속 학과의 홈페이지 「수강신청 안내」를 확인하여 수강 신청하셔야 합니다.

3-1. 수강신청 일정

신·편입생	1차	2025. 1. 23.(목) 9:30~1. 27.(월) 18:00
재학생	입학학과의 수강신청 및 변경 : 2025. 1. 16.(목) 9:30~18:00	
	타학과와 입학학과의 수강신청 및 변경 : 2025. 1. 17.(금)~1. 21.(화) 18:00	

※ 수강신청의 변경과 취소도 할 수 있으나 지정된 기한 내에 하여야 합니다.

3-2. 수강교과목 지정

· 학생들의 수강신청 부담을 줄여주고 효율적인 수강지도를 위해 수강지정 기준에 따라 수강교과목을 지정하고 있으나 반드시 지정된 교과목을 수강하여야 하는 것은 아니며 수강신청 기간에 수강신청 가능 학점 범위 내에서 추가 또는 변경할 수 있습니다.

■ 지정기준학점

신·편입 첫 학기	신입생(1학년) : 4과목(12학점) + 원격대학교육의이해(1학점) 편입생(2,3학년) : 5과목(15학점) + 원격대학교육의이해(1학점)
두 번째 학기부터 (재학생,휴학생,재입학생)	6과목(18학점) 이내 지정 ※ 단, 복학생 및 재입학생은 '원격대학교육의이해'를 포함하여 19학점 이내

3-3. 수강신청 및 지정 기준

■ 원칙 · 소속 학과의 교과과정에 의거 학년 순서대로 학기당 18학점까지 신청 가능

■ 예외 · 당해학기 신·편입생, 재입학생, 복학생의 입학 첫 학기 : 19학점까지 신청가능
※ 18학점(기준학점) + 1학점('원격대학교육의 이해' 교과목)

- 3학점 초과이수 대상자 : 학기당 21학점까지 가능

  ㅣ직전 학기에 1학점 교과목을 제외한 전 과목을 이수하고, 성적 평균평점이 3.5이상인 자

  ※ 전과목 이수 : 신입생 4과목 이상, 편입생 5과목 이상, 재학생·복학생·재입학생 6과목 이상 수강 신청하여 모두 이수(원격대학교육의이해·사회봉사활동·교육봉사활동은 제외) *7과목 수강자는 7과목이 전과목임

  ㅣ취득학점이 93학점 이상인 자로서 다음 각 호에 해당하는 경우

  · 재이수 교과목 또는 대체이수 교과목을 이수하고자 하는 자

  · 2000학년도 이전 입학하거나, 취득한 전체성적 교과목 중 폐지 교과목이 존재하는 자는 재수강·대체이수와 무관하게 개설된 모든 교과목 중에서 이수 가능

■ 타학과 전공교과목 신청

- 일반적으로 타 학과에 개설된 전공 교과목을 수강신청 할 수 있으나(입학 제한 학과 및 일부 과목은 수강 제한), 타학과 수강신청인원은 지역별·학과별(전공별)·학년별로 등록예상 인원의 20~40%를 선착순으로 마감

  ※ 타 학과 수강 불가 과목: 사회복지학과, 생활과학부 식품영양학, 유아교육과, 생활체육지도과 개설 전공과목 및 일부 학과 개설교과목(학기마다 학사공지 참고)

- 입학(본인)학과 교과목이 타 학과에 중복되어 개설된 경우, 입학(본인)학과 교과목만 수강 가능

- 타학과에 개설된 '전공' 교과목을 이수하면 '일반선택'으로 인정

■ 프라임칼리지 교과목 수강신청

- 단과대학 소속 학생이 프라임칼리지의 평생교육과정에 개설된 학점 교과목을 수강하면 12학점까지 졸업에 필요한 학점으로 인정받을 수 있음

- 평생교육과정 운영은 연간 3~4회 운영되며 대부분의 교과목은 100% 온라인으로 수강 가능

- 단, 해외에서 수강 및 시험을 위해 네트워크 환경 및 시차 등 고려 필수

■ 교과목 재이수

- 이미 성적을 취득한 교과목에 대하여 성적향상 또는 학점취득을 원하는 경우에는 "교과목 재이수" 신청이 가능하며 재이수한 과목 성적이 기존에 비해 동일하거나 높은 경우에는 기존 과목의 성적과 학점이 삭제되고, 재이수한 과목의 성적과 학점이 인정

  · A^+ ~ D^0성적의 교과목 : 성적 향상만 가능, 학점 취득 불가

  · F성적의 교과목 : 학점취득 및 성적 향상 가능

■ 교과목 대체이수

- 취득 성적이 A^+ ~ D^0인 폐지교과목의 성적 향상 또는 취득성적이 F인 폐지교과목의 학점 취득 및 성적 향상을 하고자 하는 경우, 폐지된 교과목과 동일한 교과 구분의 미수강한 교과목으로 대체이수 가능

3-4. 수강신청 방법

■ 수강신청/변경/취소

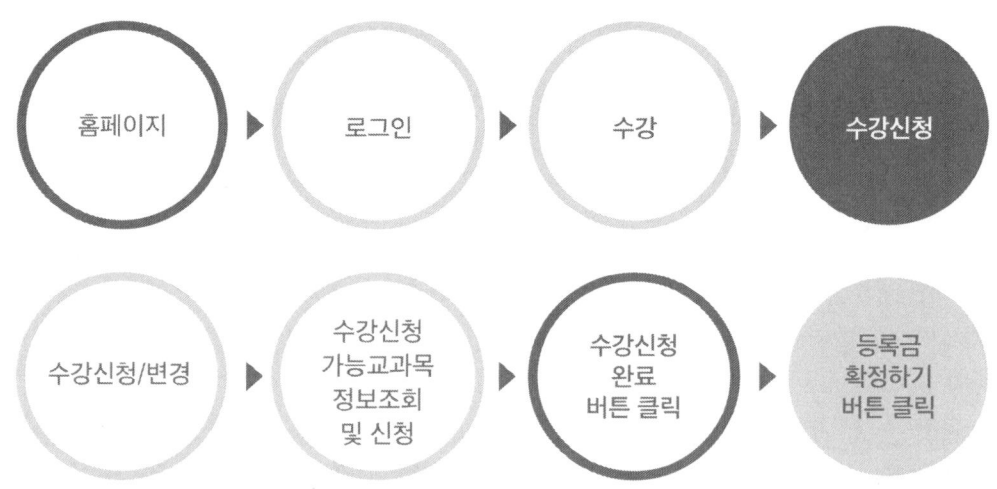

구 분		수강신청 방법	
수강지정교과목 수강신청		지정된 교과목 자동으로 보여짐	**(재학생)** 반드시 "수강신청완료" 버튼을 클릭하여야 수강 신청 완료됨 **(신 · 편입생)** 별도 수강신청을 하지 않아도 지정교과목으로 자동 수강신청되나, 지정교과목을 변경할 경우에만 별도 수강신청 필요 ※ 신편입생은 "수강신청 완료" 버튼 없음
수강교과목 취소	홈페이지 ↓ 로그인 ↓ 수강 ↓ 수강신청 ↓ 수강신청/변경	취소할 교과목 옆 "삭제" 클릭 → 교과목 취소	
수강교과목 변경신청		수강신청 과목/원하지 않는 교과목 옆 "삭제" 클릭 → "과목추가" 클릭 → 교과목 선택 → 선택완료	
타학과(타전공) 교과목 수강신청		수강신청 과목/원하지 않는 교과목 옆 "삭제" 클릭 → 과목검색 → 수강할 교과목 선택 → 선택완료	
수강신청 완료 후 교과목 취소 및 추가 신청 (타학과 포함) ※ 수강신청 기간에만 가능		수강신청 변경 → 수강신청 과목/원하지 않는 교과목 옆 "삭제" 클릭 → 과목검색 → 수강할 교과목 선택 → 선택완료	

4

등록금의 납부는
어떻게 해야 하나요?

입학이 허가되면 등록금 고지서를 받게 됩니다. 수강신청을 완료한 후 등록금을 납부해야 합니다.

• 등록금 납부 의무의 근거와 시한 : 「한국방송통신대학교 학칙(이하 "학칙")」 제 47조(등록)에 따라 입학이 허가된 학생은 지정된 기일까지 등록금을 납부해야 합니다. 정당한 사유 없이 등록기간 내에 등록하지 아니하면 입학허가가 취소되는 것이 원칙입니다.

■ 2025학년 1학기 등록금 납부 일정

구분	기간
신·편입생	2025. 1. 23.(목) ~ 1. 27.(월)
재적생(재학생, 복학생), 재입학생	2025. 1. 31.(금) ~ 2. 4.(화)

※ 상기일정은 학사사정에 따라 변동 가능

■ 등록금 납부액
(2024학년도 금액이므로, 추후 등록 관련 공지를 반드시 확인 바람)

(단위:원)

계열	학과	수업료
계열 I	국어국문, 영어영문, 중어중문, 프랑스언어문화, 일본, 법, 행정, 경제, 경영, 무역, 도시콘텐츠·관광, 문화교양	343,800
계열 II	미디어영상, 농학, 생활과학, 컴퓨터과학, 통계·데이터과학, 보건환경안전, 간호, 교육, 청소년교육복지상담	365,800
계열 III	생활체육지도	378,800

차등 납부자 등록금

(단위:원)

수강신청 학점기준	수업료			
	기준	계열 I	계열 II	계열 III
10학점 이상	수업료 전액	343,800	365,800	378,800
7~9학점	수업료의 1/2 해당액	171,900	182,900	189,400
4~6학점	수업료의 1/3 해당액	114,590	121,930	126,260
1~3학점	수업료의 1/6 해당액	57,290	60,960	63,130

※ 차등 납부자 적용 기준

1. 수업연한 경과자(1학년 입학생은 8번 초과 등록, 2학년 편입생은 6번 초과 등록, 3학년 편입생은 4번 초과 등록한 자)로서 수강신청 학점이 9학점 이하인 자
2. 장애학생으로서 수강신청 학점이 9학점 이하인 자

■ 등록금 납부절차

재적생(재학생, 복학생) 및 재입학생의 경우

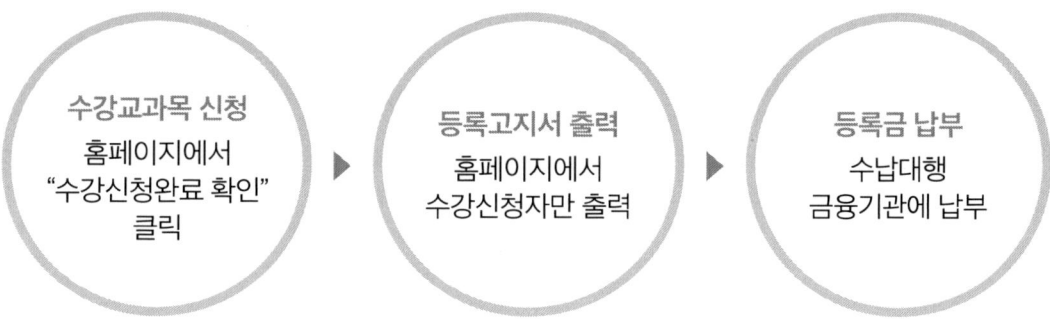

신·편입생의 경우(첫 학기만 해당)

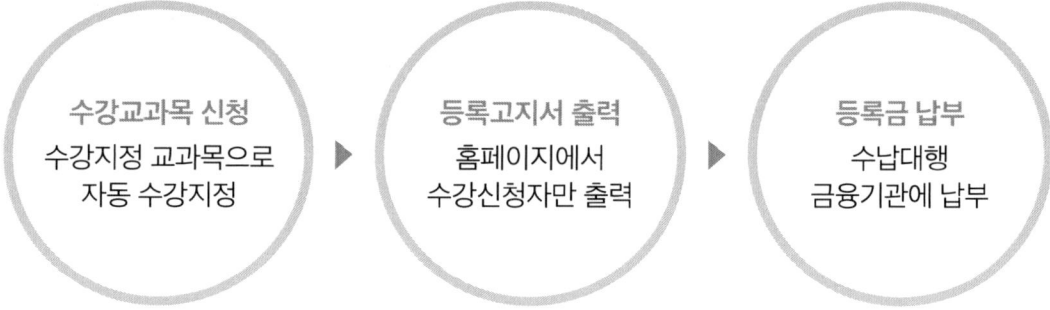

※ 등록결과 조회방법

1. 등록금 납입 다음날(금·토·일요일 납입 시 월요일)에 학교 학사정보 시스템 로그인 → 등록 → 등록금조회/납부 화면에서 확인할 수 있습니다.

등록금 고지서 발급

우리 대학은 '선수강신청 후등록제' 실시로 먼저 수강신청을 한 후 등록기간에 [학교 학사정보 시스템 로그인 → 등록 → 등록금조회/납부 → 등록금 고지서 출력]을 클릭하여 출력할 수 있습니다. 등록금 고지서를 출력할 수 없는 학생은 각 지역대학, 학습센터, 시·군학습관을 방문하여 발급받을 수 있습니다.

금융기관 납부

등록금 수납 은행은 국민은행, 신한은행, 우체국입니다. 납부 방법은 계좌 납부, 창구 납부, 카드 납부, 은행 홈페이지(공과금)납부를 통해 할 수 있습니다.

가상계좌 납부	가상계좌는 학생 개인별로 부여되는 임시계좌번호로 등록금을 납부하면 등록완료 됩니다. 입금 횟수는 1회만 가능하므로, 발전후원금의 납입을 원하는 경우 등록금과 합한 총 금액을 입금하여야 합니다.
창구 납부	국민은행, 신한은행, 우체국에 방문하여 등록금 고지서로 납부할 수 있습니다.
신용카드에 의한 납부	「삼성카드」와 「KB국민카드」로 등록금을 납부할 수 있습니다. [학교 학사정보 시스템 로그인 → 등록 → 등록금조회/납부 → 카드사 링크 화면]에서 납부할 수 있습니다.
은행 홈페이지 납부	[수납은행 공인인증서 로그인 → 공과금 → 대학등록금 납부]에서 납부할 수 있습니다

■ 0원 등록 대상자의 등록 방법

국가유공자 또는 등록금을 납부하고 휴학하면서 등록금을 유보한 학생이 복학하는 경우에는 등록금액이 '0원'이더라도 반드시 등록기간 내에 등록처리를 하여야 합니다. 등록은 [학교 학사정보 시스템 로그인 → 등록 → 등록금조회/납부]화면에서 "0원 납부" 버튼을 클릭한 후 등록금 납부내역 화면에서 반드시 등록결과를 확인하셔야 합니다.

■ 등록금 반환

전액 반환　　등록한 후 입학허가가 취소되거나 입학을 포기한 자, 학기 개시일 이전 자퇴자(휴학자), 중복 등록자 등은 납부한 등록금을 전액 반환받을 수 있습니다.

일부 반환　　학기 개시일 후 90일 이전 자퇴자(휴학자), 휴학했다가 자퇴한 자, 차등납부대상자가 등록금 납부 후 휴학했다가 복학시 수강과목 수의 변경으로 납부한 등록금을 일부 반환받을 수 있습니다.

반환계좌　　반환계좌는 한국의 국내 은행 계좌만 가능합니다.

5
교재는 어떻게 구입하나요?

• 강의는 제한된 시간에 요점 위주로 이루어지는 경우가 많습니다. 교재는 우리 대학 교수님을 비롯한 각 분야의 전문가들이 집필하고 우리 대학의 출판문화원에서 발간하는 교육자료로서 기본교재와 자율적 학습을 돕기 위해 연습문제 풀이가 포함된 워크북 등의 보조교재로 구성 되어 있습니다.(보조교재는 별매하지 않고 본교재와 묶음으로 공급합니다.) 학생들이 강의 내용을 보다 정확하게, 심층적으로 학습하고 학점을 잘 받으려면 교재를 숙독하는 것이 필요합니다.

• 해외거주학생은 교재대금을 은행에 납부하지 마시고 출판문화원 홈페이지(http://press.knou.ac.kr)에 접속하여 별도로 교재를 구입 하시기 바랍니다.

　① 카테고리의 방송대교재 → 학과/학년을 선택하여 해당 과목들을 확인체크하여 장바구니에 담기 또는 우측 상단〔통합검색)에서 필요한 과목명을 검색하여 개별 과목을 확인하면서 장바구니 담기

　② 주문결제 화면에서 배송지 구분을 해외로 체크하고 주소를 영문으로 정확하게 기입

　③ 배송비가 국가별로 차등 부과되며, 결제 완료되면 이후 우체국등기(EMS)로 발송

6

학기는 언제 시작되며 수업은 어떻게 받나요?

6-1. 학기 개시와 수업연한

- 학칙 제27조(학년도·학기)에 따라 학년도는 3월 1일부터 다음 해 2월 마지막 날까지로 합니다. 학기는 매 학년도 2개 학기로 하되, 1학기는 3월 1일부터 8월 마지막 날, 2학기는 9월 1일부터 다음 해 2월 마지막 날로 합니다. 다만, 2학기 수업은 2주를 초과하지 아니한 범위에서 학기 전에 시작할 수 있습니다.

- 방학은 여름방학, 겨울방학이 있는데 방학기간이란 기말고사 이후 다음 학기 시작 전을 말합니다.

- 학칙 제28조(수업연한)에 따라 수업연한은 4년으로 하여 1학년, 2학년, 3학년, 4학년으로 구분하지만, 재학연한은 두지 않습니다.

6-2. 출석수업

① 출석수업이란 매체강의를 통한 원격교육방법의 한계를 극복하고 교수와 학생, 학생 상호간의 교류를 활성화하기 위해 교수진들이 학생들과 직접 만나 면대면 강의를 하는 교육방식을 말합니다.

  ※ 코로나-19 지역사회 감염 확산을 방지하기 위하여 2021. 2학기부터 비대면(실시간 화상수업)을 도입하였고 현재 대면(오프라인) 및 비대면수업(온라인)을 병행 운영

② 모든 교과목이 출석수업 대상은 아니며 학과에서 지정한 교과목 중에서 한 학기에 학년별 3과목 이내 과목의 출석수업을 받게 됩니다.(단, 유아교육과는 교원자격증 관련으로 일부 학년 4과목 운영)

③ 출석수업은 과목별로 대면(오프라인) 출석수업과 비대면(온라인) 출석수업 과목이 있지만, 해외거주학생은 비대면(온라인) 출석수업 과목만 출석수업이 가능하며, 대면(오프라인) 출석수업 과목은 과제물로 일괄 지정됩니다.

④ 출석수업은 교과목마다 3시간(일부 실험실습교과목 6시간)으로 진행하며 대개 학기당 1~2일에 걸쳐서 실시됩니다. 교과목별 세부일정은 [학교 홈페이지 또는 모바일앱 로그인 → 출석수업 → 일정·장소 조회] 또는 각 지역대학 홈페이지에 게시됩니다. 개인별 세부시간표는 [학교 홈페이지 또는 모바일앱 → 수강목록 → 해당교과목을 선택] 하시면 조회할 수 있습니다.

  ※ 수업시간(교시)은 수업일 일주일 전후로 확인 가능

⑤ 비대면 출석수업에 참석하지 못하는 학생들은 유형변경 신청기간내에 출석대체과제물을 신청하여 출석수업 대신 온라인과제물 대체할 수 있습니다. 신청은 [학교 홈페이지 또는 모바일앱 로그인 → 출석수업 → 유형 변경]을 클릭하면 됩니다.

⑥ 출석수업 대체과제물은 출석수업 유형변경 신청기간(매 학기 별도 공지) 내에 신청하여야 하며, 신청하지 않은 경우 응시할 수 없습니다. 유형변경 신청기간 이후 진행되는 출석수업에 편성되신 경우, 출석수업 참여 가능 여부를 사전에 확인하여 반드시 유형변경 신청 기간 내 신청하시기를 바랍니다. (신청 기간 이후 편성 수업에 출석하지 않은 경우 대체수단이 없으며, 출석수업 평가 배점 전체(30점) 취득 불가)

6-3. 방송강의(U-KNOU캠퍼스)

• 방송강의는 기본적으로 재학생만 수강 가능합니다. 단, 전 교과목의 1강을 열람할 수 있는 수강신청 기간에는 휴학생도 강의 열람이 가능합니다.

■ 강의보기 : U-KNOU캠퍼스(유노캠퍼스)

방송대의 모든 강의는 방송대 학습 포털 U-KNOU캠퍼스(https://ucampus.knou.ac.kr)에서 제공되며 학생들은 직장 또는 가정에서 언제·어디서나 강의를 학습할 수 있습니다.

(1) PC 이용방법

① 학습하기

1. 홈페이지에 로그인 후 유노캠퍼스 바로가기를 클릭하여 U-KNOU캠퍼스 마이페이지로 이동합니다.

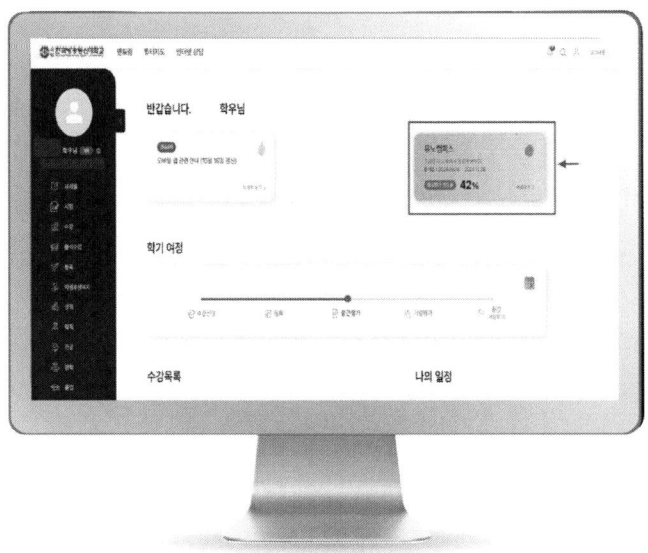

2. 마이페이지에서는 본인의 진도율, 총 학습시간, 수강강의 등이 표시되며 수강강의 목록에서 학습하고자 하는 강의를 클릭하면 강의 주차가 하단에 표시됩니다.

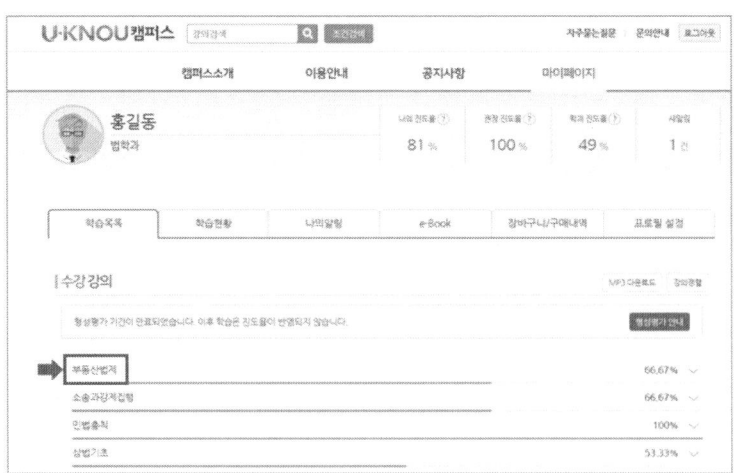

3. 강의 주차목록에서 학습하고자 하는 주차의 [강의보기] 버튼을 클릭하면 학습이 시작됩니다.

4. 학습하기 창에서는 학습개요, 학습목표, 강의영상, 연습문제, 정리하기, 과목상담 등의
   학습요소를 제공합니다.(제공되는 학습 요소는 과목 특성에 따라 다릅니다.)
   학습을 마친 후 [학습종료] 버튼을 클릭하여 학습창을 닫습니다.

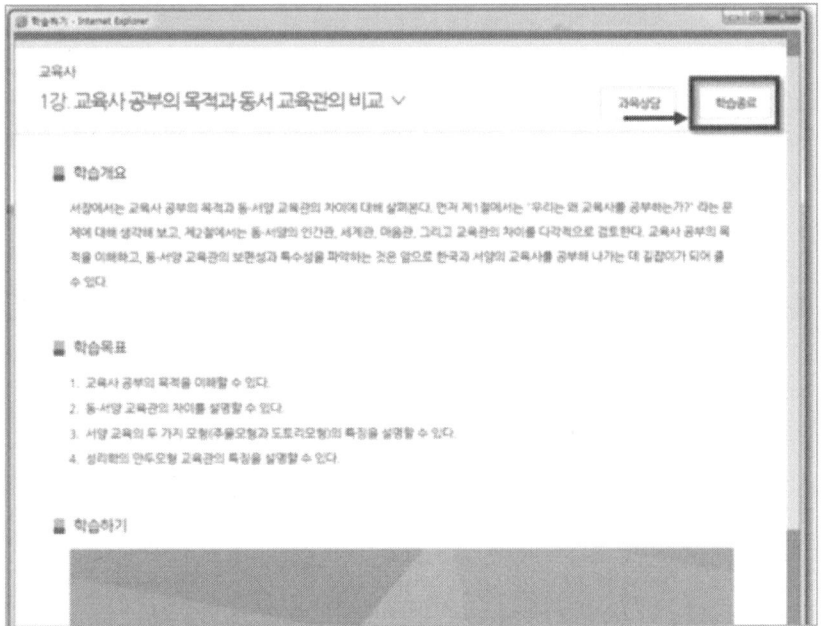

5. 학습영상 완료(전체시간의 50% 이상 시청), 연습문제 완료 시 표시가 되며 진도율이 반영됩니다.

② 강의 오디오 파일(MP3) 다운로드 하기

1. 마이페이지에서 [MP3 다운로드] 버튼을 클릭 후 원하는 강의명을 클릭하여 다운로드를 시작합니다.

※ 강의 음성 파일(MP3) 다운로드 서비스는 수강 교과목(재학생)만 제공합니다.
※ 동영상 다운로드는 모바일에서만 가능합니다.

③ 강의자료실 이용하기

1. '마이페이지'에서 원하는 과목을 클릭한 후 상단의 [강의자료] 버튼을 클릭하여 [강의
   자료실]로 이동합니다.

2. 강의자료실에서 원하는 자료유형을 선택하여 자료를 찾습니다.

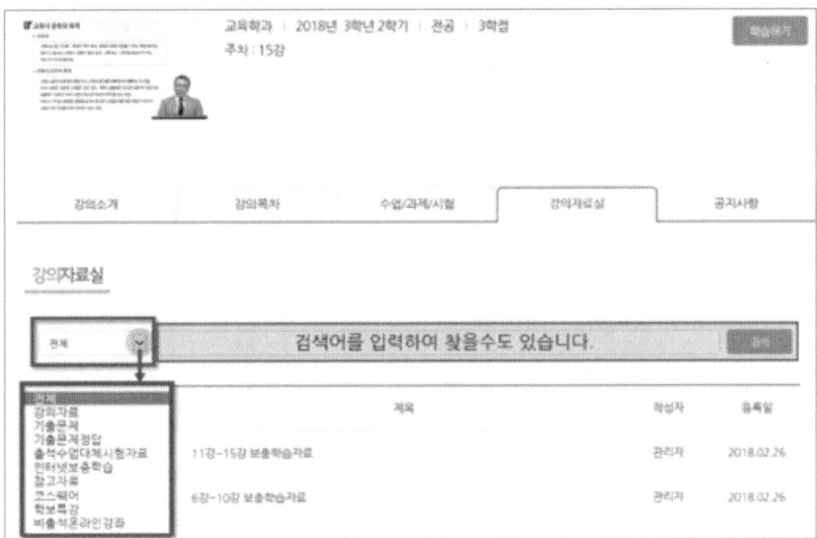

(2) 모바일 이용방법

① 사용환경

1. U-KNOU캠퍼스는 학교 아이디와 비밀번호로 로그인 하실 수 있습니다.

• 권장사양

Android (삼성, LG 등)	Android 9.0 이상(최소사양 7.0 이상)
iOS (iPhone, iPad)	iOS 13 이상

※ 권장사양 이하의 경우 APP 다운로드 및 설치가 되지 않음
브라우저를 이용하여 https://ucampus.knou.ac.kr로 접속

② 앱(APP) 설치하기

1. 앱(APP) 설치를 위해 플레이스토어 앱을 실행하세요.(애플의 경우 앱스토어)

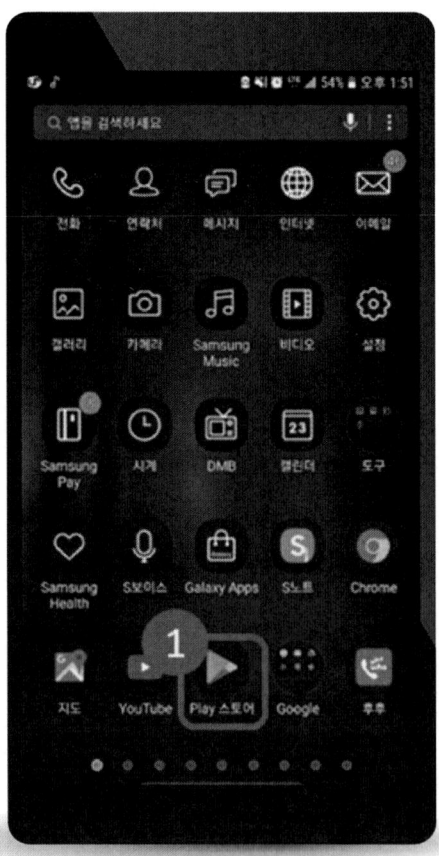

2. '유노캠퍼스', 'uknou', '유노' 등으로 검색
하세요.

3. 검색 결과에서 U-KNOU캠퍼스를
선택하신 후 '설치' 버튼을 눌러 설치를
진행하세요.

※ 스마트폰 또는 태블릿의 웹 브라우저
주소창에 https://ucampus.knou.ac.kr을
입력하여 앱 설치 없이 사용하실 수도
있습니다.

③ 학습하기

1. 앱에서 로그인 하면 마이페이지로 이동
됩니다.
수강강의 중 학습을 원하는 과목명을
누르면 주차목록이 열립니다.

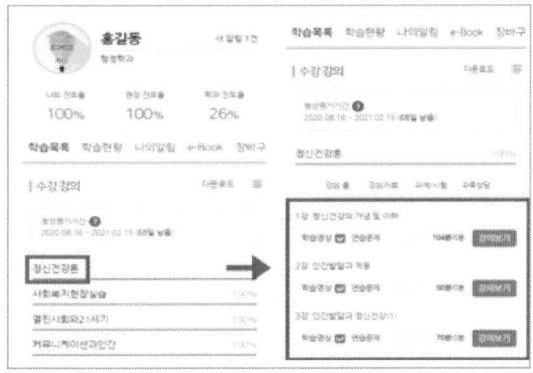

2. 강의 주차목록에서 학습하고자 하는 주차의
   [강의보기] 버튼을 선택하여 학습창을 연 후
   학습을 시작합니다.

3. 학습창에서는 학습개요, 학습목표, 강의영상,
   연습문제, 정리하기, 과목상담 등의 학습요소를
   제공합니다.
   (제공되는 학습 요소는 과목 특성에 따라
   다릅니다.) 학습을 마친 후 [학습종료] 버튼을
   눌러 학습창을 닫습니다.

④ 강의 다운로드하기

1. 마이페이지에서 [다운로드] 버튼을 선택하면 '다운로드보관함'으로 이동됩니다.

2. '다운로드보관함'에서 수강중인 강의의 모든 목록을 확인할 수 있으며 전체 또는 개별 강의를 다운로드 할 수 있습니다.

　※ 강의 다운로드는 APP에서만 하실 수 있습니다.
　※ 다운로드 중에는 재생이 되지 않습니다.
　※ 다운로드한 파일은 다른 기기에서 재생되지 않습니다.
　※ 저장공간 변경(내장/외장 메모리)은 하단 메뉴(☰) > '다운로드설정'에서 할 수 있습니다..

⑤ 강의자료 다운로드하기

1. 마이페이지 수강강의 목록에서 과목명을 선택하세요.

2. 강의자료 버튼을 선택하여 강의자료실로 이동하세요.

3. 원하는 자료 유형을 선택하여 보실 수 있습니다.

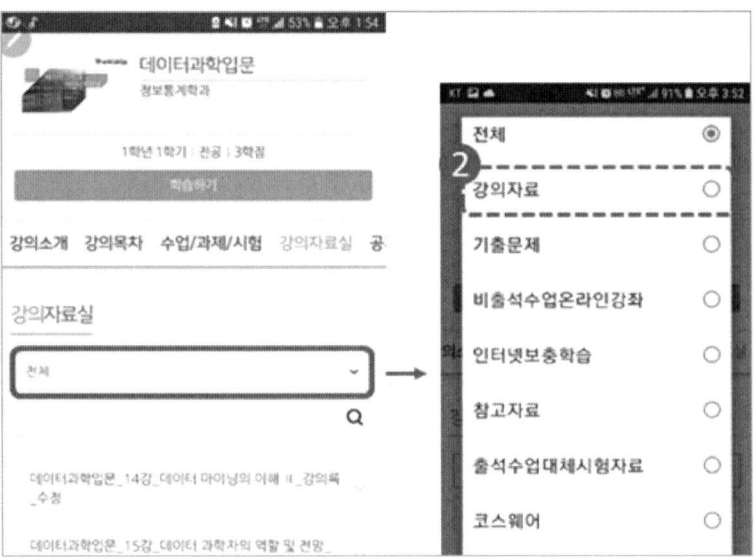

7
시험의 유형과 응시방법은 어떠한가요?

7-1. 형성평가

① 형성평가는 20점 만점으로 형성평가 운영 기간중에 학습진도율 및 학습활동(연습문제)을
평가하여 성적으로 반영

* 단, 실습, 교육봉사 활동, 원격대학교육의 이해 제외

② 형성평가 "평가기준" : 차시별 기준 및 과목별 기준 모두 충족 시 평가 완료

    (차시별 기준) 50%이상 학습 시 완료(방송강의 15강 중 1차시별 기준)

※ 학습활동(연습문제) 배점과목은 모든 연습문제 풀이

    (과목별 기준) 75%이상(15강 기준 12강 이상) 학습 시 완료

* 1일 학습제한 : 과목별 7차시까지 학습진도율 인정 가능, 8차시부터는 학습만 가능

③ 학습방법 : PC, 모바일 및 모바일 다운로드에서 학습 가능

   – 다운로드는 모바일 APP(앱)에서 가능(※ PC 다운로드 기능은 제공하지 않음)

7-2. 중간평가(출석수업평가, 출석수업대체시험, 중간과제물)

· 중간평가 유형에는 출석수업평가, 출석수업대체시험, 과제물 제출이 있는데 교과목별로 다르게
지정되어 있으니 자신에 해당하는 시험유형을 파악하고 응시해야 합니다. 중간평가는 30점
만점으로 평가합니다. 시험의 일정과 장소는 학교 홈페이지와 지역대학, 학보(KNOU위클리)에
미리 공지합니다.

■ 출석수업평가

출석수업평가는 지역대학별 별도 평가기간내에 실시됩니다. 평가는 교과목에 따라 수업과
연계한 맞춤형평가*를 실시합니다. 출석 수업은 3시간** 중 일부 시간이라도 결석하면 평가에
응시할 수 없으니 출석체크를 한 교수(강사) 또는 지역 대학 출석수업 담당 조교께 응시가능
여부를 확인할 필요가 있습니다.

* 맞춤형평가 : 퀴즈, 발표/수업참여도, 리포트, 오픈북테스트 등

** 출석수업 시간이 6시간 이상인 교과목은 2시간까지 결석 시 평가 및 성적 취득 가능

■ 출석수업대체과제물

출석수업대체과제물은, 교과목의 경우, 과제물의 공고 내용에 따라 사전에 작성하여 별도의
제출기간 내에 과제물을 제출하여야 합니다.

■ 중간과제물 제출

과제물 평가대상 교과목을 수강신청한 학생은 과제물을 공고 내용에 따라 사전에 작성하여 지정된 기한 내에 반드시 온라인으로 제출해야 합니다. 제출방법은 [신규학사정보 및 모바일앱 접속 → 과제물 → 과제제출 → 중간과제물 온라인 제출]을 클릭하여 하면 됩니다.

7-3. 기말평가(과제물)

① 기말평가는 50점 만점으로, 해외거주학생의 경우 일괄 온라인과제물로 시행합니다.
② 과제물의 공고 내용에 따라 사전에 작성하여 별도의 제출기간 내에 과제물을 제출해야 합니다.

8
성적평가는 어떻게 하나요?

• 우리대학의 성적평가는 일반적으로 형성평가 20%, 중간평가 30%, 기말평가 50%로 이루어집니다. 이 중 기말평가는 객관식시험 또는 과제물로 실시되며, 중간평가는 출석수업과목의 경우는 출석 수업평가 또는 출석수업대체과제물로, 비출석수업과목은 과제물 평가로 실시됩니다.

과목	성적산출
출석수업 과목	형성평가(20점) + 출석수업평가 또는 대체시험(과제물) 성적(30점) + 기말평가(50점)
비출석수업 과목	형성평가(20점) + 과제물 성적(30점) + 기말평가(50점)

• 우리대학 학업성적의 등급은 9등급으로 구분되어지며, 평점은 4.5를 만점으로 각 등급 간에 0.5점의 차등을 두고 있습니다. 등급은 그 과목의 전반에 대한 이해와 기능 습득 정도에 따라 A(우수), B(양호), C(보통), D(보통이하)로 구분하고, 각각을 '+', 'O'의 2단계로 구분하고 있습니다.

등급	A⁺	A⁰	B⁺	B⁰	C⁺	C⁰	D⁺	D⁰	F
평점	4.5	4.0	3.5	3.0	2.5	2.0	1.5	1.0	0
실점	100 ~ 95	94 ~ 90	89 ~ 85	84 ~ 80	79 ~ 75	74 ~ 70	69 ~ 65	64 ~ 60	59 이하

• 평점(평균)은 '교과목별합계(취득학점×평점)'을 '취득학점계'로 나눈 값으로 표시합니다. 이때 소수점 이하 둘째자리에서 반올림 합니다.

예시	모두 3학점짜리 5과목을 신청하여 A과목 98점, B과목 58점, C과목 86점, D과목 62점, E과목 78점을 취득한 경우에 평점평균은?

평점평균 = (3×4.5)+(3×0)+(3×3.5)+(3×1.0)+(3×2.5)/(3+0+3+3+3)

= (13.5+0+10.5+3.0+7.5) / 12

= 34.5 / 12 = 2.875 → 2.9(소수점 이하 둘째 자리에서 반올림)

9

학점은 어떻게 얻을 수 있나요?

9-1. 편입생 학점 인정

• 교과목별 성적은 인정하지 아니하고 학점만 인정하며, 학점은 교양과목, 전공과목, 일반선택 과목의 교과구분에 따라 인정합니다.(학생선발 등에 관한 규정 제8조)

< 편입생 학점인정 기준표 >

학년	학과 \ 교과구분	교양과목	전공과목	일반선택	학점합계
2	전학과	15	15	-	30
3	전학과	33	30	-	63

9-2. 프라임칼리지 학점 인정

• 프라임칼리지는 우리 대학에서 4개의 단과대학과 별개로 운영되는 교육조직으로서 학사학위 과정과 평생교육과정을 개설하고 있습니다. 단과대학 소속의 학생이 재학 기간 중 프라임 칼리지 평생교육과정에 개설된 학점 인정 교과목을 이수한 후 졸업 사정 전에 학점 인정 신청을 하면 교과목단위로 12학점까지 인정받을 수 있습니다.

수강과 시험 응시를 위하여 프라임칼리지에 문의하신 후(전화번호 : p.66) 신청하시기 바랍니다.

10

학점을 잘 받으려면 어떻게 해야 하나요?

· 직장에 다니거나 생업에 종사하는 등의 이유로 학업에 전념할 수 없는 사정이 있는 경우에는 수강신청과목 수를 줄이는 등으로 자신의 형편에 맞는 학업계획을 세울 필요가 있습니다.

· 해외거주학생의 경우에는 대부분의 평가가 과제물로 시행되므로 과제물 작성 시간을 고려하여 미리미리 작성하여야 합니다.

· 학보(KNOU위클리) 홈페이지와 미래원격교육원 홈페이지를 방문하시면 과제물 작성 팁 등을 얻을 수 있습니다.

11

학업을 위한 도움은 어떻게 받을 수 있나요?

11-1. 학과의 조교와 교수의 학습상담

· 소속학과의 학업에 관한 문의는 학과의 조교선생님께 전화나 메일로 하면 도움을 받을 수 있습니다. 교수님들께는 교수 홈페이지의 상담게시판을 통해 문의하는 것이 좋습니다.

11-2. 튜터(Tutor) 제도

· 튜터제도란 원격대학에서 일어날 수 있는 학습자의 고립감을 해소하고 학교적응 및 학업지원을 돕기 위하여 석사 또는 박사학위를 가진 전문 튜터들이 튜터운영 교과목을 수강하는 신입생 및 2,3학년 편입생을 대상으로 운영하고 있는 학습지원 프로그램입니다. (입학 첫 학기에 한함)

① **학과 튜터** | 튜터지도사이트를 이용하여 학습지도(전공과목 학습방법, 과제물 작성법 등) 및 학습상담을 실시하며 학기당 1~2회 면대면 오프라인 또는 온라인 강의를 진행합니다.
  ※ 튜터지도사이트 접속방법 : [학사정보 시스템 - 튜터지도]

② **사이버 튜터** | 「원격대학교육의이해」 교과목을 수강하는 학생을 대상으로 학습지도 관리를 합니다. 구체적으로는 주요 학사일정 및 과목 공지사항 관리, 「원격대학교육의이해」와 관련된 질의 응답 및 상담실시, 매주 학습진도를 점검하여 학습참여 격려메일 발송, 각종 학습자료를 제공합니다.

11-3. 멘토링(Mentoring) 제도

• 멘토링(Mentoring)이란 학업과 대학생활의 경험과 지식이 풍부한 선배 학생들과 교직원들이 자신의 학습경험과 노하우를 바탕으로 도움이 필요한 재학생들에게 온라인과 오프라인 공간을 통해 학업 생활에 관한 안내와 도움을 제공하는 학습자 지원 프로그램을 말합니다.

■ 멘토(Mentor) 학업생활에 관한 지도·조언을 제공하는 자로서 졸업생 또는 재학생, 교직원(직원,조교,연구원) 중에서 선발됩니다. 학생멘토의 자격기준은 우리대학에서 전전학기까지 18학점 이상 취득하고, 평점 평균 2.0 이상이며, 성희롱·성폭력 예방교육을 이수하셔야 합니다.

■ 멘티(Mentee) 학업생활에 관한 지도·조언을 필요로 하는 자로서 해당연도 신·편입생 (재입학생 포함)과 재학생 누구나 신청할 수 있습니다.

■ 멘토와 멘티의 신청 멘토 또는 멘티가 되고자 하는 사람은 매학기별로 멘토링 웹사이트 (https://mentor.knou.ac.kr)에서 신청하면 됩니다.

■ 멘토링의 방법 온라인 활동은 멘토링 홈페이지를 통하여 이야기방, 1:1 상담방, 자료실 등을 통해 의견이나 자료를 교환하고 이메일, 쪽지, SMS 보내기 등을 합니다. 오프라인 활동은 직접 만남, 전화통화를 하는 것입니다.

■ 멘토에 대한 학교의 지원 ① 수강신청 기간에 멘토와 사회봉사활동 학점신청을 하고, 1명 이상의 멘토에게 멘토링 활동을 하여, 활동실적이 일정 요건 이상이면 사회봉사활동학점을 인정합니다.
② 멘토에 대한 SMS(단문메세지)이용료를 지원합니다.
③ 멘토 실천계획서를 작성하고 활동포인트 5,000점 이상을 취득하면 모바일 쿠폰을 지급합니다.

11-4. 학습동아리(스터디)

• 우리 대학에는 학과마다 학생들이 자치적으로 만든 학습동아리(스터디모임)들이 다양하게 있습니다. 스터디 모임은 원격대학 신·편입생들이 혼자 학습함으로써 겪게 되는 어려움을 학우들과 함께 학습함으로써 많이 해소해 주고 학교생활에 빨리 적응하는 데 도움을 주고 있습니다. 우리 대학은 스터디 모임을 활성화하기 위해 지원금을 지급하고 우수 스터디 경진대회 등을 개최하고 있습니다. 오리엔테이션과 입학식에 오면 스터디 모임들의 안내를 받을 수 있습니다. [학교 홈페이지 → 대학생활 → 학생활동 →스터디/동아리]을 클릭하면 상세한 정보를 볼 수 있습니다.

12

장학금을 받으려면 어떻게 해야 하나요?

- 장학금의 유형에는 한국장학재단이 지급하는 국가장학금, 우리 대학의 재정으로 지급하는 교내 장학금, 외부기탁자 등이 지급하는 교외 장학금이 있으며 장학금의 종류는 다양합니다. 선발기준과 신청방법, 신청기한은 매학기 계획에 따라 변경될 수 있으니 반드시 학교 홈페이지의 공지를 살펴보고 적극 신청하시길 바랍니다.

- 장학금 수혜자는 해당 학기에 등록을 하여야 학비 감면 혜택을 받을 수 있습니다. 전액 수혜자 또한 고지서상 '0원'이라도 등록을 하여야 합니다.(등록기간 중 학교 홈페이지 로그인 → 학사정보 → Myknou → 등록 → 등록금 조회/납부)

- 미등록 휴학을 하려는 경우에도 해당 학기 장학생 신청 기간에 미리 신청하여야 하며, 해당 학기 등록 후 휴학하여야 합니다.(복학하는 학기에 교내장학금 별도 신청 불가능, 국가 장학금은 신청 가능)

12-1. 국가장학금

- 신·편입생과 재입학생은 첫 학기에는 성적 기준을 적용받지 않으니 국가장학금을 한국장학재단에 신청해 보시길 바랍니다. 국가장학금은 한국장학재단이 정한 소득기준 0~8분위에 해당되면 누구나 신청할 수 있습니다. 다만, 재학생의 경우 직전학기 12학점 이상 이수, 백분위 환산점수 80점 이상(F학점 포함 평점 평균 2.6)의 성적을 획득하여야 합니다. 국가장학금과 관련된 자세한 사항은 한국장학재단 홈페이지를 참고하시기 바랍니다.

  ※ 단, 대한민국 국적을 소지하고 국내 대학에 재학 중인 학생만 가능하며, 재외국민의 경우 국외 소득·재산 신고 절차에 따라 국외 소득 재산을 신고한 자만 지원 가능합니다.

종류	구분	지급내역	지급대상	신청시기	비고
국가 장학금	1유형	• 소득기준 0~8분위 : 등록금전액	• **신편입생, 재입학생은 첫 학기 성적기준 미적용** • 재학생은 최종학기 성적이 12학점 이상 이수, 백분위 환산점수 80점 이상(기초 수급자/차상위 계층은 백분위 70점 이상) • 장애학생은 성적 기준 미적용 • 소득1~3분위는 C학점경고제(70점이상~80점 미만인 경우 경고 후 2회까지 수혜가능)	별도 공고 기간	
	다자녀	• 소득기준 0~8분위 : 등록금전액	• **신편입생, 재입학생은 첫학기 성적기준 미적용** • 재학생의 성적기준은 1유형과 동일 • 소득8분위 이하, 다자녀가구 대학생으로 성적 기준 충족자(미혼에 한함) ※ 다자녀가구(자녀3명이상)의 모든 자녀에게 지원 ※ 사망자녀는 자녀 수 합산에 불가하나, 신청일 기준 만 1년 이내 사망한 경우 추가증빙서류 필요		

종류	구분	지급내역	지급대상	신청시기	비고
고졸후 학습자	• 중소중견: 등록금전액 • 대기업비영리: 등록금반액		• **신편입생은 첫 학기 성적기준 미적용** • 재학생은 최종학기 성적이 백분위 70점 이상 • 최종학력이 고졸이며, 재직요건을 충족한 자 • 재직기간 2년 이상, 재단이 인정하는 기업체 • 계속장학생(기선발된 장학생은 매학기 신청을 생략함)* *단, 지원학기마다 필수요건(성적, 수혜횟수 8회, 학적, 재직 기업규모, 의무재직 이행 등) 충족 필요 • 기타 자세한 사항은 장학재단 공지사항 참고		

※ 국가장학금과 관련된 자세한 사항은 한국장학재단 홈페이지를 참고하시기 바랍니다.
• 한국 장학 재단 (www.kosaf.go.kr)에서 신청
• 관련 문의 : 1599- 2000

※ 국가장학금과 교내장학금에 중복으로 선발된 경우 「장학금관리지침」제10조(선발 우선순위)에 따라 국가장학금으로 우선 선발

12-2. 저소득계층을 위한 교내장학금

장학금 종류		지급대상	감면액	제출서류	비고
나눔	기초생활 수급자	• 신편입생, 재입학생은 첫 학기 성적 기준 미적용 ※ 재학생은 직전학기 9학점 이상이수 ※ 평점평균 2.0 이상(F학점 제외)	수업료 95%	• 학비감면 신청서 • 수급자증명서	고지서 감면
	차상위 계층		수업료 90%	• 학비감면 신청서 • 차상위계층 관련서류	
학생후생복지 (아동시설 퇴소자)		• 아동복지법에 의한 아동양육(생활)시설 퇴소자 ※ 12학점 이상 이수 ※ 평점평균 2.0 이상(F학점 제외)	수업료 85%	• 학비감면 신청서 • 아동시설퇴소 증명서	

12-3. 장애학생을 위한 교내장학금

장학금 종류		지급대상	감면액	제출서류	비고
학생 후생복지 (첨단 곰두리)	중증	• 장애인복지법상 장애 정도가 심한 장애인으로 등록된 자 • 9학점 이상 이수(F학점 제외)	수업료 85%	• 학비감면 신청서 • 장애인 복지카드 사본 또는 장애인 증명서	고지서 감면
	경증	• 장애인복지법상 장애 정도가 심하지 않은 장애인으로 등록된 자 • 9학점 이상 이수(F학점 제외) • 평점평균 1.6 이상(F학점 제외)			

12-4. 방송대에 다시 입학한 학생을 위한 재학업 교내장학금

장학금 종류		지급대상	감면액	제출서류	신청시기	비고
재학업	방송대 출신	• 방송대 학사과정 졸업 후 입학한 신·편입생 ※ 1인 1회 한함	수업료 26,800원	-	자동 선발	고지서 감면

12-5. 교육보호자(국가유공자와 북한이탈주민)를 위한 교내장학금

장학금 종류	지급대상	감면액	제출서류	시기 신청	비고
국가 유공자 교육 보호	• 국가유공자 등 본인 및 사망유족의 배우자 ※ 성적에 관계 없이 면제 ※ 수혜횟수 제한 없음	수업료 전액	• 학비감면 신청서 • 교육지원대상자 증명서(보훈청 발급)	별도 공지	고지서 감면

	• 국가유공자의 (손)자녀 중 대학수업료 등 면제대상자 증명서 발급가능자
	※ 신·편입생 : 첫 학기만 성적에 관계 없이 면제
	※ 재학생 : 평점평균 1.6 이상(F학점 포함)
	※ 재입학생 : 최종학기 성적 적용
	  (성적기준 : 재학생 성적기준 동일)
	※ 수혜횟수 : 정규학기 8회 제한
	  (타 대학 수혜 횟수 포함)
	※ 손자녀는 독립유공자만 해당
			• 학비감면 신청서
			• 대학수업료등 면제대상자 증명서 (보훈청 발급)		

북한 이탈자 교육 보호	• 북한이탈주민 ※ 성적에 관계없이 면제 ※ 최초 입학 기준 6년 범위 내에서 8회 제한 (타대학 수혜 횟수 포함) ※ 국내 4년제 대학이상 졸업자 제외		• 학비감면 신청서 • 교육지원대상자 증명서(통일부장관 또는 지자체 발행)		

13

복수전공·전공분리
(일부 학과만 해당)는 무엇인가요?

13-1. 복수전공

• 복수전공이란 제1전공 이외의 전공교과목을 이수하여 졸업할 때 복수의 학위를 취득할 수 있는 제도를 말합니다.

• 복수전공을 이수할 수 없는 자
  - 연계전공 승인자, 졸업유보자, 복수전공을 이수중인 자

구분	2013학년도 이전 신·편입생	2014학년도 이후 신·편입생	2017학년도 이후 신·편입생
대상학과	전학과	전학과	전학과
제외 학과	사회복지학과 생활과학부(식품영양학전공), 간호학과, 교육학과, 청소년교육복지상담학과, 유아교육과, 생활체육지도과	사회복지학과 농학과, 생활과학부(가정복지상담학 전공, 식품영양학 전공), 간호학과, 교육학과, 청소년교육복지상담학과, 유아교육과, 생활체육지도과	사회복지학과 농학과, 생활과학부(가정복지상담학 전공, 식품영양학 전공, 의류패션학 전공), 간호학과, 교육학과, 청소년교육복지상담학과, 유아교육과, 생활체육지도과

※ 복수전공 제외학과 학생들은 다른 학과에 대하여 복수전공을 이수할 수 있음
  (예시 ①) 유아교육과 학생: 국어국문학과 복수전공 가능, 사회복지학과 복수전공 불가
  (예시 ②) 국어국문학과 학생: 경영학과 복수전공 가능, 유아교육과 복수전공 불가

• 복수전공 신청자격은 신청 학기 등록생으로서 1학년 신입생은 30학점 이상, 2학년 편입생은 42학점 이상(인정학점 포함), 3학년 편입생은 75학점(인정학점 포함) 이상을 취득한 자입니다.(원격교육의 이해, 사회봉사활동, 교육봉사활동으로 취득한 학점은 제외됩니다.)

• 복수전공은 제1전공을 포함하여 제2전공까지만 허용하고 복수전공 이수 중에 다른 복수전공으로 변경할 수 없습니다. 생활과학부의 각 전공 간에는 복수전공을 이수할 수 없습니다.

• 복수전공 신청은 [학교홈페이지 로그인 → 신규학사정보 → MyKNOU학사 → 재로그인 → 전공 → 복수전공 신청/취소 → 해당 복수전공선택 '신청' 클릭 → 신청상태에서 '신청' 확인가능] [앱 로그인 → 메뉴 → 전공 → 복수전공 신청/취소 → 해당 복수전공선택 '신청' 클릭 → 신청상태에서 '신청' 확인 가능]

• 복수전공 신청은 재학 중 1회만 신청할 수 있습니다. 복수전공을 승인 받은 후 취소할 경우에는 다시 신청할 수 없습니다.

13-2. 전공분리

전공분리를 실시하는 학과는 생활과학부입니다.

• 생활과학부

① 생활과학부에는 가정복지상담학 전공, 식품영양학 전공, 의류패션학 전공이 있으며 1, 2학년에는 공통 개설교과목을 운영하고 3, 4학년에는 전공에 따라 교과과정을 분리 운영합니다. (단, 식품영양학 전공은 전공선택 불가함)

② 생활과학부 전공분리 신청 대상은 다음과 같은 신청 학기의 등록생으로서 신청요건을 갖춘 자입니다.

신청대상	신청요건	비 고
• 2004학년도 이후 신입생(1군)	33학점 이상 취득	- 전공분리 신청 필수자 (학점취득자) - 전공을 배정받아야 졸업 가능 - 전공분리 신청 후 다음 학기부터 적용
• 2005학년도 이후 2학년 편입생(2군)	39학점(인정학점 포함)이상 취득	※ 주의사항 신청요건 학점을 취득한 후에는 반드시 전공분리 신청을 하여야 다음 학기 수강신청 시 수강제한이 없음.

③ 2003학년도 이전 입학자(3군)는 전공분리 신청 불가자로 전공 배정없이 졸업하고, 연계전공 이수를 승인받은 생활과학부 학생은 가정복지상담학 전공으로 자동 배정됩니다.

④ 생활과학부의 전공분리 신청방법은 [학사정보 시스템 – 전공 – 생활 – 전공분리]에서 원하는 전공신청을 선택하면 됩니다.

⑤ 생활과학부 전공분리 신청은 제1전공, 제2전공으로 신청할 수 있으며, 신청 순위에 따라 전공을 배정합니다. 전공분리 신청 시 한번 배정받은 전공은 변경 및 취소가 불가하니, 생활과학부에서 충분한 상담을 받은 후 전공을 선택하시기 바랍니다.

⑥ 전공배정 받기 전에 기 이수한 교과목은 전공배정 받은 이후의 교과과정 교과목의 교양과목, 전공과목, 일반선택과목의 교과구분을 그대로 적용합니다. 다만, 전공배정 받은 이후의 교과과정에 전공배정 받기 전에 미리 이수한 교과목이 없는 경우에는 교과구분을 일반선택 과목으로 합니다.

※ 교육과(2009학년도 전의 학과명)
  2011학년도까지 학과(전공)을 배정받지 못한 교육과 학생은 2012학년도부터 교육학과로 배정 조치됨.

14

학업과 일,가정,병역의 양립을 지원하는 제도와 시설이 있나요?

14-1. 특별휴학제도

· 우리 대학은 학생의 학업과 병역·일·가정의 양립을 지원하기 위하여, 학생이 입영 또는 복무, 장기요양, 직계존비속·배우자·배우자의 직계존속의 간호, 만 8세 이하(취학 중인 경우에는 초등학교 2학년 이하)의 자녀 양육 또는 여학생의 임신 또는 출산 그 밖에 이에 준하는 사유로 총장이 인정하는 경우의 어느 하나에 해당하고 증빙서류를 제출 하는 경우에는 특별휴학으로 처리합니다. 휴학기간은 연속하여 6개 학기범위 내로 하되, 특별휴학 사유별로 「학적사무처리규정」에서 정한 바에 따릅니다.

15
학생통합서비스센터는
어떠한 서비스를 제공하나요?

• 학생처 소속의 학생통합서비스센터는 학생들에게 학업과 대학생활에 관한 다양한 상담과 건강 교육의 실시, 학생증 발급 등의 서비스를 제공합니다.

15-1. 학사상담

• 학사(입학, 수강, 등록, 시험, 장학, 학적, 졸업 등)에 관하여 상담을 합니다.
• 상담방법

① 전화상담 : ☎ 1577-9995 → 1번 → 1번
② 인터넷학습 등 문제해결(원격지원 포함) : ☎ 1577-9995 → 1번 → 2번
③ 챗봇상담 : 학교홈페이지 → 우측 챗봇상담 아이콘 클릭
④ 인터넷상담 : 학교홈페이지 → 로그인 → 인터넷 상담(오른쪽 상단)

※ 전화 상담은 한국 표준시 기준 평일 09시부터 18시까지 이용 가능하고, 챗봇상담은 실시간으로 답변되며, 인터넷상담은 답변까지 1일~2일 정도 소요됩니다

15-2. 진로·심리 상담 및 교육

• 진로심리상담실은 학생들의 학업 및 대학생활 적응을 지원하기 위해 심리상담 홈페이지 (http://counseling.knou.ac.kr)와 진로경력개발 홈페이지 (http://career.knou.ac.kr)를 운영하고 있습니다.

• 학교 홈페이지에서 [대학생활→학생지원→학생서비스센터→진로심리상담]을 클릭하면 심리상담 홈페이지 혹은, 진로경력개발 홈페이지로 연결되며, 학생들은 위 홈페이지를 통하여 온라인 자가진단검사, 이메일상담 등을 이용할 수 있습니다. 해외거주학생은 전화상담, 오프라인상담 등 일부 서비스 이용이 제한되며, 워크숍 및 특강 등의 교육은 온라인으로 진행되는 경우에 한하여 신청가능합니다.

15-3. 건강상담 및 교육

• 건강상담실은 건강 교육프로그램 및 기초적인 건강상담, 건강정보 알리미 서비스를 제공합니다.

구분		종류	이용방법
건강상담 교육서비스	온라인	건강교육프로그램 (학교홈페이지 공지사항을 통해 안내)	학교홈페이지 로그인-나의정보 - 건강상담실 - 나의보건관리 - 보건프로그램 신청
		건강정보자료 안내	학교홈페이지 로그인-나의 정보 - 건강상담실 - 건강정보알리미, 건강상담 　질의게시판
		온라인 건강상담실(비공개)	

15-4. 각종 증명서, 모바일학생증, 국제학생증 발급

각종 증명서, 모바일학생증, 국제학생증 발급서비스를 제공합니다.

① 각종 증명서 발급 방법은 아래와 같습니다.

• 인터넷 신청
  - 홈페이지(www.knou.ac.kr) 로그인 → 맞춤정보 → 화면 하단 QUICK MENU >>
    → 인터넷 증명 발급 → 증명서 발급 탭 클릭　⎯　인터넷 증명발급 바로가기
    → <대상선택> 화면에서 '대상구분, 학과(전공)' 선택 → 프로그램 설치 * 테스트출력을 이용하여 자동 설치
    → <다음> → <증명서 종류 및 발급매수 선택> → <다음> → <직접출력, 이메일, 우편> 중 선택
    → <신청>
      * 프로그램설치가 어려울 경우: 1577-9995 → 1 → 2 (원격지원 요청)

    · 직접출력: <신청> → <발급받기>
    · 이메일: <이메일> 주소 확인 후 → <신청>
      * 위/변조 차원에서 JPG, PDF와 같은 파일로의 변환 및 저장하는 서비스는 제공되지 않고,
        링크주소가 발송됨.

    · 우편: 연락처, 주소, 배송방법, 결제수단(신용카드, 휴대폰), 결제금액(배송료) 선택 후 → <결제>
      * 우체국 익일특급(해외: EMS) 발송요금
      ※ 정부24(www.gov.kr) → "검색어" 입력 → <검색> → <신청>
        * 온라인 신청 후 행정기관(주민센터 등) 방문수령

• 수령방법
  - 우편수령: 학생증 문자메시지를 받은 후 학생증 우편수령 신청서와 등기우편료에
    해당하는 우표를 동봉하여 수령 지역대학에 문의 후 등기발송 요청
    ※ 학생증 우편수령 신청서: 홈페이지 → 대학생활 → 학습지원 → 학생서식 다운로드 → 학생증 관련

② **모바일 학생증**: 도서관 이용 및 교내 시험 신분증으로 활용
- 모바일 앱 다운로드 "한국방송통신대학교 모바일학생증" → 로그인 → 개인정보동의
  → **사진등록** *사진만 업로드 ※ 2025.1학기부터 카드학생증 발급 중단

③ **국제학생증(ISIC)**: 유네스코에서 인증한 학생신분증(International Student identity Card)을 말함.
- 신청 및 수령방법: 홈페이지(www.knou.ac.kr) 로그인 → 맞춤정보 → 화면 하단 QUICK MENU >>
  → 학생증 발급 → 국제학생증(ISIC) 신청 → (국제학생증 신청 바로가기)
  → 온라인 신청서 작성 → 가까운 하나은행 방문(신분확인, 계좌개설 및 카드수령)
- 발급비용: **최초발급(무료)** ※ 한국국제학생교류회 홈페이지(www.isic.co.kr) 참조

16
알아두면 좋을 학생지원제도는 무엇인가요?

16-1. 학자금 대출과 복지제도 등 안내

- 우리 대학은 한국장학재단이 실시하는 학자금 대출[농어촌출신 대학생 학자금융자, 취업 후 상환 학자금 대출, 일반 상환 학자금 대출]에 관하여 학교 홈페이지에서 안내하고 있습니다. 학자금 대출이 필요한 경우 한국장학재단에 신청기한을 지켜 신청하길 바랍니다. 그 밖에 학생의 복지증진을 위한 다양한 정보와 제도에 관한 안내도 합니다.

17
휴학과 재입학을 하려면
어떻게 해야 하나요?

휴학과 재입학 등의 학적은 「학칙」과 「학적사무처리규정」에 따라 허용됩니다.
(☞ 상세한 내용은 「학적사무처리규정」과 학교홈페이지의 학사공지 참조)

■ 휴학(일반휴학, 미등록휴학, 특별휴학)

① 일반휴학 학생이 등록한 후 휴학하고자 할 때에는 해당 학기 수업이 개시된 후 2분의 1이 경과하기 이전에 휴학원을 제출하여 총장의 승인을 받아야 합니다.

※ 2018년 3월부터는 조기 중도탈락을 방지하고 학업을 계속할 수 있도록 하기 위해 첫 학기에는 휴학이 허용되지 않습니다.

② 미등록 휴학 등록기간 내에 등록하지 않으면 미등록 휴학으로 처리되는데 휴학 기간은 연속하여 2개 학기를 초과할 수 없으며, 휴학처리된 학생은 수강기간에 수강 신청을 하고 등록기간 중에 등록하면 복학됩니다.

③ 특별휴학(☞ 14-1. 학업과 일, 가정, 병역의 양립을 지원하는 제도)

■ 재입학

재입학이란 학사학위과정에서 자퇴 또는 제적된 당시의 학과로 다시 입학하는 것을 말합니다. 재입학은 학과 정원에서 여석이 있는 경우에 두 차례에 한정하여 허가됩니다. 지원자가 정원의 여석을 초과할 경우 취득학점이 많은 자 순으로 선발합니다. 재입학하고자 하는 학생은 학사정보시스템을 이용하여 신청을 하여야 합니다. 신청방법은 [학교 홈페이지 로그인] → 신규학사정보 → MyKNOU 학사 → 재로그인 → 학적 → 개인정보처 및 신청정보 확인 후 재입학 신청 → 신청상태에서 '신청'을 확인하시면 됩니다.(모바일(앱) '메뉴'에서도 신청 가능)

※ 징계를 받아 제적된 학생의 재입학은 제적된 날로부터 2년을 경과하여야 하고 소속 학과장과 지역 대학장, 학생지도위원회 및 단과대학 교수회의 심의를 거쳐 허가여부가 결정됩니다. 재입학한 학생의 학점은 이미 이수한 학점을 통산하여 인정됩니다

18

징계와 제적은
어떠한 경우에 당하게 되나요?

■ 징계

총장은 학칙 제83조(징계)에 따라 학생이 학칙을 위반하거나 학생의 본분에 어긋난 행위를 하였을 때에는 징계할 수 있습니다.

학칙은 제78조(학생의 의무)에서 "① 학생은 학칙 등 제 규정을 준수하여야 한다. ② 학생은 수업·연구 등 본교의 기본 기능수행에 방해가 되는 개인 또는 집단적 행위와 교육목적에 위배되는 활동을 할 수 없다."라고 규정하고 있습니다.

「학생징계에 관한 규정」은 징계대상자를 ① 시험부정 행위자, ② 학생활동에 관한 학칙 및 제규정 위반자, ③ 학생신분을 이용하여 부당한 상행위, 이권개입, 금품수수 및 알선 등을 하여 학내 질서를 문란케 한 자로 구분하고 행위내용에 따라 징계양정을 다르게 정하고 있습니다.

징계의 종류는 근신·유기정학의 경징계와 무기정학·제명의 중징계로 구분합니다. 징계를 당하지 않도록 유의하시길 바랍니다.(☞ 상세한 내용은 「학생징계에 관한 규정」 참조)

■ 제적

학생은 학칙 제52조(제적)에 따라 ① 징계에 따라 제명된 경우, ② 정당한 사유 없이 연속해서 3개 학기를 등록하지 아니한 경우, ③ 원에 의하여 자퇴한 경우에는 제적당하게 됩니다.

19

졸업을 하려면 어떻게 해야 하나요?

19-1. 졸업에 필요한 학점과 요건

· 졸업을 하려면 수업연한(등록횟수)을 충족해야 하고 졸업소요학점을 취득해야 합니다. 다만, 19-2 에서 게시하는 바와 같이 일부 학과에서는 졸업학력평가(졸업논문 또는 졸업논문대체 인정)도 합격해야 졸업이 됩니다.

① 수업연한은 1학년 신입생으로 입학한 경우는 8학기 이상 등록, 2학년 편입생으로 입학한 경우는 6학기 이상 등록, 3학년 편입생으로 입학한 경우는 4학기 이상 등록해야 합니다.

② 졸업소요학점은 총 130학점이며, 그 중 교양과목은 24학점 이상을 취득해야 하고, 전공과목도 최소 취득학점을 취득해야 합니다. 세부 기준은 다음과 같이 2009학년도 이전 신·편입생으로 입학한 경우와 2010학년도 이후 신·편입생으로 입학한 경우에 차이가 있습니다.

구분		2009학년도 이전 신편입생 입학	2010학년도 이후 신편입생 입학
교양과목		24점 학점 이상	24학점 이상
전공 과목	신입생	51학점 이상 (유아교육과 : 54학점 이상)	51학점 이상 (유아교육과 : 55학점 이상)
	2학년 편입생	51학점 이상 (유아교육과 : 54학점 이상)	60학점 이상 (유아교육과 : 64학점 이상)
	3학년 편입생	63학점 이상	69학점 이상
총 취득학점 130학점 이상			

19-2. 졸업논문작성과 졸업논문대체인정(문화교양학과만 해당)

· 현재 문화교양학과는 수업연한(등록횟수) 충족, 졸업소요학점 취득 외에 졸업학력평가(논문 또는 논문대체)에 합격을 해야 졸업을 할 수 있습니다.

· 졸업학력평가 대상자는 해당 학과 재적생(재학생 및 휴학생)으로 직전 학기까지 78학점 이상 취득한 자입니다.

· 졸업학력평가(논문 또는 논문대체)는 학기별로 1회 실시합니다.

■ 졸업학력평가(논문)

졸업학력평가(논문)은 논문계획서 제출을 먼저 하고 후에 논문을 제출하는 순서로 진행됩니다. 논문계획서 및 논문은 학사시스템을 통해 제출합니다. 각 학기별로 논문계획서 제출은 3월 초(1학기), 9월 초(2학기)에 하며, 논문은 5월(1학기), 11월(2학기)에 제출하게 됩니다. 학과 교수님이 지도교수 및 심사위원이 되며, 심사위원의 평가로 합격/불합격을 판정합니다.

■ 졸업학력평가(논문대체)

졸업학력평가(논문대체)는 학과가 정한 논문을 대체하는 인정 요건을 충족한 경우 졸업학력평가에 합격한 것으로 인정해 주는 제도입니다.

졸업학력평가(논문대체) 신청은 각 학기별로 3월(1학기) 및 9월(2학기)에 시행됩니다. 정해진 기간 중에 학사시스템을 통해 신청을 하고, 동일한 기간에 이를 증빙할 수 있는 증빙서류를 문화교양학과에 등기우편으로 제출하여야 합니다. 논문대체는 학과의 심사로 합격/불합격을 판정합니다.

19-3. 특별한 졸업의 요건(복수/연계전공자 졸업, 조기졸업, 명예졸업)

■ 복수전공자의 졸업요건

2010학년도 이후 입학한 신·편입생이 복수전공을 선택한 경우에 제1전공(주전공)과 제2전공 (복수전공)학과의 졸업요건을 모두 충족하여야 졸업할 수 있습니다. 다만, 학교에서 공지한 기간 내에 학사정보시스템에서 복수전공을 취소하면 소속학과의 졸업이 가능합니다. 복수전공의 졸업요건을 충족한 경우에는 졸업증서에 복수전공 소속 학과와 전공명이 병기됩니다.

구분	제 1 전공			제 2 전공(복수전공)	
	전공(A)	교양(B)	졸업학력평가(C)	전공(D)	졸업학력평가(E)
신입생	51학점 이상 (유아교육과 : 55학점 이상)	24학점 이상	합격	51학점 이상	합격
2학년 편입생	60학점 이상 (유아교육과 : 64학점 이상)	24학점 이상	합격	51학점 이상	합격
3학년 편입생	69학점 이상	24학점 이상	합격	51학점 이상	합격

- 공통 : A~E의 요건을 모두 충족하고 총 취득학점 130학점 이상
- 졸업학력평가(C, E)의 합격은 졸업논문(졸업논문대체 포함)부과 학과만 해당

■ 조기졸업 요건

조기졸업이란 학사학위과정에서 6학기 또는 7학기를 이수하고, 졸업요건을 갖춘 경우에 학사학위를 수여하는 것을 말합니다. 대상은 1학년 신입생(편입생은 제외)으로 입학한 학생이 되며 졸업에 필요한 이수학점(총 130학점)을 조기에 취득하여 졸업요건을 충족하고, 이수한 전교과목의 성적 평점평균이 4.0 이상 취득하면 조기졸업을 할 수 있습니다. 조기졸업 요건을 충족하였음에도 조기졸업을 원하지 않는 경우에는 졸업유보를 신청하여야 합니다.

■ 명예졸업

「명예졸업 규정」에 따라 학생이 재학 중 학업에 정진하여 타 학생의 귀감이 되고 졸업소요학점의 4분의 3 이상을 취득한 후 사망하거나 그 밖에 총장이 인정하는 경우에는 본인, 그의 가족 또는 친지 등의 신청을 받아 학·처장회의의 심사를 거쳐 명예졸업자로 확정되면 명예졸업증서를 받을 수 있습니다.

19-4. 졸업유보제도

· 졸업유보란 졸업요건을 충족한 학생이 성적 향상 또는 자격증 취득을 위해 일정기간 졸업을 미루는 것을 말합니다. 졸업유보는 학기단위로 연속하여 4개 학기까지 신청할 수 있으며, 졸업 유보 기간 중 수강하고자 하는 교과목이 개설된 학기에 등록할 수 있습니다. 졸업유보를 신청한 학생은 졸업유보 기간이 끝나는 학기에 졸업하게 됩니다.

20
졸업할 때 자격증을 받으려면
어떻게 해야 하나요?

- 우리 대학에서 자격증을 획득하는 방법에는 자격증 획득에 필요한 교육과정(또는 교과목)을 이수히면 특별한 시험 없이 자격증을 받을 수 있는 경우와 교육과정을 이수한 후 국가 등의 시험실시기관에서 실시하는 시험에 합격하여야 자격증을 받는 경우가 있습니다.(☞ 상세한 내용은 해당 학과의 홈페이지 참조)
- 자격증 획득에 필요한 교육과정(또는 교과목)을 이수하면 특별한 시험 없이 자격증을 받을 수 있는 경우에는 생활과학부의 건강가정사 자격증, 교육학과의 평생교육사 자격증 등이 있습니다.
- 해외거주학생의 경우 국가자격증인 평생교육사, 청소년지도사, 청소년상담사 자격 취득이 제한될 수도 있습니다. 이와 관련하여 자격증 발급 가능 대상자에 해당하는지에 대해서는 국가자격증 발급기관(평생교육원, 산업인력공단 등)에 반드시 확인하시기 바랍니다.

21
졸업 후에도 방송대에서 계속
공부할 수 있나요?

21-1. 다른 학과 또는 프라임칼리지 편입학

- 우리 대학을 졸업하고 다른 학과 또는 프라임칼리지 2,3학년에 편입하여 학업을 계속할 수 있습니다. 이 경우 1회에 한하여 재입학 장학금을 받을 수 있습니다.

■ 프라임칼리지

프라임칼리지는 한국방송통신대학교 안에 있는 또 하나의 대학으로 100% 온라인 학사학위과정을 운영하고 있으며 융합경영학부(회계금융전공, 마케팅·애널리틱스전공)와 첨단공학부(산업공학전공, 메카트로닉스전공, AI전공)가 개설되어 있습니다. 아울러 비학위과정인 평생교육과정 등도 함께 운영하고 있습니다.

(☞ 상세한 정보는 프라임칼리지 홈페이지 https://primecollege.knou.ac.kr 참조)

21-2. 대학원과 경영대학원

· 우리 대학은 졸업하면 석사학위를 부여하는 특수대학원으로서 대학원과 경영대학원을 두고 있습니다.(개설학과·전공은 1-2. 대학의 조직, p.13 참조) 학부과정을 졸업하여 학사학위를 취득한 다음 다른 대학의 대학원에도 진학할 수도 있지만, 방송대의 석사학위과정에 진학하여 학업을 계속할 수 있습니다.

■ 대학원

① 우리 대학의 대학원은 국내 최초 원격교육방식으로 개설된 석사학위 과정으로서 국립대학으로는 유일한 대학원 과정입니다. 개설되어 있는 학과는 총 19개 학과이며, 850명 정원으로 명실공히 국내 최대의 원격대학원으로 자리 잡고 있으며, 경영학과는 2013년부터 경영대학원으로 분리하여 운영하고 있습니다.

② 대학원은 원격교육의 특성을 고려하여 강의 수강 시 교수와 튜터가 온라인상에서 학생들의 학습활동을 적극적으로 지원하는 체제로 운영하고 있어 재학생들은 신속하고 만족스러운 학습지도를 받을 수 있습니다. 또한 매 학기마다 과목세미나, 학과세미나, 학과워크숍 등 오프라인 학습지원도 이루어지고 있습니다.

(☞ 상세한 정보는 [학교 홈페이지의 대학·대학원 → 대학원]을 클릭하면 볼 수 있습니다.)

■ 경영대학원

대학원 경영학과가 2013년 경영대학원으로 독립하였으며, 7개 전공과 150명 정원을 가진 국내 유일의 국립 원격 경영대학원으로서 글로벌 시대의 경영자를 위해 한층 업그레이드 된 MBA 과정을 제공하고 있습니다.

(☞ 상세한 정보는 [학교 홈페이지 대학·대학원 → 경영대학원] 클릭하면 볼 수 있습니다.)

별첨 1　대학본부 행정부서 전화번호

구분	상담내용	소관부서	전화번호
입학상담 (1577-2853)	학부과정	입학과, 지역대학	02-3668-4350~1
	대학원 과정	대학원	02-3668-4344, 4346~9
학사상담 (1577-9995)	학생증, 증명발급	학생통합서비스센터	02-3668-4337
	휴학 / 자퇴 / 학적정정 재입학, 학적관리, 졸업, 복수·연계전공	학사운영과, 지역대학	02-3668-4197~8
	등록금 관련	재무과	02-3668-4241~2
	출석수업 관리	학사운영과	02-3668-4141~2
	수강신청, 계절수업, 형성평가	학사운영과	02-3668-4141~2
	각종시험·성적·졸업논문/ 졸업논문대체인정	학사운영과	02-3668-4151~2
	장학, 병역, 포상 / 징계	학생과	02-3668-4171~4
자격증 발급	평생교육사 자격증 관련 실습 및 이수과목	교육학과 지역대학	02-3668-4660
	학교현장실습 및 이수과목 등 자격요건	유아교육과 지역대학	02-3668-4670
	- 평생교육사 자격증 신청 (※ 자격증 발급 : 국가평생교육진흥원)	학사운영과	02-3668-4197
	기타 자격증 문의	해당학과	
학습상담	학습내용질문	각 학과	각 학과
	교재구입 및 학보구독	출판문화원	1644-1232
	도서관 자료 이용	중앙도서관	02-3668-4390
프라임 칼리지	학사학위과정, 평생교육과정, 교원연수프로그램	프라임칼리지, 종합교육연수원	02-3668-4435~6 02-3668-4433~4

별첨 2   학과별 전화번호

구분	학과	전화번호	상담내용
인문과학 대학	국어국문학과	02-3668-4550	학습내용 및 질문
	영어영문학과	02-3668-4560	〃
	중어중문학과	02-3668-4570	〃
	프랑스언어문화학과	02-3668-4580	〃
	일본학과	02-3668-4290	〃
사회과학 대학	법학과	02-3668-4590	〃
	행정학과	02-3668-4600	〃
	경제학과	02-3668-4610	〃
	경영학과	02-3668-4620	〃
	무역학과	02-3668-4680	〃
	미디어영상학과	02-3668-4710	〃
	도시콘텐츠·관광학과	02-3668-4460	〃
	사회복지학과	02-3668-4799	〃
자연과학 대학	농학과	02-3668-4630	〃
	생활과학부	02-3668-4640	〃
	컴퓨터과학과	02-3668-4650	〃
	통계·데이터과학과	02-3668-4690	〃
	보건환경안전학과	02-3668-4700	〃
	간호학과	02-3668-4709	〃
교육과학 대학	교육학과	02-3668-4660	〃
	청소년교육복지상담학과	02-3668-4400	〃
	유아교육과	02-3668-4670	〃
	문화교양학과	02-3668-4540	〃
	생활체육지도과	02-3668-4752	〃

II. 교과과정

국어국문학과	도시콘텐츠·관광학과
영어영문학과	농학과
중어중문학과	생활과학부
프랑스언어문화학과	컴퓨터과학과
일본학과	통계·데이터과학과
법학과	보건환경안전학과
행정학과	간호학과
경제학과	교육학과
경영학과	청소년교육복지상담학과
무역학과	문화교양학과
미디어영상학과	생활체육지도과

국어국문학과 교과과정

학년·학기	교과구분	교과목명	학점	학년·학기	교과구분	교과목명	학점
1-1	교양	글쓰기	3	1-2	교양	대학영어	3
	교양	세계의역사	3		교양	인간과사회	3
	전공	글과생각	3		교양	심리학에게묻다	3
	전공	우리어문학과한자·한문	3		전공	국어학개론	3
	전공	현대소설의이해와감상	3		전공	고전의이해와감상	3
	일선	중국문화산책	3		일선	한국문화자원의이해1	3
2-1	교양	동서양고전의이해	3	2-2	교양	철학의이해	3
	교양	세상읽기와논술	3		교양	문학의이해	3
	교양	한국사의이해	3		교양	취미와예술	3
	전공	현대시의이해와감상	3		전공	현대소설론	3
	전공	국문학의역사	3		전공	고전의장면과표현	3
	전공	언어와생활	3		전공	맞춤법과표준어	3
3-1	전공	우리말의구조	3	3-2	교양	인간과교육	3
	전공	고전시가론	3		교양	생활법률	3
	전공	옛수필의세계	3		전공	한국문학과대중문화	3
	전공	소설창작론	3		전공	고소설론과작가	3
	전공	문학비평론	3		전공	근현대문학사	3
	일선	신화의세계	3		전공	중세국어의이해	3
4-1	교양	생활과건강	3	4-2	교양	성·사랑·사회	3
	전공	시창작론	3		전공	한국희곡론	3
	전공	우리말의역사	3		전공	한국한문학의이해	3
	전공	소리와발음	3		전공	한국어교육학개론	3
	전공	한국영상문학론	3		전공	언어와의미	3
	전공	구비문학의세계	3		전공	현대시론	3

영어영문학과 교과과정

학년·학기	교과구분	교과목명	학점	학년·학기	교과구분	교과목명	학점
1-1	교양	글쓰기	3	1-2	교양	심리학에게묻다	3
	교양	인간과언어	3		교양	인간과사회	3
	전공	영어회화1	3		교양	대학영어	3
	전공	영문법의기초	3		전공	생활영어	3
	전공	멀티미디어영어	3		전공	영작문1	3
	일선	영화로생각하기	3		전공	영어듣기연습	3
2-1	교양	동서양고전의이해	3	2-2	교양	문학의이해	3
	교양	세상읽기와논술	3		교양	취미와예술	3
	교양	한국사의이해	3		교양	철학의이해	3
	전공	영미산문	3		전공	미국의사회와문화	3
	전공	시사영어	3		전공	영미단편소설	3
	전공	영문법의활용	3		전공	드라마와영어듣기	3
3-1	전공	영어교수법	3	3-2	교양	인간과교육	3
	전공	영어권국가의이해	3		전공	영작문2	3
	전공	테스트영어연습	3		전공	영어회화2	3
	전공	영어학의이해	3		전공	영어발음의원리	3
	전공	영시읽기의기초	3		전공	현대세계의이해와영어듣기	3
	전공	영미아동문학	3		전공	영국문학의이해	3
4-1	교양	생활과건강	3	4-2	교양	이슈로보는오늘날의유럽	3
	전공	영국소설	3		전공	영미시	3
	전공	미국문학의이해	3		전공	고급영문강독	3
	전공	영미희곡	3		전공	영어의역사	3
	전공	영어문장구조의이해	3		일선	오늘날의프랑스	3
	일선	신화의세계	3		일선	교육심리학	3
					전공	어린이영어지도(신설 예정)	3

※ 변동 가능성 있으니 추후 영어영문학과 홈페이지 참고

중어중문학과 교과과정

학년·학기	교과구분	교과목명	학점	학년·학기	교과구분	교과목명	학점
1-1	전공	중국어1	3	1-2	전공	중국어2	3
	전공	중국문화산책	3		전공	중국인문기행	3
	전공	기초한자	3		전공	중국언어산책	3
	교양	글쓰기(국문)	3		교양	대학영어(영문)	3
	일선	생활과건강(간호)	3		교양	심리학에게묻다(교양)	3
	교양	인간과언어(교양)	3		교양	인간과사회(교양)	3
2-1	전공	중국어3	3	2-2	전공	중국어4	3
	전공	중국어구어실습	3		전공	중급한문	3
	전공	초급한문	3		전공	중국어문법	3
	전공	중국경제의이해	3		교양	철학의이해(문교)	3
	교양	동서양고전의이해(문교)	3		교양	취미와예술(교양)	3
	교양	세상읽기와 논술(문교)	3		교양	세대와소통(교양)	3
3-1	전공	중국어5	3	3-2	전공	중국어6	3
	전공	현대중국입문	3		전공	중국의사회와문화	3
	전공	중국명시감상	3		전공	중국명문감상	3
	전공	중국어듣기연습	3		전공	중국미디어와대중문화	3
	전공	중국공연예술	3		교양	인간과교육(교육)	3
	일선	신화의세계(문교)	3		일선	동양철학산책(문교)	3
4-1	전공	중국문학의이해	3	4-2	전공	비즈니스중국어	3
	전공	중국어7	3		전공	성어와고사	3
	전공	이슈로보는중국경제	3		전공	중국어8	3
	전공	경서제자강독	3		전공	현대중국연극영화감상	3
	일선	언어와생활(국문)	3		교양	이슈로보는오늘날의유럽(교양)	3
	교양	사회문제론(문교)	3		일선	전통사회와 생활문화(문교)	3

※ 추후 중문학과 공지사항 참고 바람

프랑스언어문화학과 교과과정

학년 · 학기	교과 구분	교과목명	학점	학년 · 학기	교과 구분	교과목명	학점
1-1	교양	글쓰기*	3	1-2	교양	대학영어	3
	교양	컴퓨터의이해*	3		교양	인간과사회*	3
	교양	세계의역사*	3		교양	심리학에게묻다*	3
	전공	기초프랑스어회화1	3		전공	오늘날의프랑스*	3
	전공	프랑스어기초어휘와발음	3		전공	기초프랑스어회화2	3
	전공	프랑스어기초문법	3		전공	프랑스어기초문법따라잡기	3
2-1	교양	동서양고전의이해*	3	2-2	교양	문학의이해*	3
	교양	세계의정치와경제*	3		교양	취미와예술*	3
	교양	세상읽기와논술*	3		교양	철학의이해*	3
	전공	프랑스어회화1	3		전공	프랑스어읽기와쓰기A2	3
	전공	프랑스어문법1	3		전공	프랑스어문법2	3
	전공	프랑스어듣기와말하기A2	3		전공	프랑스어회화2	3
3-1	전공	봉쥬르프랑스	3	3-2	교양	이슈로보는오늘날의유럽*	3
	전공	영화로배우는프랑스어	3		전공	영화로읽는파리*	3
	전공	독서클럽·함께읽는프랑스문학*	3		전공	프랑스어듣기와말하기B1	3
	전공	문학으로본프랑스어권	3		전공	프랑스어읽기와쓰기B1	3
	전공	파리박물관기행*	3		전공	프랑스산문	3
	일선	영어권국가의이해	3		전공	문학으로본프랑스역사	3
4-1	교양	사회문제론*	3	4-2	교양	성·사랑·사회*	3
	전공	프랑스어번역연습	3		전공	프랑스어권아프리카바로보기*	3
	전공	프랑스작품선	3		전공	프랑스단편읽기	3
	전공	카뮈와위고선독	3		전공	프랑스어구문과어휘	3
	전공	프랑스비평선독	3		전공	프랑스시와샹송	3
	일선	서구지성사입문*	3		일선	현대소설론*	3

* 표시한 과목은 우리말로 된 교과목임

일본학과 교과과정

학년·학기	교과구분	교과목명	학점	학년·학기	교과구분	교과목명	학점
1-1	교양	글쓰기	3	1-2	교양	인간과사회	3
	전공	일본어기초1	3		전공	일본어기초2	3
	전공	일본학개론	3		전공	일본사회문화의이해	3
	일선	기초한자	3		전공	일본고중세사	3
	교양	세계의역사	3		일선	대중영화의이해	3
	일선	한국지리어행	3		일선	한국문화자원의이해1	3
2-1	교양	세상읽기와논술	3	2-2	교양	취미와예술	3
	교양	한국사의이해	3		교양	철학의이해	3
	교양	생명과환경	3		전공	일본어활용2	3
	전공	일본어활용1	3		전공	일본어문법	3
	전공	일본어문장연습	3		전공	일본인의경제생활	3
	전공	일본근세근현대사	3		일선	역사의현장을찾아서	3
3-1	전공	일본대중문화론	3	3-2	교양	인간과교육	3
	전공	근현대일본정치사	3		전공	일본의시와노래	3
	전공	중급일본어활용1	3		전공	중급일본어활용2	3
	전공	일본전통문화론	3		전공	현대일본정치의이해	3
	전공	일본의소설	3		전공	근대일본의선택:전쟁	3
	일선	글과생각	3		전공	현대일본사회론	3
4-1	교양	사회문제론	3	4-2	교양	이슈로보는오늘날의유럽	3
	전공	일본명작기행	3		교양	성·사랑·사회	3
	전공	고급일본어활용	3		전공	일본의언어와문화	3
	전공	일본사회문화연습	3		전공	일본문학과영화	3
	전공	근대일본의모색·평화	3		전공	일본어문학여행	3
	전공	근현대한일관계와국제사회	3		전공	전근대한일관계사	3

법학과 교과과정

학년·학기	교과구분	교과목명	학점	학년·학기	교과구분	교과목명	학점
1-1	교양	글쓰기	3	1-2	교양	인간과과학	3
	교양	컴퓨터의이해	3		교양	인간과사회	3
	교양	세계의역사	3		교양	대학영어	3
	전공	헌법의기초	3		전공	통치의기본구조	3
	전공	민법총칙	3		전공	물권법	3
	전공	형법총론	3		전공	형법각론	3
2-1	교양	생명과환경	3	2-2	교양	세대와소통	3
	교양	세계의정치와경제	3		교양	경제학의이해	3
	교양	한국사의이해	3		전공	채권각론	3
	전공	채권총론	3		전공	주식회사법	3
	전공	상법기초	3		전공	노사관계법	3
	전공	근로보호법	3		전공	기본권의기초이론	3
3-1	전공	법사상사	3	3-2	교양	철학의이해	3
	전공	헌법논증이론	3		교양	생활법률	3
	전공	공정거래법	3		전공	법철학	3
	전공	일반행정법	3		전공	남녀평등과법	3
	전공	국제인권법	3		전공	소비자법	3
	전공	지적재산권법	3		전공	개별행정법	3
4-1	교양	사회문제론	3	4-2	교양	성·사랑·사회	3
	전공	법과사회	3		전공	세법	3
	전공	사회보장법	3		전공	인권법	3
	전공	형사소송법	3		전공	친족상속법	3
	전공	소송과강제집행	3		전공	보험법·어음법	3
	전공	부동산법제	3		전공	환경법	3

행정학과 교과과정

학년·학기	교과구분	교과목명	학점	학년·학기	교과구분	교과목명	학점
1-1	교양	글쓰기	3	1-2	교양	인간과과학	3
	교양	컴퓨터의이해	3		교양	심리학에게묻다	3
	교양	세계의역사	3		교양	대학영어	3
	전공	행정학개론	3		전공	현대정치와행정	3
	전공	정보사회와행정	3		전공	국제정책및통상갈등	3
	전공	사회복지학개론	3		전공	발전행정론	3
2-1	교양	생명과환경	3	2-2	교양	대학수학의이해	3
	교양	세계의정치와경제	3		교양	경제학의이해	3
	교양	한국사의이해	3		교양	철학의이해	3
	전공	행정조사론	3		전공	기획론	3
	전공	인적자원관리론	3		전공	재무행정론	3
	전공	행정통제와윤리	3		전공	사회복지정책론	3
3-1	전공	비교행정론	3	3-2	교양	생활법률	3
	전공	행정계량분석	3		전공	한국정부론	3
	전공	지방자치행정론	3		전공	도시행정론	3
	전공	성과관리론	3		전공	행정조직론	3
	전공	공기업론	3		전공	정책학원론	3
	전공	일반행정법	3		전공	행정사례연구	3
4-1	교양	사회문제론	3	4-2	교양	이슈로보는오늘날의유럽	3
	전공	지역개발론	3		전공	통치의기본구조	3
	전공	재난관리론	3		전공	정책분석론	3
	전공	다문화와이민행정	3		전공	정부규제론	3
	전공	협상조정론	3		전공	행정변동론	3
	전공	사회복지행정론	3		전공	공공협치론	3

경제학과 교과과정

학년·학기	교과구분	교과목명	학점	학년·학기	교과구분	교과목명	학점
1-1	교양	글쓰기	3	1-2	교양	인간과사회	3
	교양	컴퓨터의이해	3		교양	심리학에게묻다	3
	전공	기초미시경제론	3		전공	기초거시경제론	3
	전공	경영학원론	3		전공	재테크와금융투자	3
	전공	무역학원론	3		전공	IT와경영정보시스템	3
	일선	재무회계원리	3		일선	국제정책및통상갈등	3
2-1	교양	한국사의이해	3	2-2	교양	철학의이해	3
	교양	생명과환경	3		전공	고급거시경제론	3
	전공	고급미시경제론	3		전공	디지털경제의이해	3
	전공	서양경제사	3		전공	경제분석의역사	3
	전공	경제통계의이해	3		일선	중소기업창업론	3
	전공	다국적기업론	3		일선	글로벌지역투자	3
3-1	전공	공공경제학	3	3-2	교양	생활법률	3
	전공	기술혁신의경제학	3		전공	화폐금융론	3
	전공	행동경제학	3		전공	노동경제학	3
	전공	성장과복지의경제학	3		전공	국제금융론	3
	전공	기업경제학	3		전공	도시경제학	3
	전공	금융시장론	3		전공	플랫폼경제의이해	3
4-1	교양	사회문제론	3	4-2	교양	성·사랑·사회	3
	전공	증권투자론	3		전공	사회복지학개론	3
	전공	부동산법제	3		전공	부동산시장과정책	3
	전공	경영분석	3		전공	보건경제학	3
	전공	빈곤론	3		전공	환경경제학	3
	일선	글로벌비즈니스네트워킹	3		전공	공공재정과감사	3

경영학과 교과과정

학년·학기	교과구분	교과목명	학점	학년·학기	교과구분	교과목명	학점
1-1	교양	글쓰기	3	1-2	교양	인간과사회	3
	교양	컴퓨터의이해	3		교양	심리학에게묻다	3
	교양	세계의역사	3		교양	대학영어	3
	진공	경영힉원론	3		진공	기초거시경제론	3
	전공	재무회계원리	3		전공	조직행위론	3
	전공	기초미시경제론	3		전공	IT와경영정보시스템	3
2-1	교양	세상읽기와논술	3	2-2	교양	취미와예술	3
	교양	세계의정치와경제	3		교양	경제학의이해	3
	교양	한국사의이해	3		교양	철학의이해	3
	전공	경영분석을위한기초통계	3		전공	원가회계	3
	전공	마케팅론	3		전공	중소기업창업론	3
	전공	인적자원관리	3		전공	경영의사결정론	3
3-1	전공	소비자행동론	3	3-2	교양	생활법률	3
	전공	중급재무회계	3		전공	마케팅조사	3
	전공	재무관리	3		전공	관리회계	3
	전공	조직창의성과혁신	3		전공	물류관리	3
	전공	e-비즈니스	3		전공	금융투자의이해	3
	전공	생산관리	3		전공	주식회사법	3
4-1	교양	사회문제론	3	4-2	교양	이슈로보는오늘날의유럽	3
	전공	마케팅커뮤니케이션관리	3		전공	마케팅특강	3
	전공	경영분석	3		전공	경영전략론	3
	전공	국제경영학	3		전공	인사조직특강	3
	전공	세무회계	3		전공	회계학특강	3
	전공	노사관계론	3		전공	금융제도의이해	3

무역학과 교과과정

학년·학기	교과구분	교과목명	학점	학년·학기	교과구분	교과목명	학점
1-1	교양	컴퓨터의이해	3	1-2	교양	인간과사회	3
	교양	세계의역사	3		교양	대학영어	3
	전공	무역학원론	3		일선	기초거시경제론	3
	전공	기초미시경제론	3		전공	국제경영의이해	3
	일선	경영학원론	3		전공	기술창업론	3
	일선	중국어1	3		전공	글로벌비즈니스애널리틱스	3
2-1	교양	세계의정치와경제	3	2-2	교양	취미와예술	3
	교양	한국사의이해	3		교양	철학의이해	3
	전공	글로벌스마트비즈니스	3		전공	글로벌차이나마케팅	3
	전공	다국적기업론	3		전공	동아시아와통일한국경제	3
	전공	글로벌스타트업브랜딩	3		전공	글로벌실용금융	3
	일선	인적자원관리	3		전공	글로벌지역투자	3
3-1	전공	글로벌스타트업마케팅	3	3-2	교양	생활법률	3
	전공	무역보험론	3		전공	글로벌기업가정신	3
	전공	무역관습개론	3		전공	창업마케팅실무	3
	전공	국제경영학	3		전공	국제금융론	3
	일선	세계의음식·음식의세계	3		전공	무역영어	3
	일선	사회복지학개론	3		전공	국제경영전략	3
4-1	교양	생활과건강	3	4-2	교양	이슈로보는오늘날의유럽	3
	전공	글로벌비즈니스네트워킹	3		전공	무역법규	3
	전공	글로벌자산관리	3		전공	스타트업비즈니스매너	3
	전공	무역결제론	3		전공	국제물류론	3
	전공	해외시장조사론	3		전공	부자되는창업	3
	전공	글로벌프랜차이즈창업	3		일선	인사조직특강	3

미디어영상학과 교과과정

학년·학기	교과구분	교과목명	학점	학년·학기	교과구분	교과목명	학점
1-1	교양	세계의역사	3	1-2	교양	인간과사회	3
	교양	컴퓨터의이해	3		교양	심리학에게묻다	3
	전공	영상제작입문	3		교양	대학영어	3
	전공	미디어와사회	3		전공	미디어혁신과뉴스스토리델링	3
	전공	사진의이해	3		전공	대중영화의이해	3
	일선	스포츠미디어커뮤니케이션	3		전공	저널리즘의이해	3
2-1	교양	동서양고전의이해	3	2-2	교양	취미와예술	3
	교양	생명과환경	3		교양	철학의이해	3
	교양	한국사의이해	3		전공	아동·청소년과미디어	3
	전공	대중문화와영화비평	3		전공	다큐멘터리제작론	3
	전공	뉴미디어기술과사이버사회	3		전공	설득커뮤니케이션	3
	전공	사회변화와미디어트렌드	3		전공	통합마케팅커뮤니케이션	3
3-1	교양	글쓰기	3	3-2	교양	생활법률	3
	전공	그래픽커뮤니케이션	3		전공	사진영상론	3
	전공	현대광고와카피전략	3		전공	여론과미디어	3
	전공	뉴미디어론	3		전공	영상문화콘텐츠산업론	3
	전공	1인미디어기획제작	3		전공	디지털영상편집	3
	일선	문화산업과문화기획	3		전공	미디어심리학	3
4-1	교양	생활과건강	3	4-2	교양	이슈로보는오늘날의유럽	3
	전공	미디어비평	3		교양	성·사랑·사회	3
	전공	시사미디어영어	3		전공	홍보론	3
	전공	영화산업과마케팅	3		전공	소셜미디어	3
	전공	미디어교육	3		전공	멀티미디어기획제작	3
	전공	게임·애니메이션·VR의이해	3		전공	영화기획제작	3

도시콘텐츠·관광학과 교과과정

학년·학기	교과구분	교과목명	학점	학년·학기	교과구분	교과목명	학점
1-1	교양	글쓰기	3	1-2	교양	인간과사회	3
	교양	세계의역사	3		전공	한국문화자원의이해1	3
	전공	관광학개론	3		전공	현대인의여가생활	3
	전공	서비스매너	3		전공	관광경영론	3
	전공	한국지리여행	3		전공	여행영어1	3
	일선	여가레크리에이션	3		일선	역사의현장을찾아서	3
2-1	교양	세상읽기와논술	3	2-2	교양	취미와예술	3
	교양	한국사의이해	3		교양	경제학의이해	3
	전공	관광마케팅	3		전공	호텔산업의이해	3
	전공	관광법규	3		전공	관광과문화	3
	전공	이벤트플래닝	3		전공	한국문화자원의이해2	3
3-1	전공	축제·이벤트관광	3	3-2	교양	생활법률	3
	전공	여행영어2	3		전공	마이스산업론	3
	전공	관광개발론	3		전공	여행사실무	3
	전공	자연자원의이해	3		전공	외식산업의이해	3
	전공	관광행동론	3		전공	관광개발실무	3
	일선	파리박물관기행	3		일선	전통사회와생활문화	3
4-1	교양	생활과건강	3	4-2	교양	이슈로보는오늘날의유럽	3
	전공	세계의음식·음식의세계	3		전공	관광연구의이해	3
	전공	지역관광론	3		일선	레크리에이션활동지도	3
	전공	여행일어	3		전공	관광해설론	3
	일선	부동산법제	3		전공	관광창업론	3
	일선	세계의도시와건축	3		일선	부동산시장과정책	3

농학과 교과과정

학년·학기	교과구분	교과목명	학점	학년·학기	교과구분	교과목명	학점
1-1	교양	글쓰기	3	1-2	교양	인간과과학	3
	교양	세계의역사	3		교양	인간과사회	3
	교양	컴퓨터의이해	3		교양	심리학에게묻다	3
	진공	원예학	3		전공	축산학	3
	전공	농학원론	3		전공	재배학원론	3
	전공	숲과삶	3		전공	생물과학	3
2-1	교양	세상읽기와논술	3	2-2	교양	경제학의이해	3
	교양	한국사의이해	3		교양	취미와예술	3
	교양	동서양고전의이해	3		교양	철학의이해	3
	전공	농업생물화학	3		전공	반려동물학	3
	전공	농업유전학	3		전공	가축사양학	3
	전공	가축생리학	3		전공	재배식물생리학	3
3-1	전공	토양학	3	3-2	교양	인간과교육	3
	전공	자원식물학	3		전공	생활원예	3
	전공	재배식물육종학	3		전공	생물통계학	3
	전공	농축산환경학	3		전공	식용작물학1	3
	전공	해충방제학	3		전공	환경친화형농업	3
	전공	식물의학	3		전공	원예작물학1	3
4-1	교양	생활과건강	3	4-2	교양	이슈로보는오늘날의유럽	3
	전공	시설원예학	3		전공	잡초방제학	3
	전공	동물사료학	3		전공	농축산식품이용학	3
	전공	식용작물학2	3		전공	식물분류학	3
	전공	원예작물학2	3		전공	농업경영학	3
	전공	푸드마케팅	3				

생활과학부 교과과정

● 생활과학부 1,2학년 공통과정

학년·학기	교과구분	교과목명	학점	학년·학기	교과구분	교과목명	학점
1-1	교양	글쓰기	3	1-2	교양	심리학에게묻다	3
	전공	영양과건강	3		전공	식생활과문화	3
	전공	가족자원관리학	3		전공	인간발달	3
	전공	패션·소비·문화	3		전공	패션관리와스타일링	3
	일선	대중문화의이해	3		일선	현대인의여가생활	3
	일선	경영학원론	3		교양	인간과사회	3
2-1	교양	생명과환경	3	2-2	교양	취미와예술	3
	교양	세계의정치와경제	3		교양	경제학의이해	3
	교양	한국사의이해	3		교양	세대와소통	3
	전공	인체생리학	3		전공	가계재무관리	3
	전공	가족발달	3		전공	기초영양학	3
	전공	패션디자인	3		전공	의류소재	3

● 가정복지상담학 전공

학년·학기	교과구분	교과목명	학점	학년·학기	교과구분	교과목명	학점
3-1	전공	가사노동과돌봄정책	3	3-2	교양	생활법률	3
	전공	생활설계상담	3		전공	가족관계	3
	전공	가족과문화	3		전공	가정복지학연구법	3
	전공	영유아보육학	3		전공	소비자와소비생활	3
	전공	비영리기관운영관리	3		전공	가족상담및치료	3
					일선	인간행동과사회환경	3
4-1	전공	상담심리학	3	4-2	전공	노인복지론	3
	전공	영유아발달	3		전공	부부상담	3
	전공	가족복지론	3		전공	유아교육과정	3
	전공	가족생활교육	3		일선	중독상담과교육	3
	전공	가족역동과상담	3				
	교양	사회문제론	3				

● 의류패션학 전공

학년·학기	교과구분	교과목명	학점	학년·학기	교과구분	교과목명	학점
3-1	전공	패션마케팅	3	3-2	전공	디지털시대의패션리테일링	3
	전공	패턴메이킹	3		전공	서양복식문화	3
	전공	테크니컬디자인	3		일선	한국문화자원의이해2	3
	전공	패션일러스트레이션	3		전공	색채와디자인	3
	전공	의류소재염색	3		전공	테일러링과드레이핑	3
	일선	평생교육방법론	3		전공	패션CAD	3
4-1	교양	생활과건강	3	4-2	교양	성·사랑·사회	3
	전공	텍스타일표현과활용	3		교양	이슈로보는오늘날의유럽	3
	전공	패션창업	3		전공	글로벌패션비즈니스	3
	전공	크리에이티브패션디자인	3		전공	의복과건강	3
	전공	한국복식과한복의역사	3		전공	한국의복구성	3
	일선	파리박물관기행	3				

※ 의류패션학전공 교과목의 중간/기말 과제물 작성 시 실험실습 재료는 개인적으로 준비가 필요하므로 수강 시 참고 바람

컴퓨터과학과 교과과정

학년·학기	교과구분	교과목명	학점	학년·학기	교과구분	교과목명	학점
1-1	교양	컴퓨터의이해	3	1-2	교양	심리학에게묻다	3
	교양	세계정치와경제	3		교양	대학영어	3
	전공	유비쿼터스컴퓨팅개론	3		전공	C프로그래밍	3
	전공	파이썬프로그래밍기초	3		전공	멀티미디어시스템	3
	일선	사진의이해	3		전공	컴퓨터과학개론	3
	일선	데이터정보처리입문	3		일선	대중영화의이해	3
2-1	교양	생명과환경	3	2-2	교양	대학수학의이해	3
	교양	세상읽기와논술	3		교양	생활속의경제	3
	교양	한국사의이해	3		전공	파이썬기반데이터분석	3
	전공	HTML5웹프로그래밍	3		전공	자료구조	3
	전공	이산수학	3		전공	선형대수	3
	전공	Java프로그래밍	3		전공	프로그래밍언어론	3
3-1	전공	운영체제	3	3-2	교양	생활법률	3
	전공	디지털논리회로	3		전공	UNIX시스템	3
	전공	데이터베이스시스템	3		전공	컴퓨터구조	3
	전공	알고리즘	3		전공	머신러닝	3
	전공	인공지능	3		전공	시뮬레이션	3
	일선	그래픽커뮤니케이션	3		전공	JSP프로그래밍	3
4-1	교양	생활과건강	3	4-2	교양	성·사랑·사회	3
	전공	컴퓨터그래픽스	3		전공	딥러닝	3
	전공	모바일앱프로그래밍	3		전공	컴파일러구성	3
	전공	정보통신망	3		전공	클라우드컴퓨팅	3
	전공	컴퓨터보안	3		일선	경영전략론	3
	전공	소프트웨어공학	3		일선	빅데이터의이해와활용	3

통계·데이터과학과 교과과정

학년·학기	교과구분	교과목명	학점	학년·학기	교과구분	교과목명	학점
1-1	교양	글쓰기	3	1-2	교양	인간과과학	3
	교양	컴퓨터의이해	3		교양	대학영어	3
	교양	세계의역사	3		교양	심리학에게묻다	3
	전공	데이터징보처리입문	3		전공	동계로세상읽기	3
	전공	R컴퓨팅	3		전공	데이터과학개론	3
	일선	경영학원론	3		전공	파이썬 컴퓨팅	3
2-1	교양	한국사의이해	3	2-2	교양	철학의이해	3
	교양	세계의정치와경제	3		교양	대학수학의이해	3
	교양	세상읽기와논술	3		교양	경제학의이해	3
	전공	통계학개론	3		전공	여론조사의이해	3
	전공	확률의개념과응용	3		전공	파이썬과R	3
	전공	엑셀데이터분석	3		전공	빅데이터의이해와활용	3
3-1	전공	회귀모형	3	3-2	교양	생활법률	3
	전공	데이터처리와활용	3		전공	바이오통계학	3
	전공	데이터시각화	3		전공	표본조사론	3
	전공	통계조사방법론	3		전공	실험계획과응용	3
	전공	통계패키지	3		전공	파이썬데이터처리	3
	일선	인터넷과생활윤리	3		전공	수리통계학	3
4-1	교양	생활과건강	3	4-2	교양	이슈로보는오늘날의유럽	3
	전공	딥러닝의통계적이해	3		전공	자연언어처리	3
	전공	신뢰성공학	3		전공	비정형데이터분석	3
	전공	예측방법론	3		전공	마케팅조사	3
	전공	다변량분석	3		전공	베이즈데이터분석	3
	전공	데이터마이닝	3		전공	R데이터분석	3

※ 개설교과목은 학과의 사정에 따라 변경될 수 있으니 확인 바람

보건환경안전학과 교과과정

학년·학기	교과구분	교과목명	학점	학년·학기	교과구분	교과목명	학점
1-1	교양	글쓰기	3	1-2	교양	대학영어	3
	교양	한국사의이해	3		전공	환경화학	3
	전공	공중보건학	3		전공	보건의사소통	3
	전공	환경보건학개론	3		전공	환경과대체에너지	3
	교양	생활과건강	3		일선	인간발달	3
	일선	숲과삶	3		일선	환경법	3
2-1	교양	생명과환경	3	2-2	교양	취미와예술	3
	전공	보건행정	3		교양	철학의이해	3
	전공	생활폐기물관리	3		전공	보건프로그램개발및평가	3
	전공	환경생화학	3		전공	산업보건학	3
	전공	수질관리	3		전공	실내공기오염관리	3
	일선	사회복지학개론	3		전공	환경미생물학	3
3-1	전공	건강보험론	3	3-2	교양	인간과교육	3
	전공	조사방법론	3		전공	건설안전보건	3
	전공	작업환경측정	3		전공	보건통계학	3
	전공	수질시험법	3		전공	상하수도관리	3
	전공	산업안전	3		전공	작업환경관리	3
	전공	대기오염관리	3		전공	병원경영학	3
4-1	교양	사회문제론	3	4-2	교양	인간과과학	3
	전공	유해폐기물관리	3		전공	식품위생학	3
	전공	산업독성학	3		전공	용수및하폐수처리	3
	전공	환경보건역학	3		전공	보건교육방법론	3
	전공	보건교육	3		전공	토양지하수관리	3
	일선	재난관리론	3		전공	노인복지론	3

간호학과 교과과정

학년·학기	교과구분	교과목명	학점	학년·학기	교과구분	교과목명	학점
3-1	교양	글쓰기	3	3-2	전공	고위험모아간호학	3
	전공	간호과정론	3		전공	간호이론	3
	전공	가족건강간호학	3		전공	지역사회간호학	3
	전공	간호연구	3		전공	응급간호학	3
	전공	기초간호과학	3		전공	고급간호연구	3
	전공	정신건강과간호	3		일선	사회복지학개론	3
4-1	교양	생활과건강	3	4-2	교양	성·사랑·사회	3
	전공	성인간호학	3		전공	간호윤리와법	3
	전공	재활간호학	3		전공	간호리더십	3
	전공	보건교육	3		전공	노인간호학	3
	전공	청소년건강과간호	3		전공	간호학특론	3
	전공	전략적간호관리	3		일선	교육심리학	3

교육학과 교과과정

학년·학기	교과구분	교과목명	학점	학년·학기	교과구분	교과목명	학점
1-1	교양	글쓰기	3	1-2	교양	인간과과학	3
	교양	세계의역사	3		교양	인간과사회	3
	전공	생애발달과교육	3		전공	교육철학	3
	전공	교육의이해	3		전공	인간행동과사회환경	3
	전공	평생교육론	3		전공	교육심리학	3
	일선	사회복지학개론	3		전공	원격교육론	3
2-1	교양	세상읽기와논술	3	2-2	교양	철학의이해	3
	교양	세계의정치와경제	3		교양	경제학의이해	3
	교양	한국사의이해	3		전공	여성교육론	3
	전공	다문화교육론	3		전공	장애인상담과교육	3
	전공	상담심리학	3		전공	교육사회학	3
	전공	교육과정및평가	3		일선	사회복지정책론	3
3-1	전공	이상심리학	3	3-2	전공	문해교육론	3
	전공	평생교육방법론	3		일선	사회복지조사론	3
	전공	성인학습및상담론	3		전공	평생교육경영론	3
	전공	교육공학	3		전공	평생교육프로그램개발	3
	전공	노인교육론	3		전공	문화와교육	3
	일선	학교사회복지론	3		일선	집단상담의기초	3
4-1	교양	사회문제론	3	4-2	전공	교육사	3
	전공	자원봉사론	3		전공	심리검사및측정	3
	전공	평생교육실습	3		전공	평생교육실습	3
	전공	교육고전의이해	3		전공	교육고전의이해	3
	전공	직업·진로설계	3		전공	중독상담과교육	3
	전공	가족교육론	3		일선	노인복지론	3
	전공	지역사회교육론	3		일선	가족상담및치료	3

청소년교육복지상담학과 교과과정

학년·학기	교과구분	교과목명	학점	학년·학기	교과구분	교과목명	학점
1-1	전공	청소년교육개론	3	1-2	전공	인간행동과사회환경	3
	전공	학교교육과청소년	3		전공	시민교육론	3
	전공	발달심리	3		전공	부모교육과상담	3
	전공	청소년리더십개발	3		교양	대학영어	3
	교양	글쓰기	3		교양	인간과교육	3
	일선	사회복지학개론	3		교양	심리학에게묻다	3
2-1	전공	청소년학습이론및지도	3	2-2	전공	청소년문화	3
	전공	사회적역할의이해	3		전공	사회복지실천론	3
	전공	청소년상담	3		전공	청소년심리	3
	교양	한국사의이해	3		교양	철학의이해	3
	교양	생명과환경	3		교양	취미와예술	3
	교양	세상읽기와논술	3		교양	경제학의이해	3
3-1	전공	직업세계와직업정보	3	3-2	전공	청소년프로그램개발및평가	3
	전공	청소년활동론	3		전공	청소년문제	3
	전공	청소년인성교육	3		전공	집단상담의기초	3
	전공	청소년복지론	3		전공	지역사회복지론	3
	전공	레크리에이션활동지도	3		전공	청소년육성제도론	3
	전공	청소년지도방법론	3		교양	세대와소통	3
4-1	전공	청소년성교육과성상담	3	4-2	전공	청소년인권과참여	3
	전공	인터넷생활윤리	3		전공	심리검사및측정	3
	전공	청소년진로지도및상담	3		전공	가족상담및치료	3
	전공	사회조사방법론	3		전공	인간관계론	3
	교양	사회문제론	3		전공	청소년교육현장의이해	3
	일선	자원봉사론	3		교양	성·사랑·사회	3

문화교양학과 교과과정

학년·학기	교과구분	교과목명	학점	학년·학기	교과구분	교과목명	학점
1-1	교양	글쓰기	3	1-2	교양	대학영어	3
	교양	세계의역사	3		교양	인간과사회	3
	전공	대중문화의이해	3		교양	인간과과학	3
	전공	문화와교양	3		전공	독서의즐거움	3
	전공	영화로생각하기	3		전공	역사의현장을찾아서	3
	전공	고전함께읽기	3		전공	미술의이해와감상	3
2-1	교양	한국사의이해	3	2-2	교양	철학의이해	3
	교양	세상읽기와논술	3		교양	취미와예술	3
	교양	세계의정치와경제	3		교양	경제학의이해	3
	교양	동서양고전의이해	3		전공	인물로본근대	3
	전공	서구지성사입문	3		전공	음악의이해와감상	3
	전공	세계의풍속과문화	3		일선	한국문화자원의이해2	3
3-1	전공	신화의세계	3	3-2	전공	근대화와동서양	3
	전공	생태적삶을찾아서	3		전공	전통사회와생활문화	3
	전공	예술경영과예술행정	3		전공	생명공학과인간의미래	3
	전공	동서양문학고전산책	3		전공	동양철학산책	3
	전공	문화산업과문화기획	3		전공	동시대예술산책	3
	전공	여성의삶과문화	3		전공	열린사회와21세기	3
4-1	교양	사회문제론	3	4-2	교양	성·사랑·사회	3
	전공	행복에이르는지혜	3		교양	생활법률	3
	전공	세계의도시와건축	3		전공	한국문화와유물유적	3
	전공	근현대속의한국	3		전공	문화비평과미학	3
	전공	정보사회와디지털문화	3		전공	제3세계의역사와문화	3
	일선	세계의음식·음식의세계	3		전공	세계의종교	3

생활체육지도과 교과과정

학년·학기	교과구분	교과목명	학점	학년·학기	교과구분	교과목명	학점
1-1	전공	체육학개론	3	1-2	전공	한국체육사	3
	전공	체육철학	3		전공	여가레크리에이션	3
	전공	운동생리학	3		전공	스포츠윤리학	3
	일선	미디어와사회	3		일선	현대인과여가생활	3
	교양	글쓰기	3		교양	심리학에게묻다	3
	교양	생활과건강	3		교양	인간과사회	3
2-1	전공	스포츠경영관리론	3	2-2	전공	스포츠사회학	3
	전공	스포츠멘탈트레이닝	3		전공	노인체육론	3
	전공	건강생활과응급처치	3		전공	스포츠의학검사론	3
	전공	체육실기기초	3		전공	스포츠심리학	3
	교양	세계의정치와경제	3		교양	철학의이해	3
	일선	레크리에이션활동지도	3		일선	인간행동과사회환경	3
3-1	전공	스포츠경기분석의이해와적용	3	3-2	전공	스포츠코칭론	3
	전공	스포츠교육학	3		전공	운동처방론	3
	전공	스포츠정책론	3		전공	스포츠산업의이해	3
	전공	웨이트트레이닝	3		전공	생활스포츠1	3
	교양	한국사의이해	3		교양	인간과교육	3
	일선	축제·이벤트관광	3		일선	보건의사소통	3
4-1	전공	국제스포츠의이해	3	4-2	전공	특수체육론	3
	전공	스포츠미디어커뮤니케이션	3		전공	운동손상과재활	3
	전공	운동학습과제어	3		전공	스포츠법	3
	전공	운동역학	3		전공	체육측정평가	3
	교양	사회문제론	3		일선	유아동작교육	3
	일선	교육공학	3		교양	취미와예술	3

KOREA NATIONAL OPEN UNIVERSITY

KNOU

III. 학생상담 사례모음

1 홈페이지 이용 방법

ID등록 절차에 대하여

Q1 ID등록 방법 및 변경 가능한지 궁금합니다.

ID는 사용자 본인이 원하는 ID를 사용할 수 있으나 다른 사용자가 해당 ID를 먼저 사용하고 있으면 다른 ID로 등록해야 합니다. 일단 등록한 ID는 변경 및 삭제할 수 없습니다.
(제적생, 졸업생인 경우에는 본인이 개인정보변경에서 삭제 가능)
ID등록 방법 : 홈페이지 → 아이디등록 선택 → 사용자 구분 선택 → 생년월일 입력 → ID 및 개인정보 입력 → 로그인

비밀번호 찾기에 대하여

Q2 제 비밀번호를 모르겠어요. 확인할 수 있는 방법 좀 알려주세요.

① 홈페이지의 로그인 선택 → 학번·ID·비밀번호 찾기 → 비밀번호 찾기 → 본인 인증 방법선택(이메일/휴대폰) →이름, 아이디 입력 → 임시 비밀번호 발급 → 임시비밀번호로 로그인 후 비밀번호 관리에서 새로운 비밀번호로 변경 후 사용
② 본인인증 방법을 통한 임시비밀번호 발급에 실패한 경우 비밀번호 분실신고 선택 → 사용자유형, 성명, 학번, 연락가능전화번호, 임시비밀번호를 받을 메일주소 → 신분증(학생증, 주민등록증, 운전면허증) 이미지 입력 → 확인 선택 → 관리자 확인 후 임시비밀번호를 등록하신 메일주소로 전송 → 임시비밀번호를 이용하여 로그인 한 후 비밀번호 관리에서 비밀번호 변경 후 사용
※ 발급받은 임시비밀번호의 유효기간은 24시간입니다. 24시간이 지난 임시비밀번호는 사용할 수 없으므로 24시간이 지난 경우에는 새로운 임시비밀번호를 발급받아 로그인을 해야 합니다.

ID등록에 대하여

Q3 지난 학기에 컴퓨터과학과를 졸업하고 이번 학기에 법학과에 다시 학사 편입을 하였습니다. 개인학사정보에 로그인은 되는데 계속 컴퓨터과학과 학적만 조회됩니다. 법학과 학적을 조회하려면 어떻게 해야 하나요?

ID는 학적에 관계없이 대표ID 하나만 사용해야 합니다. 지난 학기에 컴퓨터과학과에 대한 아이디가 있는 경우 컴퓨터과학과 ID로 로그인 한 후 개인 정보관리 선택 → 사용자유형추가 선택 → 학생 선택(학생의 경우) → 이번 학기에 입학한 법학과 유형 선택 → 저장 클릭 → 사용자 유형 추가 완료 → 추가한 유형을 대표 유형으로 지정할 것인지 여부를 묻는 창이 나타나면 확인 클릭 → 다시 로그인하면 법학과 화면이 기본 화면으로 나오게 됩니다.

2 수강신청 (변경) 방법

수강지정 교과목에 대하여

Q1 입학연도가 같은 학우는 수강과목도 동일하여야 할 것으로 생각되는데 조금씩 다른 것은 왜 그렇습니까?

우리 대학에 입학하여 학년·학과별 수강지정교과목을 변경하지 않고 정상적으로 이수하였을 때, 입학연도가 같은 학우의 경우 동일하게 지정됩니다. 그러나 수강교과목을 변경하거나, 하위학년 교과목을 이수하지 못한 경우 수강교과목은 이수한 교과목을 제외한 하위학년 교과목부터 차례로 지정되기 때문에 입학연도가 같은 학우라도 수강교과목이 달리 지정되게 됩니다.

※ 최종 이수학년 해당학기에 1과목(2~3학점)이상 성적 취득자는 다음 상위학년 교과목으로 지정(단, 일부학과 예외)

수강지정 원칙에 대하여

Q2 작년에 중어중문학과 1학년을 이수하고 올해 2학년 교과목을 이수하여야 하는데 3학년 교과목이 지정되어 나왔습니다. 어떻게 된 것인지요?

1학년에 입학해서 1과목이라도 2학년으로 변경하여 이수한 학생은 모두 3학년으로 지정되었습니다. 지정된 교과목을 참고하여 수강신청기간에 본인이 원하는 학년 과목 또는 타학과 과목으로 변경하여 수강할 수 있습니다. 아울러, 수강지정 원칙은 소속학과 교과목 학년단위로 우선 지정하며 일부교과목별 수강지정은 교과구분별 졸업소요 학점이 충족되도록 입학학년부터 교과목 번호순으로 단계적으로 지정합니다.

수강변경 절차에 대하여

Q3 수강교과목 변경을 하려고 하는데 그 절차에 대하여 알려 주세요.

수강교과목 신청은 매 학기 수강신청기간에 학생 본인이 직접 홈페이지에 접속하여 신청해야 하고 수강지정교과목이 있는 경우라도 반드시 인터넷에서 수강신청하여야 합니다. 수강신청교과목이 없는 경우 등록이 불가하므로 수강안내문(학보 및 홈페이지 공지)을 숙지하시기 바랍니다.
홈페이지 로그인 → 나의정보 → 학사정보 → 수강 → 수강신청/변경→ 수강신청가능 교과목조회 → 수강교과목신청 → 수강신청완료확인 버튼 클릭
※ 예외적으로 신·편입생 첫학기는 수강지정교과목 변경을 원하지 않는 경우는 수강지정 교과목으로 자동신청 할 수 있음

수강신청 방법에 대하여

Q4 2000년 이전에 입학하여 현재 4학년입니다. 그런데 교육과정이 변경되어 현재 개설된 교과목 중에 제가 이수한 과목이 있습니다. 그러면 저에게는 무슨 과목이 지정되며 수강을 해야 하나요? 아니면 4학년 교과과정 그대로 수강해도 됩니까?

한번 학점취득한 교과목은 다시 지정되지 않습니다. 지금까지 학점취득한 교과목에 따라 지정 교과목이 달라지므로 학교홈페이지 학사정보에서 수강 지정된 교과목을 확인하여야 합니다. 4학년이라고해서 4학년 교과목을 수강해야 하는 것이 아니라 지정된 교과목을 참고하여 수강지정 교과목으로 수강 신청하거나 수강지정된 교과목을 취소하고 다른 교과목으로 수강하면 됩니다.

Q5 입학 당시 편입학으로 입학한 학생에 대한 편입학한 학년의 하위학년 교과목에 대한 수강신청은 가능한가요?

소속 학과의 타 학년(하위·상위학년)에 개설된 교과목도 수강신청이 가능합니다. 또한 타 학과에 개설된 교과목(일부 과목 예외)도 수강신청이 가능하나, 인원 제한이 있음을 유의 바랍니다.

※ 단, 타 학과 "전공" 교과목을 수강신청할 경우 "일반선택"으로 인정되며, 졸업소요학점에 합산됩니다. (타 학과 "교양" 교과목은 "교양"으로 인정)

Q6 교육과정 개편으로 통합(2과목 → 1과목)·분리(1과목 → 2과목)된 경우 이전 교과목에 대하여 성적 향상을 위하여 이수가 가능한지요?

통합·분리된 교과목은 구 교과과정의 교과목이 폐지된 교과목이므로 취득 성적에 따라 재이수나 대체이수 가능 여부가 달라집니다. 자세한 내용은 수강신청 공지를 참고 바랍니다.

신·편입생의 수강신청에 대하여

Q7 신·편입생은 몇 학점까지 수강신청 가능한가요?

신·편입생 첫학기는 '원격대학교육의이해' 교과목(1학점)을 포함하여 19학점까지 수강신청 가능합니다. 첫학기를 제외하고는 원칙적으로 18학점까지 수강신청이 가능합니다.

Q8 신·편입생 대상으로 입학 첫 학기에 1학점 교과목 개설하는 「원격대학교육의 이해」는 반드시 이수를 해야 하나요?

「원격대학교육의 이해」 교과목은 신·편입생을 대상으로 1, 2, 3학년 1, 2학기에 모든 학과에 공통으로 개설되어 대학생활을 좀 더 성공적으로 지낼 수 있도록 대학소개 및 원격학습방법 등을 이해할 수 있는 교과목입니다. 이 교과목은 반드시 이수해야 하는 교과목은 아니며, 해당 강의를 모두 수강하고 연습문제를 완료하면 학점을 취득하게 됩니다.

타학과 교과목 수강 방법 및 절차에 대하여

Q9 타학과 교과목을 수강 신청하고자 합니다. 타학과 교과목 신청 절차는?

① 타학과 교과목 수강신청 허용인원
- 지역별·학과별·학년별로 당해 학기 등록 예상인원을 감안하여 할당률 적용(20~40%)

② 타학과 교과목 신청 방법
- 소속학과에 개설된 교과목만 학교에서 지정하기 때문에 타학과 교과목을 수강할 경우 수강신청기간 중에 인터넷으로 수강신청
  - 소속학과와 타학과에 동시 개설된 교과목은 소속학과에서만 수강신청 가능
  - 해외 거주학생 입학 제한 학과 전공 과목 및 일부 과목 타 학과생 수강제한(매 학기 수강신청 관련 학사공지 참고)

③ 타학과 교과목 수강신청 절차
- 로그인 → 학사정보 → 수강 → 수강신청/변경 순서로 클릭합니다.
- 수강신청가능교과목 정보화면에서 신청하고자 하는 학과/학년을 지정하고 조회를 클릭하면 선택한 학과에 당해 학기 수강 가능한 교과목이 제시됩니다.
- 수강하고자 하는 교과목의 신청버튼을 클릭하고, 확인을 클릭하면 수강신청한 교과목이 보입니다.

타학과 교과목 이수에 따른 교과구분별 인정에 대하여

Q10 타학과 교과목을 이수했을 경우 교과구분별 인정 여부는?

타학과에 개설된 '전공' 과목을 이수한 경우 「일반선택」 과목으로 인정됩니다.
타학과에 개설된 '교양' 과목을 이수한 경우 「교양」 과목으로 인정됩니다.

모든 학년별(1, 2, 3, 4학년)로 타학과 수강신청이 가능한지?

Q11 재학생으로 소속학과 1, 2, 3, 4학년 과목을 모두 수강 신청할 경우 타학과 과목을 수강신청할 수 있는지?

타학과에 개설된 과목을 수강신청할 수 있으나(일부 학과 예외), 소속 학과와 타 학과 동시 개설된 교과목은 소속학과에서만 수강 신청할 수 있습니다.
타학과 동일학년 교과목 수강신청 시, 출석수업 일정이 중복될 수 있으니, 반드시 일정을 확인하시기 바랍니다.

Q12 학점이 부족하여 7과목을 수강하고 싶은데 어떤 경우에 1과목을 추가 수강할 수 있나요?

한 학기 수강가능 학점은 18학점(6과목)입니다. 단, 다음과 같은 경우에는 1과목 추가 신청이 가능합니다.

① 직전학기에 전과목을 이수*하고 F성적없이 평점평균이 3.5 이상인 자는 신규과목으로 1과목 추가 신청할 수 있습니다.

※ 전과목 이수: 6과목이상 수강하고, 수강신청학점과 이수학점이 동일하여야 함(단, 원격대학교육의 이해, 교육봉사활동, 사회봉사활동 제외) 직전학기가 신·편입 첫 학기일 경우, 신입생은 4과목 이상 편입생은 5과목 이상이 전 과목입니다.

② 93학점 이상 취득한 자는 재이수 과목(A⁺ 이하, F포함) 또는 대체이수(A⁺~D) 교과목에 한해서 추가 신청할 수 있습니다.

※ 위 각 항이 중복될 경우 최대 수강가능 학점은 21학점입니다.

동일인정 교과목 재이수에 대하여

Q13 구 교과과정에서 A⁺ 이하인 교과목과 동일인정 교과목의 경우 재이수가 가능합니까? 성적표상에는 어떻게 표기되나요?

재이수가 가능하며 성적표상의 표기는 재이수한 교과목의 교과구분 및 성적으로 표기됩니다.(재이수한 교과목의 성적이 기 취득한 성적과 비교하여 동일하거나 높은 경우에만 인정됨)

※ 자격증 관련 교과목은 재이수시 자격증관련 교과목에 포함되지 않을 수도 있으니 반드시 학과 홈페이지의 공지사항을 확인하시기 바랍니다.

3 등록과 휴학

아직 등록금 고지서가 오지 않았어요.

Q1 이번 학기에 등록을 하고 싶은데 등록금 고지서를 못 받았습니다.
올해 1학기 등록을 하고 싶은데 등록금 고지서를 받으려면 어떻게 해야 하나요?
별도로 학교에 요청을 해야 하는지 아니면 가만히 있어도 집으로 고지서가 배달
되는지 궁금합니다.

등록금 고지서는 우리 대학 홈페이지에서 출력하여 사용해야 합니다.
① 우리 대학은 '선수강 후등록'이므로 먼저 수강신청을 완료하여야 등록금 고지서를
　 받으실 수 있습니다.
② 수강신청을 완료하신 분은 등록기간 중에 「학교 학사정보 시스템 로그인 → 신규학사
　 정보(MyKNOU) → 등록 → 등록금조회/납부」 화면에서 출력하여 수납 은행에 납부하면
　 됩니다.
③ 인터넷을 이용한 등록금 납부 : 우리 대학 등록금 수납은행(신한, 국민, 우체국)의
　 인터넷뱅킹에 가입되어 있는 경우에만 가능합니다.
※ 인터넷뱅킹 등록금 납부 방법 : 인터넷 접속(계좌개설 은행별) → 등록금 납부
④ 가상계좌로 납부 : 개인별로 부여된 신한은행, 국민은행, 우체국 계좌 번호(가상 계좌)로
　 전국 모든 금융기관에서 무통장 입금이 가능함.(해당 은행 이용시 수수료 없음, 타행
　 이용시 소액수수료 발생)
⑤ 카드납부 : 학교 학사정보 시스템 로그인 → 신규학사정보(MyKNOU) → 등록 → 등록금
　 조회/납부 화면에 링크되어 있는 카드사를 선택하여 납부

등록 후 휴학한 경우 다음 학기 등록금 납부는?

Q2 등록 후 개인사정에 의하여 휴학(수업일수 ½선 이내)하였습니다. 다음 학기에 등록할 때 등록금은 얼마를 내야 하는지요?

2021.9.1.부터 등록금을 납부하고 휴학한 자는 본인의 의사에 따라 등록금을 유보하거나 반환 받을 수 있습니다. 등록금 유보 선택 시 다음학기에 등록을 원할 경우에는 등록고지서에는 「0원」으로 고지되며, 수강신청을 하고 우리대학 「학사정보 시스템 로그인 → 신규학사정보 (MyKNOU) → 등록 → 등록금조회/납부」에서 '0원 납부' 버튼을 클릭하여야만 등록으로 인정됩니다.

한편, 등록금 반환을 선택할 경우 등록금 반환기준에 의거 휴학일자에 따라 반환금액이 책정되며, 등록을 희망하는 학기에는 등록금 전액을 납부하여야 합니다. 「학사정보 시스템 로그인 - 학적 - 휴학신청화면에서 반환금액을 확인하시고 반환계좌를 입력하시면 됩니다. 단, 학기 개시 이후 90일이 지나서 특별 휴학 신청 시에는 자동으로 등록금 유보됩니다. 반환계좌는 한국의 국내 은행 계좌만 가능합니다.

1학기에는 등록을 하지 않고, 2학기에 등록하고 싶은데...

Q3 저는 작년에 영어영문학과 1학년 1학기를 마치고, 1학년 2학기에 등록하였으나 개인사정으로 전혀 수강을 못 하였습니다. 그래서 올해 1학년 2학기부터 다시 시작하려고 하는데, 어떻게 처리해야 하는지 알고 싶습니다.

최종 등록 후 연속 2개 학기는 등록을 하지 않아도 자동 휴학 처리됩니다.(제적 처리 되지 않음) 올해 1학기 등록을 하지 않고, 2학기에 등록할 경우 2학기를 수강할 수 있습니다.

올해 입학한 학생도 첫학기에 등록을 안할 경우 자동 휴학이 됩니까?

Q4 올해 3학년에 편입했습니다. 그런데 사정이 생겨서 두 번째 학기부터 등록을 하고 싶은데, 이 경우 등록을 하지 않으면 자동 휴학 처리가 되는 것인지요?

입학이 허가된 자는 반드시 지정된 기일 내에 등록금을 납부하여야 하며, 등록하지 않으면 입학 허가가 취소됩니다. 입학 후 첫 학기는 휴학할 수 없습니다.

※ 군복무, 장기요양, 가족간호, 임신·출산·육아, 해외근무는 휴학가능합니다.

자퇴 시 등록금 반환에 대하여

Q5 반환은 어느 곳에 신청하며, 반환 금액은 얼마나 되는 건가요?

자퇴 시 등록금 반환은 홈페이지 인터넷접수 또는 지역대학에 등기우편으로 자퇴신청을 하면서 함께 반환신청을 하시면 됩니다. 반환금액은 자퇴할 경우에는 자퇴일이 반환기준일이며, 휴학 후 자퇴할 경우에는 휴학일이 등록금 반환기준일입니다. 반환계좌는 한국의 국내 은행 계좌만 가능합니다.

4 교재구입 방법

Q1 교재구입은 어떻게 하나요?

해외거주학생은 교재대금을 은행에 납부하지 마시고 출판문화원 홈페이지(http://press.knou.ac.kr)에 접속하여 필요한 교재를 구입 하시기 바랍니다.
→ 카테고리의 방송대교재 → 학과/학년을 선택하여 해당 과목들을 확인체크하여 장바구니에 담기 또는 우측 상단 (통합검색)에서 필요한 과목명을 검색하여 개별 과목을 확인하면서 장바구니 담기 → 주문결제 화면에서 배송지 구분을 해외로 체크하고 주소를 영문으로 정확하게 기입 → 배송비가 국가별로 차등 부과되며, 결제 완료되면 이후 우체국등기(EMS)로 발송
※ 해외배송은 국가에 따라 다르지만 출고일로부터 약 10일 소요되며, 반품 환불이 불가할 수 있으므로 신중히 결정하여 주문 바람.

Q2 워크북은 무엇이며, 어떻게 구입할 수 있나요?

교과서와 함께 제공되는 워크북은 교과서 또는 강의를 보완하고 학습자료를 체계적으로 제공하기 위한 목적으로 개발한 교재입니다.
워크북에는 교과목의 특성에 따라 학습 포인트, 핵심내용 요약, 학습활동, 보충학습자료, 자기평가 연습문제 등이 들어 있어 학습에 많은 도움이 될 것입니다. 이 워크북만 따로 구입하는 것은 불가능하며, 워크북이 제공되는 교과목에 한해 본교재를 구입할 때 함께 받게 됩니다.

Q3 교재대금 납부기간을 놓쳤는데, 어떻게 구입할 수 있나요?

해외거주학생은 교재대금 납부기간과 관계없이 출판문화원 홈페이지(http://press.knou.ac.kr)에 접속하여 필요한 교재를 구입 하시기 바랍니다.(자세한 구입 방법은 Q1 참조)

Q4 교재대금을 잘못 납부했습니다. 환불이 가능한가요?

잘못 납부한 교재대금은 출판문화원으로 신청하여 환불 받을 수 있습니다. 환불 신청 시에는 출판문화원 홈페이지 환불신청란을 이용하시기 바랍니다.

Q5 수령한 교재를 반납하고 환불이 가능한가요?

해외에서 수령한 교재는 배송료 부담 등의 문제로 국가에 따라 반품 환불이 불가할 수 있습니다

Q6 파본교재는 어떻게 교환하나요?

파본교재는 출판문화원에서 교환해 드리고 있으니 편리한 방법으로 신청하시기 바랍니다.

▶ 교환방법
• 출판문화원 교환
  ① 출판문화원 고객센터(1644-1232)로 파본교재 교환 요청
  ② 출판문화원 홈페이지 고객센터(1:1 고객상담)에 상담하기 내용 저장
  ③ 방송대학교 홈페이지 로그인 - 맞춤정보 - 인터넷상담(관련상담 클릭) – 좌측 학사상담 동그라미 중 교재 클릭(학사상담-교재) – 화면 하단의 초록색글씨〔상담질의하기〕– 제목/내용 작성 및 첨부파일(사진업로드) – 등록

5 수업 방법

타학과 교과목 출석수업 방법에 대하여

Q1 타학과 교과목 수강시 출석수업 방법은?

출석수업 방법 : 타학과 교과목에 해당되는 학과·학년의 출석 수업기간 및 지정 시간에 수업 실시

출석수업 수강유형 변경에 대하여

Q2 출석수업을 받지 않고 출석수업대체시험에 응시하고자 할 경우에는 어떻게 하여야 하나요?

출석수업을 받지 않고 출석수업대체시험에 응시하고자 할 경우에는 수강신청 기간 중에 홈페이지 또는 모바일앱 → 출석수업 → 유형 변경 → 과목과 유형 선택 → 저장 후 수정처리가 완료되면 출석수업대체시험을 응시할 수 있습니다.

단, 유아교육과의 전공과목과 교직과목은 학과를 불문하고 유치원 2급 정교사 이상의 자격증이 있어야 출석수업대체시험이 가능하며, 자격증이 없을 경우는 출석수업을 받아야 합니다.

※ 대체시험 변경 불가에 대한 자세한 내용은 학교홈페이지의 출석수업 시행 계획을 확인하시기 바랍니다.

6 U-KNOU 캠퍼스

공통

Q1 제작중입니다 라고 나오는 강의는 왜 그런가요?

'제작중입니다' 라고 표시되는 강의는 신규제작 강의입니다.
신규제작 강의는 강의 제작기간 동안 1강부터 순차적으로 제작되어 업로드 됩니다.

Q2 수강중인 강의 외에 다른 강의를 볼 수 있나요?

수강신청을 완료한 과목 외에는 강의 맛보기로 1강만 볼 수 있으며 구매불가 강의 제외
구매가 가능한 과목의 경우 구매 후 15강 모두 이용할 수 있습니다.
강의 구매 시 한국에서 이용 가능한 카드만 결제가 가능합니다.
※ 강의구매 가능 기기 : PC, 모바일 웹
※ 유노캠퍼스 앱(APP)에서는 구매하실 수 없습니다.

Q3 마이페이지에 수강신청한 과목이 보이지 않습니다.(학적이 여러 개인 경우)

방송대 학생의 경우 학적이 여러 개인 학생은 대표유형이 설정되어 있습니다. 방송대
홈페이지에서 로그인 후 개인정보관리(비밀번호 입력)/개인정보변경/대표유형선택 에서
현재 선택된 유형 외에 원하는 다른 유형을 선택하여 저장하시면 변경되어 적용됩니다.
※ U-KNOU캠퍼스에 로그인 되어있는 기기(PC, 모바일 등)에서 로그아웃 후 재로그인 필수

Q4 강의계획서는 어디에 있나요?

강의계획서는 별도메뉴로 제공하지 않습니다.
교과목 관련 내용은 U-KNOU캠퍼스 강의 홈페이지에 강의 소개와 강의 목차에서 확인이
가능합니다.

PC

Q5 U-KNOU캠퍼스 이용 시 PC 권장사양은?

- 하드웨어 환경
  화면해상도 : 1280 * 1024 이상, 네트워크 : 100Mbp 이상
- 소프트웨어 환경
  운영체제 : Win 10 이상, MAC Catatina 이상(Linux 는 지원되지 않습니다.)
  ※ Win XP, Win 7은 MS사의 지원 종료로 인해 지원하지 않습니다.
- 브라우저: Microsoft Edge, Chrome, Safari
  ※ Internet Explorer는 MS사의 지원 종료로 인해 지원하지 않습니다.

Q6 배속재생 시 음성이 이상하게 들립니다.

시스템 사양 문제로(PC, 모바일) 고화질에서 재생 시 음성을 원활하게 처리하지 못할 때 나타나는 현상입니다. 동영상 화면 옵션에서 '화질'을 저화질로 선택하고 배속기능을 사용하시면 음성이 좀 더 원활하게 들립니다. 또한 동영상 시작 후 1~2분 정도 후에 배속기능을 사용하시면 음성이 좀 더 원활하게 들립니다.

모바일

Q7 U-KNOU캠퍼스 이용 시 스마트폰 권장사양은?

- Android(삼성, LG 등) : Android 9 이상
- iOS(iPhone, iPad) : iOS 13 이상
유노캠퍼스 사용을 위한 최소사양은 다음과 같습니다.
- Android(삼성, LG 등) : Android 7 이상
- iOS(iPhone, iPad) : iOS 13 이상
※ 권장사양 이하의 경우 알 수 없는 문제가 발생할 수 있습니다.
  원활한 학습을 위해 스마트폰의 운영체제를 주기적으로 업데이트하시기 바랍니다.

Q8 강의를 수강하였는데 학습 완료가 되지 않습니다.

강의 수강 후 학습종료 버튼을 눌렀는지 확인해주십시오

Q9 다운로드보관함 동영상이 오류로 열리지 않습니다.

스마트폰에서 '재생할 수 없는 동영상입니다'라고 뜨는 경우는 앱의 다운 로드보관함을 통해서 파일을 삭제하지 않고 다른 경로로 동영상 파일이 삭제된 상태 입니다. 다운로드 보관함에는 목록만 남아있고 동영상 파일은 존재하지 않기 때문에 생기는 문제입니다. 이런 경우 반드시 앱(APP)의 다운로드 보관함에 남아 있는 파일을 삭제한 후 다시 다운로드를 받으셔야 합니다.

Q10 다운로드가 오래 걸리거나 오류가 납니다.

대중교통이나 공용 네트워크 등 네트워크 상태가 좋지 않은 경우 다운로드 속도가 늦어지거나 오류가 생길 수 있습니다. 공용 와이파이 상태에서 데이터를 이용하시거나 네트워크 접속 상태가 좋은 환경에서 다운로드 받으시길 바랍니다. 다운로드 중 네트워크 환경이 바뀌면(Wi-Fi→LTE 또는 LTE→Wi-Fi) 다운로드가 취소됩니다.

Q11 다운로드보관함 동영상 학습 시 데이터가 사용되나요?

다운로드 보관함에서 다운로드가 완료된 파일을 학습할 경우는 데이터 사용 없이 이용 가능 합니다.

7 성적평가 방법

재이수시 성적처리는?

Q1 지난 1학년 2학기 성적이 나빠서 재이수하려고 하는데, 전에 성적이 D인 과목을 이번에 재이수하여 A가 나올 경우 성적증명서에는 어떻게 기록이 되는지요?

A^+ 이하 과목(F성적 포함)은 한 학기에 6과목까지는 재이수 신청하여 성적을 향상시킬 수 있습니다. 이 경우 더 좋은 성적으로 기재됩니다. 즉, 성적증명서에는 더 좋은 성적인 A로 기재됩니다.(학칙 제68조, 학업성적평가 처리규정 제11조)

일부과목 이수자 성적처리에 대하여

Q2 졸업유보 신청을 하고 몇 과목을 다시 수강하여 이번 8월에 졸업입니다. 성적을 확인해 보니 3학년때의 과목 '교수학습이론과매체'를 신청하였는데 과정이 바뀌었는지 4학년 1학기로 나옵니다. 매학기 6과목씩 신청하여 들었는데 3학년 1학기는 5과목, 4학년 1학기는 7과목으로 성적이 산출되어 나오는 것이 맞는지요? 이렇게 되면 성적에 조금 차이가 생기는건 아닌지요?

성적은 교과목 개설 학년별로 표기가 됩니다. 즉 1학년 개설교과목이면 1학년 성적란에, 3학년 개설교과목이면 3학년 성적란에 표기되며, 교과과정이 개편되는 경우에는 이수 학년이 다르게 표기될 수 있으나 전체 성적에는 아무런 변동사항이 없습니다.

성적이의신청은 어떻게 하는지?

Q3 ○○과 ○학년 편입생입니다. 과제물 성적이 나왔는데, 제가 생각한 점수와는 너무나 큰 차이가 있습니다. 이런 경우 성적이의신청을 할 수 있는지요?

일단 평가 후 정당하게 부여된 성적은 정정할 수 없습니다. 다만, 성적표상의 기재 착오, 누락이 있는 경우에 한하여 성적이의 신청기간 내에(학보 및 홈페이지에 공지함) 소속지역대학에 가서 성적이의신청을 할 수 있습니다. 학생의 답안지 및 과제물 점수를 조회한 후 이상이 있을 경우에만 성적이의신청서에 인적사항과 신청내용을 정확히 기재한 후, 성적이의신청서를 접수하면 됩니다. 위에 안내한 바와 같이 처리과정에서 행정적으로 잘못된 부분이 아닌 단순 성적향상이나 재평가 요구 등은 성적이의신청 대상에 해당되지 않습니다.

8 졸업 방법

졸업소요학점에 대하여

Q1 저는 2007학번으로 교양41학점, 전공84학점, 일선9학점 등 총 134학점을 취득하였으나 1학년 1학기 2과목과 4학년 2학기 3과목을 이수하지 못한 상태 입니다. 총 취득학점이 130학점이면 졸업이 되는 것으로 알고 있는데 나머지 과목을 전부 이수하여야만 하는지 궁금합니다.

일반적으로 졸업기준 요건이 충족되면 나머지 과목을 이수하지 않아도 되며, 이수하지 못한 교과목은 성적표에 기재되지 않습니다.

▶ 졸업기준
- 졸업학력평가 : 졸업논문(졸업논문대체) 제출에 의한 심사 통과자
- 졸업소요학점 : p.61 참조

졸업증서 신청에 대하여

Q2 해외에 있어 학위수여식에서 졸업장을 수령하지 못했습니다. 졸업장을 어떻게 받을 수 있을까요?

현재 해외거주학생으로 졸업하신 분들은 국내 가족, 친지분들을 통해 위임장 또는 관계를 증명할 수 있는 서류를 가지고 서울지역대학 방문 또는 졸업증서 교부원 작성 후 우편(등기우편 라벨 동봉)으로 신청하시어 대리수령하여 주시기 바랍니다.

※ 졸업증서 교부원 : 홈페이지 → 학생서식 → 학적 → 졸업증서(상장, 자격증) 교부원

9 재입학 방법

제적되었던 학과를 다시 연장(재입학)하여 학업을 계속할 수 있는지?

Q1 저는 보건위생학과(현재는 보건환경안전학과)에 입학해서 교양 38학점과 전공 72학점을 취득하여 총 110학점입니다. 1999학년도 1학기 등록을 하고 그 이후 바빠서 등록을 못했었습니다. 학교에 문의해 보니 제적 처리되었다고 합니다. 그동안 이수한 학점이 아까운데 구제받을 수 있는 방법이 있습니까?

최종 등록 이후 2개 학기까지 등록하지 않으면 자동휴학 처리되고, 3개 학기째에 등록하지 않을 경우에는 제적 처리됩니다.

재입학은 제적된 학과로의 학적을 복원하는 것을 의미하며 매년 2회(매년 12월, 6월) 신청 가능합니다. 재입학 신청·접수는 별도의 서류제출 필요없이 인터넷으로만 신청이 가능하며, 그 신청 자격은 다음과 같습니다.

① 현재 개설되어 있는 학과의 학사과정에서 제적된 자(단, 초등교육과는 학과 폐지로 불가)

② 과거에 재입학 사실이 없거나, 재입학 횟수가 1회인 자

③ 징계에 의하여 제적된 자는 제적일로부터 2년이 경과된 자

• [재입학이 허가된 학생은 재학 당시 학번(2000학년도부터 학번 체계가 변경되었음) 및 기 이수학점을 모두 인정합니다.]

  - 제적 여부 확인 : 학교홈페이지(https://www.knou.ac.kr) → ID등록 → MyKNOU학사 정보 → 학적 → 학적조회 → '학적변동내역'에서 '제적' 확인 (모바일(앱) [메뉴→학적] 에서 확인 가능

  - 재입학 신청 방법 : 학교홈페이지(https://www.knou.ac.kr) → ID등록 → 신규학사정보 → MyKNOU 학사 → 재로그인 → 학적 → 개인정보처 및 신청정보 확인 후 재입학 신청 → 신청상태에 서 '신청'을 확인(모바일(앱)'메뉴'에서도 신청 가능)

※ 참고사항
- 타학과로의 재입학은 불가능합니다. 타학과에 입학을 원할 경우에는 신·편입생 모집 기간에 지원서를 접수하여 입학전형 절차를 거쳐야 합니다.
- 재입학은 정원의 여석 범위 내에서 가능하며 학사과정(5년제 또는 4년제) 제적자만 신청할 수 있습니다. (단, 초등교육과는 학과 폐지로 불가)
- 교원 및 의료인의 양성과 관련되는 유아교육과 및 간호학과는 모집단위별 입학정원의 범위에서 재입학을 허가하므로 1학기 재입학에서는 제외, 2학기는 여석이 있는지 확인 후 신청

10 다른 학과로 편입

영어영문학과 학생이 국어국문학과로 편입이 가능한지?

Q1 현재 총취득학점 58학점을 이수한 영어영문학과 학생입니다. 2024학년도 1학기에 국어 국문학과로 전과하고 싶은데 가능한가요?

먼저, 우리 대학교는 전과제도가 없음을 알려드립니다. 다만, 타학과로 학과를 변경하고자 할 경우에는 소정의 학점을 이수한 후 편입생 모집기간에 입학 지원서를 접수하여 입학전형 절차를 거쳐야 합니다. 그 편입 자격 요건은 아래와 같습니다.

※ 한국방송통신대학교 학사과정 재적생(72~80학번까지의 전문대학 과정은 제외)으로서 우리대학 성적으로 편입학할 경우

▶ 2학년 편입 지원자격 요건

• 신입생(1학년)으로 입학 후 2학년에 편입하고자 할 경우
  − 직전 학기까지 30학점 이상을 취득하여야 지원 가능합니다.
• 2·3년 편입생으로 입학 후 2학년에 재편입하고자 할 경우
  − 직전 학기까지 15학점 이상을 취득하여야 지원 가능합니다.

▶ 3학년 편입 지원자격 요건

• 신입생으로 입학한 후 3학년에 편입하고자 할 경우
  − 직전 학기까지 63학점 이상을 취득하여야 지원 가능합니다.
• 2학년 편입생으로 입학한 후 3학년에 편입하고자 할 경우
  − 직전 학기까지 33학점 이상을 취득하여야 지원 가능합니다.
• 3학년 편입생으로 입학 후 3학년에 재편입하고자 할 경우
  − 직전 학기까지 15학점 이상을 취득하여야 지원 가능합니다.

다른 학과 입학으로 학적이 2개가 되는데...

Q2 현재 1학년 학생입니다. 올해 1학년 과정을 이수하고 내년에 다시 다른 학과 2학년으로 편입을 하려고 합니다. 그러면 학적이 2개가 되는데, 어떻게 해야 되는지요? 그리고 최근 2년간 신·편입학 지원자 현황을 알고 싶습니다.

우리 대학교 재적생이 다른 학과에 지원하여 합격한 후 등록할 경우에는 기존 학적 (구 학적)은 학교에서 자동으로 제적 처리합니다. 신·편입학 지원자 현황은 홈페이지 상단메뉴 → 입학안내 → 입학자료실에 자세히 공지되어 있습니다.

11 학생복지 혜택

장학 혜택에 대하여

Q1 직전학기에 3학년 6과목과 1학년 1과목을 수강신청했는데 1학년 것은 시험을 보지 않았고 3학년 6과목만 평점 3.3을 받았습니다. 그러면 장학생이 되지 못 하는 건가요? 7과목을 모두 이수한 경우에만 장학생이 되는 것인가요?

초과 이수자는 7과목을 이수하고 동 평점평균이 상위 5% 이내이어야 전액 장학생이 됩니다.

재입학에 따른 국가유공자 학비감면 혜택에 대하여

Q2 1997년에 3학년에 편입하여 4학년 2학기까지 마쳤고 한 과목 성적이 나오지 않은 채 미등록으로 제적이 되었다가 재입학 허가를 받았습니다. 친정아버님이 국가무공수훈자이신데 결혼한 딸도 수혜가 가능하다고 하여 문의 드립니다. 재입학자도 해당이 되나요?

국가유공자 자녀는 출가한 딸도 보훈 혜택을 받습니다. 그리고 재입학생은 최종 학기의 성적이 전과목 수강신청하고 F학점을 포함한 백분율 점수가 70점 이상 되어야 혜택을 받을 수 있습니다.

학자금대출 신청에 대하여

Q3 한국장학재단 학자금대출은 어떻게 신청하나요?

홈페이지에 공지된 대출신청기간에 한국장학재단(http://www.kosaf.go.kr)에 회원 가입하여 신청하면 됩니다. 자세한 사항은 한국장학재단 홈페이지 공지 및 대출절차 등을 참고하기 바랍니다.

군입영 시기에 대하여

Q4 군입영 시기를 정하려고 하는데 어떻게 하면 됩니까?

재학생 입영원서를 제출되면 접수순으로 반영됩니다. 단, 입영희망 시기가 일정 시기에 집중되었을 때에는 원하는 시기에 입영하지 못하는 경우가 있습니다.

입영 희망시기 변경에 대하여

Q5 재학생 입영 희망시기를 변경하려면?

재학생 입영 희망시기 변경은 1회에 한하여 출원이 가능하며 입영 통지된 사람은 입영 시기를 변경할 수 없습니다. 단, 재학생 입영 희망시기 변경원을 출원한 사람은 재학생 입영원을 취소할 수 없으므로 신중히 생각하여 출원하기 바랍니다.

장애학생 학습자료 제공에 대하여

Q6 시각장애학생 학습자료 지원에 대하여 알고싶습니다.

중앙도서관에서는 시각장애학생의 원활한 학업수행을 지원하기 위하여 매학기 필요한 교재를 신청받아 국립장애인도서관에 대체자료 제작신청 의뢰를 진행하고 있습니다. 또한 "시각장애 학습자료 지원실"을 운영하여, 시각장애학생에게 기출문제(출석대체, 기말, 계절)를 대체자료로 제작하여(DAISY 자료) 서비스하고 있습니다.
다만, 문제은행식으로 변경되면서 더 이상 기출문제가 공지되지 않으므로 최신성이 결여될 수 있음을 유의해 주시기 바랍니다.

12 진로·심리상담 서비스

Q1 심리상담 서비스를 통해 어떤 도움을 받을 수 있나요?

방송대 심리상담실 홈페이지(http://counseling.knou.ac.kr)에 들어가시면 온라인 자가진단검사(학습문제진단검사, 학습스타일검사, 우울검사, 학교생활적응도검사 등)를 통해 자신의 학습 및 적성, 그리고 우울 정도를 점검해볼 수 있습니다. 자료실에서는 학습, 진로 관련 내용을 볼 수 있으며, 정신건강 및 진로 관련 사이트도 링크되어 있어 다양한 정보를 수집할 수 있습니다. 좀 더 개별적인 상담을 원하면 이메일 상담(공개, 비공개 선택 가능) 등을 신청하시면 됩니다.

Q2 이메일상담 서비스를 받으려면 어떻게 해야 하나요?

방송대 심리상담실 홈페이지(http://counseling.knou.ac.kr)에서 온라인 상담을 클릭하신 후, 상담 내용을 작성하시면 됩니다.
- 상담내용 작성(공개, 비공개 선택)
- 상담내용을 작성하면, 개인 이메일로 답변이 전달됨
- '비공개'는 제목만 명시되고 다른 사람이 상담내용을 볼 수 없고, '공개'는 제목을 클릭하면 다른 사람이 상담내용과 답변내용을 볼 수 있음

Q3 진로상담 서비스를 받으려면 어떻게 해야 하나요?

방송대 진로경력개발 홈페이지(http://career.knou.ac.kr)에서는 채용 및 교육 훈련정보를 게시하고 있으며, 지난 경력개발특강 동영상 다시보기 서비스, 각 학과별 자격정보 등을 제공하고 있습니다. 좀 더 개별적인 상담을 원하면 게시판 진로상담 등을 신청하면 됩니다.

13 대학원 상담

대학원 수업에 대하여

Q1 수업방식은 어떤 방식으로 이루어지나요?

대학원의 모든 수업은 온라인(인터넷)으로 이루어져 있습니다. 교육적 효과를 높이기 위해 학기당 1~2회 정도 오프라인 세미나 및 워크숍 등을 개최하고 있으며 각 과목마다 튜터가 있어 궁금한 점을 즉시 답변해주고 있습니다.

대학원 학위취득에 관하여

Q2 졸업에 필요한 요건은 어떻게 되나요?

학위를 취득하기 위해서는 전공 24학점 취득 후 논문 작성을 하거나 논문대체 학점(6학점)을 이수하여 졸업할 수 있으며, 이수학점의 평점평균은 B⁰(평점3.0) 이상이어야 하고, 외국어시험과 종합시험에 합격하여야 합니다.

대학원 지원시 학부전공이 다른 경우에 대하여

Q3 대학원 지원시 학부전공이 다른 경우에 대하여

대학원은 전공이 달라도 지원이 가능합니다. 다만, 유아교육학과는 유치원 정교사 자격증, 간호학과는 간호사 면허증을 소지한 분에 한해서 입학이 허용됩니다.

타 대학원 박사과정 지원에 대하여

Q4 대학원을 졸업하면 타 대학원 박사과정에 지원이 가능한가요?

대학원은 일반대학원과 마찬가지로 고등교육법에 의해 학위를 인정받으므로 타 대학원 박사과정 입학 자격에 전혀 문제가 없습니다.

대학원 신입생 모집에 대하여

Q5 신입생 모집은 언제 하나요?

우리 대학원 원서접수는 매년 10월 중순부터 10월 말까지입니다. 다만, 가을학기 모집학과 및 결원이 발생한 학과에 한하여 5월 중 신입생을 모집합니다.

◎ 봄학기 전형유형 및 모집학과

구분	전형유형	학과	모집인원	비고
대학원	일반전형	문예창작콘텐츠학과 실용영어학과 실용중국어학과 아프리카·불어권언어문화학과 일본언어문화학과 법학과 행정학과 영상문화콘텐츠학과 사회복지학과 농업생명과학과 생활과학과 정보과학과 에듀테크학과 통계·데이터과학과 환경보건시스템학과 간호학과 평생교육학과 청소년교육학과 유아교육학과	850명 (정원내)	※ 정원외 선발 　(특별전형)은 별도기준
경영대학원	일반전형	OBHR전공/GM전공/DS전공/ 마케팅전공/회계세무전공/ 재무금융전공/경제정책전공/ 국제무역전공	100	※ 전공선택은 2학기부터 함 ※ 정원외 선발 　(특별전형)은 별도기준

◎ 가을학기 전형유형 및 모집학과

구분	전형유형	학 과	모집인원	비고
대학원	일반전형	문 예 창 작 콘 텐 츠 학 과	10	※ 가을학기에는 특별전형 (정원외 선발) 모집이 없음
		실 용 영 어 학 과	10	
		실 용 중 국 어 학 과	10	
		일 본 언 어 문 화 학 과	5	
		행 정 학 과	25	
		정 보 과 학 과	5	
		환 경 보 건 시 스 템 학 과	20	
경영대학원	일반전형	OBHR전공/GM전공/DS전공/ 마케팅전공/회계세무전공/ 재무금융전공/경제정책전공/ 국제무역전공	50	※ 전공선택은 2학기부터 함 ※ 가을학기에는 특별전형 (정원외 선발) 모집이 없음

꿈을 향한 열정,
사람을 빛나게 하다!
Korea National Open University

한국방송통신대학교
2025학년도 1학기 대학생활 길라잡이

인쇄·발행 2024. 10.
발행인   고성환
발행처   한국방송통신대학교
기획·제작 한국방송통신대학교 학생처

2025학년도 1학기

대학생활 길라잡이

www.knou.ac.kr

국립 한국방송통신대학교
Korea National Open University

2 과제물샘플 - 미완성샘플만 참고용으로

2-1 IT와 경영정보시스템

(붙임2)

중간과제물 과제명

2025학년도 2학기

개설학과	경제학과	교과목명	IT와 경영정보시스템
개설학년	1학년	과제유형	주관식

[과제명]

빅데이터(Big Data) 처리를 위한 기반구조(Infrastructure) 중에 데이터 마트(Data Mart), 데이터 웨어하우스(Data Warehouse), 데이터 레이크(Data Lake) 등의 개념이 존재한다. 이 개념들의 특징을 간단하게 나열하고 차이점을 기술하시오. 그리고 '비정형 데이터(Unstructured Data)'를 빅데이터로 활용하기 위한 방법을 기술하시오.(30점)

[과제작성 시 지시사항] : 작성서식, 분량, 제출방법, 보조파일 사용 여부 등 기술

과제물에는 과제명을 기술하거나, 문제를 기술하지 않습니다. 작성자의 학번과 이름만을 첫 줄에 기술하고 그다음 줄에 곧바로 과제 내용을 작성하시기 바랍니다.

HWP 기준 폰트 크기는 11Point로, 줄 간격은 160%로 과제물 본문 총 분량은 2 페이지 내로 작성합니다.

참고문헌을 반드시 제시하여야 하며, 참고문헌 작성 방법은 APA 양식에 따라 작성합니다. 이 방식에 따르지 않을 경우, 감점 요인이 됩니다. APA 양식 작성 방식에 대해서는 U-KNOU캠퍼스 교과목 강의자료실에 안내하고 있습니다.

참고문헌 분량은 과제물 본문의 작성분량(2 페이지 내)에 포함되지 않습니다. 참고문헌 페이지는 별도로 작성해도 좋습니다(권장 사항).

참고문헌의 개수는 최소 4개는 되어야 합니다. 참고문헌의 개수가 4개가 되지 않으면 크게 감점합니다. 그리고 현재 사용 중인 교재는 암호화 화폐와 관련된 내용이 한 페이지도 안되기 때문에, 교재를 참고문헌으로 기술하면 크게 감점합니다. 교재와 수업자료(PPT자료, 웹교안 등)는 참고문헌으로 제시할 수 없습니다.

표절율(상용자료뿐 아니라 학생간 표절율도 포함)이 60% 이상이면 과제물 점수는 0점 처리합니다. AI 등을 활용하지 말고, 작성자 본인이 직접 자료를 찾아서 작성하여야 합니다.

[참고문헌]

작성자 본인이 관련 참고문헌을 직접 찾아서 기술합니다.

20   학년도   학기 중간과제물(온라인 제출용)

○ **교 과 목 명** : IT와 경영정보시스템
○ **학   번** :
○ **성   명** :
○ **연   락   처** :
○ **과 제 유 형**
  (공통형/지정형) : **공통형**

※ 과제물 표지등에 개인정보(주민번호,운전면허번호)가 포함될 경우 삭제처리로 과제물을 다시 제출해야 하는 경우가 발생할 수 있습니다.

- 이하 과제 작성

IT와 경영정보시스템

최근 대두되고 있는 생성 AI의 정의를 3줄 내지 4줄로 요약하고, 이 생성 AI가 문화산업에 미칠 영향에 대하여 귀하의 생각을 기술하시오.

목차

서론

본론
1, 생성 AI의 개념
2, 생성 AI의 작동 원리
3, 생성 AI의 특징
4, 관련 개념과 기술
5, 생성 AI의 활용
6, 생성 AI가 문화산업에 미칠 영향

결론

참고문헌

서론

최근 관심이 많아진 AI 중에서도 생성 AI는 의의가 매우 큰 기술이다. 생성 AI는 기존의 인공지능 기술과 달리 새로운 데이터를 생성할 수 있다는 점에서 혁신적인 기술이다. 기존의 인공지능 기술은 주로 주어진 데이터를 분석하여 패턴을 찾거나 분류하는 데에 사용되었지만, 생성 AI는 주어진 데이터의 패턴을 학습하여 새로운 데이터를 생성하는 데에 사용된다. 생성 AI는 인공 지능의 한 분야로, 주로 컴퓨터 프로그램이나 시스템을 사용하여 인간과 유사한 방식으로 새로운 콘텐츠를 생성하거나 작성하는 데 사용되는 기술을 의미한다. 생성 AI는 기존의 데이터나 규칙에 의존하지 않고, 스스로 데이터를 이해하고 새로운 내용을 만들어낸다. 이러한 AI 시스템은 다양한 작업과 분야에서 활용되고 있으며, 텍스트 생성, 이미지 생성, 음성 생성 등 다양한 매체와 형식에서 활동한다. 그러나 생성 AI를 사용함에 있어서는 윤리적, 법적, 사회적 고려 사항을 고려해야 하며, 악용과 허위 정보 생성과 같은 문제를 방지하기 위한 규제와 가이드라인이 필요하다. 또한 AI의 능력을 올바르게 활용하고 인간의 가치와 유용성을 강조하는 데 초점을 맞추어야 한다.

본론

1. 생성 AI의 개념

생성 AI는 인간이 만든 데이터를 학습하여 새로운 데이터를 생성하는 인공지능 기술을 말한다. 기존의 인공지능 기술은 주로 주어진 데이터를 분석하여 패턴을 찾거나 분류하는 데에 사용되었지만, 생성 AI는 주어진 데이터의 패턴을 학습하여 새로운 데이터를 생성하는 데에 사용된다. 생성 AI는 다양한 분야에서 활용될 수 있다. 예를 들어, 텍스트를 생성하는 데에는 챗봇, 자동 번역, 대본 작성 등이 가능하고, 이미지를 생성하는 데에는 가상현실, 증강 현실, 3D 프린팅 등이 가능하다. 또한, 음악, 영화, 게임 등 다양한 창의적 콘텐츠를 생성하는 데에도 활용될 수 있다.최근에는 생성 AI 기술이 빠르게 발전하고 있다. 특히, 딥러닝 기술의 발전으로 생성 AI의 품질이 크게 향상되었다. 예를 들어, 딥러닝 기반의 생성 AI 모델인 DALL-E 2는 사람의 지시에 따라 텍스트를 이미지로 생성할 수 있다. 생성 AI는 아직 초기 단계에 있지만, 향후 다양한 분야에서 혁신적인 변화를 가져올 것으로 기대된다.

생성 AI는 기존의 인공지능 기술과 달리 새로운 데이터를 생성할 수 있다는 점에서 혁신적인 기술이다. 기존의 인공지능 기술은 주로 주어진 데이터를 분석하여 패턴을 찾거나 분류하는 데에 사용되었지만, 생성 AI는 주어진 데이터의 패턴을 학습하여 새로운 데이터를 생성하는 데에 사용된다. 더불어 생성 AI는 다양한 분야에서 활용될 수 있다. 예를 들어, 텍스트를 생성하는 데에는 챗봇, 자동 번역, 대본 작성 등이 가능하고, 이미지를 생성하는 데에는 가상현실, 증강 현실, 3D 프린팅 등이 가능하다. 또한, 음악, 영화, 게임 등 다양한 창의적 콘텐츠를 생성하는 데에도 활용될 수 있다.

2, 생성 AI의 작동 원리

생성 AI는 인간이 만든 데이터를 학습하여 새로운 데이터를 생성하는 인공지능 기술이다. 생성 AI의 작동 원리는 크게 두 가지로 나눌 수 있다.

첫 번째는 GAN(Generative Adversarial Network)을 사용하는 방법이다. GAN은 두 개의 신경망이 서로 경쟁하면서 새로운 데이터를 생성하는 기술이다. 하나의 신경망은 실제 데이터와 유사한 데이터를 생성하는 생성기이고, 다른 신경망은 생성된 데이터와 실제 데이터를 구분하는 판별기이다. 생성기는 판별기를 속이기 위해 새로운 데이터를 생성하고, 판별기는 생성된 데이터를 정확하게 구분하기 위해 학습한다. 이러한 과정을 반복하면서 생성기는 점점 실제 데이터와 유사한 데이터를 생성할 수 있게 된다.

두 번째는 VAE(Variational Autoencoder)을 사용하는 방법이다. VAE는 데이터의 분포를 학습하여 새로운 데이터를 생성하는 기술이다. 먼저 데이터의 분포를 추정하는 변압기(encoder)를 학습하고, 추정된 분포를 사용하여 새로운 데이터를 생성하는 복원기(decoder)를 학습한다. VAE는 데이터의 분포를 학습하기 때문에, 생성된 데이터가 실제 데이터의 분포를 따르도록 할 수 있다.

생성 AI는 아직 초기 단계에 있지만, 다양한 분야에서 활용될 수 있는 잠재력이 큰 기술이다. 예를 들어, 텍스트를 생성하는 데에는 챗봇, 자동 번역, 대본 작성 등이 가능하고, 이미지를 생성하는 데에는 가상현실, 증강 현실, 3D 프린팅 등이 가능하다. 또한, 음악, 영화, 게임 등 다양한 창의적 콘텐츠를 생성하는 데에도 활용될 수 있다. 이를 더 구체적으로 살펴보면 아래와 같다.

1) 데이터 수집 및 전처리

생성 AI 모델을 훈련시키기 위해 대량의 데이터가 필요하다. 이 데이터는 텍스트,

2-2 인간과 사회

중간과제물 과제명

개설학과	경영학, 경제학, 교육학, 국어국문학, 농학, 도시콘텐츠·관광학, 무역학, 미디어영상학, 법학, 생활과학, 생활체육지도, 영어영문학, 유아교육, 일본학, 중어중문학, 프랑스언어문화학, 사회복지학	교과목명	인간과사회
개설학년	1,3	과제유형	공통형

[과제명]

다음 참고문헌에 제시된 저서 중 하나를 선택하여 독후감을 작성하시오.

[과제작성 시 지시사항] : 작성서식, 분량, 제출방법, 보조파일 사용 여부 등 기술

- 생성형 인공지능 사용 가능 여부

사용가능	출처표기 후 제한적 사용	사용불가	기타(자유기재)
		○	

- A4용지 4장 분량으로 작성하시오. (한글이나 워드, PDF로만 작성, 글자크기: 11포인트, 줄간격 160%(워드 1.0), 4장 분량에 표지 및 참고문헌 등 제외)

- 학생 간 상호표절을 포함하여 상업자료나 타인의 글을 무단 도용하거나 표절하지 않도록 유의하여 작성하세요.

- 답안 작성 시 선택한 저서를 기재하고 답안을 작성할 것

[참고문헌]
- 몸, 스펙터클, 민주주의: 새로운 광장을 위한 사회학, 2025, 김정환, 창비.
- 1988 서울, 극장도시의 탄생, 2025, 박해남, 휴머니스트.
- 질병, 낙인: 무균사회와 한센인의 강제격리, 2021, 김재형, 돌베개.
- 우리 안의 우생학: 적격과 부적격, 그 차별과 배재의 역사, 2024, 김재형 등, 돌베개.
- 절멸과 갱생 사이: 형제복지원의 사회학, 2021, 서울대학교 사회학과 형제복지원연구팀, 서울대학교출판문화원.
- 광장 이후: 혐오, 양극화, 세대론을 넘어, 2025, 신진욱 등, 문학동네

2025학년도 2학기
중간과제물(온라인 제출용)

인간과사회

광장 이후 혐오, 양극화, 세대론을 넘어, 2025, 신진욱 등, 문학동네

다음 참고문헌에 제시된 저서 중 하나를 선택하여 독후감을 작성하시오.

※ 참고문헌

- 몸, 스펙터클, 민주주의 새로운 광장을 위한 사회학, 2025, 김정환, 장비
- 1988 서울, 극장도시의 탄생, 2025, 박해남, 휴머니스트
- 질병, 낙인 무균사회와 한센인의 강제격리, 2021, 김재형, 돌베개
- 우리 안의 우생학 적격과 부적격 그 차별과 배재의 역사, 2024, 김재형 등, 돌베개
- 절멸과 갱생 사이 함제복지원의 사회학, 2021. 서울대학교 사회학과 형제복지원연구팀, 서울대 학교출판문화원
- 광장 이후 혐오, 양극화, 세대론을 넘어, 2025, 신진욱 등, 문학동네

목 차

1. 『광장 이후 : 혐오 양극화 세대론을 넘어』 책 내용 소개

1) 한국 민주주의의 위기와 극우 파시즘

12·3의 밤은 민주주의가 얼마나 얇은 얼음판 위에 서 있는지 적나라하게 보여준 사건이었다. 선출 권력이 스스로 정당성의 바닥을 뚫고 내려갈 때 제도가 버팀목이 되지 못하면 시민의 성심만으로는 체제를 지키기 어렵다는 사실이 드러난 것이다. 저자는 이 지점을 '친위적 성격의 쿠데타 기도'라는 단어군으로 포착하며, 사건의 본질을 '우발적 혼란'이 아니라 누적된 권위주의의 복원 시도라는 더 길고 두꺼운 역사적 흐름에 위치시킨다. 그런 분석은 한국의 민주주의가 1987년 이후 점진적으로 공고화되었다는 교과서적 서사를 거꾸로 뒤집고, '공고화'가 아니라 '취약한 안정'이라는 냉정한 진단으로 안내한다는 점에서 설득력이 크다. 저자의 시각은 극우의 언어와 조직, 동원 방식에 닿을 때 더욱 날카로워진다. 반공과 반북이라는 오래된 구호가 반중과 반페미니즘, 성소수자 혐오의 최신 어휘와 결합하면서 정치적 적대가 삶의 적대로 전이되는 경로가 가시화되었다는 분석은 무거운 울림을 남긴다. 적을 '비국민'으로, 더 나아가 '처벌해도 되는 존재'로 상상하는 순간, 정치는 논쟁의 기술을 잃고 응징의 의식으로 변한다는 경고가 핵심이다. 이 과정에서 거리의 과격한 구호만을 문제 삼는 피상적 비판을 경계하고, 제도정치가 극우적 동원을 사실상 용인하거나 전략적으로 활용하는 순간을 포착해야 한다는 지적은 특히 중요하다. 단지 시끄러운 군중이 아니라, 권력의 계산과 결합한 '제도 안의 파시즘 경향'을 읽어내야 하기 때문이다.

그렇다고 저자가 파국을 예언하는 데서 글을 멈추는 것은 아니다. 그는 파시즘의 발달 단계를 참고하면서 지금이 '경향이 제도권으로 진입하는' 위험 구간임을 짚되, 시민적 저항과 헌법적 절차가 작동했던 장면들 역시 동일한 사건의 일부였음을 상기시킨다. 위기가 분명하지만, 그것이 곧 몰락을 의미하지는 않는다는 사실을 독자에게 끝까지 환기하는 태도는 분석과 실천 사이의 적절한 균형을 보여준다. 결국 1장은 질문을 남긴다. '다음번 위기에서 우리는 같은 운명을 반복하지 않으려면 무엇을 바꿔야 하는가'라는 물음이다. 제도의 설계, 언론의 책임, 시민교육의 문법, 정당의 후보 선출과 내부 민주주의까지, 변해야 할 목록은 길고 서로 얽혀 있다. 이 장은 목록의 길이를 보여주는 대신, 그 얽힘 자체가 이번 사태의 본질임을 독자에게 납득시키는 데 성공한다.

2) 광장이 묻고 청년이 답하다 -다시 만들 세계, 광장의 민주주의를 기억하자

겨울 광장은 차가웠으나 풍경의 결은 유례없이 따뜻했다. 핫팩과 푸드트럭, '서로의 자리'를 확인해주는 약속문, 말 걸기와 듣기의 예의를 통해 집회는 생존의 공간이면서 동시에 관계의 실험장이 되었다. 저자는 이 현장을 연구자이자 활동가의 시선으로

2-3 국제통상

중간과제물 과제명

개설학과	행정, 경제	교과목명	국제정책 및 통상갈등
개설학년	1	과제유형	공통형

[과제명]

트럼프 2.0 시대에 미국과 타 국가간 다양한 통상갈등들이 발생하고 있는데, 이 중에서 하나의 사례를 선택하여

① 사례개요

② 통상갈등 진행과정 (예: 쟁점 및 쟁점별 주요 이슈 / 국가별 쟁점 및 이슈에 대한 입장의 유사점과 상이점 / 해결대안 / 합의내용 / 이행과정 및 장애요인 등)

③ 우리나라에 미치는 영향

④ 우리 정부의 대처과정 및 결과에 대한 비평 등을 진술하시오.

(단, 선택한 사례를 완벽하게 갈등발생 부터 해결까지 의 내용을 구체적으로 진술하기 어려울 수 있으니, 사례개요, 갈등쟁점, 그리고 우리 정부의 대처 및 결과 등 이 세 가지에 대해서는 명확하게 정리하여 의견을 제시하여야 함)

(주의사항: 동일한 사례를 여러 사람이 선택할 수 있지만, 진술내용, 문장 등이 동일할 수는 없기 때문에 반드시 자신의 언어로 진술하고 인용문의 경우는 반드시 출처를 밝혀야 함. 표절율 70% 이상이면 "0" 점 처리 될 수 있으니 주의가 필요함)

[과제작성 시 지시사항]

<과제 작성 시 지시사항>
- 생성형 인공지능(Chat-GPT, Claude, Perplexity, Gemini 등) 사용 불가
- 서론-본론-결론의 목차를 구성하여 작성할 것
- 글씨체: 바탕 또는 신명조, 글씨크기: 10~11포인트, 줄간격 160%
- 최소 4페이지 이상 작성할 것(표지, 참고문헌 제외)
- 주의사항 : pdf 형식 제출 금지
- 표절률에 대한 엄격한 감점 실시 예정

[참고문헌]

- 교재 및 강의안

2025학년도 2학기 중간과제물(온라인 제출용)

○ 교 과 목 명 :
○ 학   번 :
○ 성   명 :
○ 연 락 처 :
○ 과 제 유 형
   (공통형/지정형) :

트럼프 2.0 시대에 미국과 타 국가간 다양한 통상갈등들이 발생하고 있는데, 이 중에서 하나의 사례를 선택하여

① 사례개요
② 통상갈등 진행과정 (예 쟁점 및 쟁점별 주요 이슈/ 국가별 쟁점 및 이슈에 대한 입장의 유사점과 상이점/ 해결대안/ 합의내용 / 이행과정 및 장애요인 등)
③ 우리나라에 미치는 영향
④ 우리 정부의 대처과정 및 결과에 대한 비평 등을 진술하시오.
(단 선택한 사례를 완벽하게 갈등발생 부터 해결까지 의 내용을 구체적으로 진술하기 어려울 수 있으니 사례개요, 갈등정점 그리고 우리 정부의 대처 및 결과 등 이 세 가지에 대해서는 명확하게 정리하며 의견을 제시하여야 함)
(주의사항: 동일한 사례를 여러 사람이 선택할 수 있지만 진술내용 문장 등이 동일할 수 는 없기 때문에 반드시 자신의 언어로 진술하고 인용문의 경우는 반드시 출처를 밝혀야 함. 표절율 70% 이상이면 \"0\"점 처리 될 수 있으니 주의가 필요함)

Ⅰ. 서론

미국은 최근 몇 년간 안보를 최우선 가치로 내세우며 기술과 통상 정책을 결합한 새로운 전략을 전개하고 있다. 특히 트럼프 2.0 행정부 출범 이후 이러한 기조는 더욱 강화되었으며, 반도체 산업은 그 중심에 놓이게 되었다. 반도체는 군사적 활용과 첨단 산업 경쟁에서 핵심적인 위치를 차지하기 때문에 미국은 이를 국가 안보의 핵심 자산으로 규정하고 수출을 엄격히 통제하고 있다. 2022년 이후 미국 상무부는 중국을 비롯한 특정 국가에 대한 첨단 반도체와 제조 장비의 수출을 제한하는 규제를 잇따라 발표하며 세계 공급망의 재편을 촉발했다. 이 과정에서 한국, 대만, 일본, 네덜란드 등 주요 반도체 생산국과 장비 보유국이 직간접적으로 영향을 받게 되었다.

반도체 수출통제는 단순한 무역 분쟁을 넘어 기술 패권을 둘러싼 전략적 갈등으로 확대되었다. 미국은 첨단 반도체가 군사 목적으로 전용될 가능성을 이유로 규제를 강화했지만, 실제로는 중국의 반도체 굴기를 견제하고 세계 시장에서 주도권을 확보하려는 의도가 깔려 있다는 분석이 지배적이다. 이에 중국은 자국 내 생산 역량을 키우려는 산업 정책을 더욱 강화하고 있으며, 미국의 동맹국을 대상으로도 다양한 경제적·외교적 압박을 가하고 있다. 한국과 대만처럼 중국 시장에 대한 의존도가 높은 국가는 미국의 규제 준수와 자국 산업 보호 사이에서 어려운 선택을 강요받고 있다.

이 사례는 단순히 미국과 중국의 양자 갈등에 머물지 않는다. 미국은 네덜란드, 일본 등 주요 장비 기술 보유국에 대해 동참을 요구하며 반도체 공급망을 자국 중심으로 재편하려 하고 있다. 네덜란드의 ASML은 극자외선(EUV) 노광장비의 핵심 공급자이고, 일본은 고순도 불화수소와 포토레지스트 등 필수 소재를 보유하고 있어 미국의 정책은 다국적 협력을 전제로 해야만 실효성을 가질 수 있다. 이런 복잡한 이해관계 속에서 각국은 자국 산업의 피해를 최소화하고 전략적 이익을 극대화하기 위한 다층적인 협상을 진행하고 있다.

한국의 경우 메모리 반도체 분야에서 세계적인 경쟁력을 갖추고 있지만, 중국 시장이 전체 수출에서 차지하는 비중이 크기 때문에 미국의 수출통제 강화는 곧바로 기업 실적과 국가 경제에 영향을 미친다. 동시에 한국 정부는 한미 동맹을 기반으로 미국의 규제 방침을 일정 부분 수용할 수밖에 없으나, 자국 기업의 피해를 최소화하기 위한 보완책을 마련해야 하는 과제를 안고 있다. 반도체 산업이 국가 경제와 직결되는 만큼 정부의 대응은 산업 경쟁력 유지, 공급망 안정, 외교적 균형을 동시에 고려해야 하는 고도의 전략이 요구된다.

본 연구는 이러한 미국의 반도체 수출통제 조치와 그로 인해 발생한 국제 통상 갈등을 중심으로 사례의 개요, 갈등의 진행과정, 우리나라에 미치는 영향, 그리고 한국 정부의 대처와 그 결과에 대한 비평을 살펴보고자 한다. 이를 통해 트럼프 2.0 시대의 통상 정책이 가져온 구조적 변화를 분석하고, 향후 한국이 취해야 할 정책적 방향성을 모색하는 데 목적이 있다.

II. 본론

1. 사례 개요

미국의 반도체 수출통제는 단순한 무역 규제가 아닌 전략적 기술 패권 경쟁의 일환으로 출발하였다. 2018년 무역전쟁 당시 일부 반도체 품목을 포함한 관세 부과가 시작점이 되었지만, 본격적인 제재는 2020년 이후 가속화되었다. 특히 2022년 10월 미국 상무부는 고급 연산 능력을 갖춘 인공지능(AI)·고성능 컴퓨팅(HPC) 반도체와 이를 생산하는 장비·설계 소프트웨어를 중국에 수출할 경우 별도의 허가를 받도록 하는 대규모 규제 패키지를 발표하였다. 이 조치는 단순히 특정 기업을 대상으로 한 제재를 넘어, 기술 이전 자체를 차단하고 생산 공정을 미국 또는 동맹국 내로 묶어 두려는 목적을 명확히 드러냈다. 그중에서도 '외국 직접 제품 규칙(Foreign Direct Product Rule)'은 미국 기술이 조금이라도 포함된 반도체나 장비가 제3국에서 생산되더라도 중국으로의 수출을 제한하는 강력한 조항으로, 사실상 글로벌 공급망 전체를 미국의 통제망 안에 넣는 결과를 낳았다. 이러한 조치가 발표되자 반도체 제조와 장비 공급에서 세계적 경쟁력을 가진 국가들이 즉각적으로 영향을 받았다. 한국의 메모리 반도체 기업과 대만의 파운드리 기업은 중국 내 공장에서 생산한 제품의 고객사와 계약 이행 여부를 재검토해야 했으며, 일본과 네덜란드의 장비 기업 역시 미국의 요구에 따라 특정 장비의 중국 수출 허가를 제한받게 되었다. 특히 네덜란드의 ASML이 보유한 극자외선(EUV) 노광장비는 최첨단 공정의 필수 장비로, 미국은 이 장비가 중국으로 반입되는 것을 차단하기 위해 네덜란드 정부와 지속적으로 협상하며 사실상의 수출 금지를 이끌어 냈다. 일본 역시 고순도 불화수소, 포토레지스트, 실리콘 웨이퍼 등 핵심 소재에 대해 수출 허가 절차를 강화하며 미국과 보조를 맞추었다.
중국은 이에 대응하여 자국 내 반도체 굴기를 더욱 가속화하고 핵심 소재 및 장비의 국산화를 추진하였다. 또한 희토류와 갈륨, 게르마늄 등 반도체 생산에 필요한 핵심 광물의 수출을 제한하는 방식으로 역압박을 시도하였다. 이러한 조치들은 단기적으로는 중국 반도체 산업에 타격을 주었으나, 장기적으로는 자립적 기술 개발을 촉진하는 계기가 될 수 있다는 평가도 병존한다. 미국의 강경한 제재가 오히려 중국의 대규모 투자와 정부 주도의 연구개발을 자극하여 기술 격차를 좁히는 결과를 낳을 가능성도 제기되고 있다.
국제적으로는 세계무역기구(WTO) 규범 위반 여부를 둘러싼 논쟁도 이어졌다. 중국은 미국의 수출통제 조치가 안보를 이유로 한 과도한 무역 제한이라고 주장하며 WTO에 제소했지만, 미국은 국가안보 예외 조항을 근거로 자국 정책의 정당성을 주장했다. WTO 분쟁 해결 절차가 장기화되는 가운데, 미국은 동맹국과의

2-4 심리학

중간과제물 과제명

개설학과	경영학, 경제학, 국어국문학, 미디어영상학, 생활과학, 생활체육지도, 영어영문학, 중어중문학, 청소년교육복지상담학, 컴퓨터과학, 통계·데이터과학, 프랑스언어문화학, 행정학	교과목명	심리학에게묻다
개설학년	1	과제유형	공통형

[과제명]

『심리학에게 묻다』 강의 및 교재 5장 절대 닮고 싶지 않은 나의 부모에 대한 이해의 내용을 바탕으로 하여, 가족과 나의 문제에 적용할 수 있는 개념에 대해 생각해보고 다음과 같이 작성하시오. (30점)

1) 절대 닮고 싶지 않은 나의 부모에 나오는 기본 개념 중 우리 가족에 적용할 수 있는 개념을 1가지 이상 선택하여 이론적으로 설명하고(10점),

2) 이 개념을 우리 가족의 사례에 적용해서 구체적으로 설명한 후(10점)

3) 이 과정에서 배운점과 느낀 점을 바탕으로, 가족과 나 자신과의 더 나은 관계를 위해 내가 어떠한 노력을 할 수 있는지 작성하기(10점)

[과제작성 시 지시사항] : 작성서식, 분량, 제출방법, 보조파일 사용 여부 등 기술

생성형 인공지능 사용 가능 여부(강의계획서 참고)

사용가능	출처표기 후 제한적 사용	사용불가	기타(자유기재)
		○	

1. A4 용지 3매 내외의 한글 또는 MS-Word 문서로 작성
   ※ 표지, 목차는 페이지 매수에서 제외
2. 글자 크기는 한글 10~11 point
3. 상업과제나 학생 간 표절 과제 제출 시 0점 처리함

※ 이 과제는 강의내용을 바탕으로 학습내용을 점검하기 위한 목적이므로, 개인적으로 부담스러운 내용은 표출하지 않는 것이 좋습니다.

[참고문헌]

하혜숙·강지현(2020). 심리학에게 묻다. KNOUPRESS.

방통대 2학기 중간과제 심리학에게묻다

과제내용-
『심리학에게 묻다』 강의 및 교재 5장 절대 닮고 싶지 않은 나의 부모에 대한 이해의 내용을 바탕으로 하여, 가족과 나의 문제에 적용할 수 있는 개념에 대해 생각해보고 다음과 같이 작성하시오. (30점)
1) 절대 닮고 싶지 않은 나의 부모에 나오는 기본 개념 중 우리 가족에 적용할 수 있는 개념을 1가지 이상 선택하여 이론적으로 설명하고(10점),
2) 이 개념을 우리 가족의 사례에 적용해서 구체적으로 설명한 후(10점)
3) 이 과정에서 배운점과 느낀 점을 바탕으로, 가족과 나 자신과의 더 나은 관계를 위해 내가 어떠한 노력을 할 수 있는지 작성하기(10점)

1. 서론
가족은 인간의 성장과 발달에 있어 가장 근본적이고 영향력 있는 사회화 집단이다. 인간은 태어나면서부터 가족이라는 울타리 안에서 양육되고, 부모와의 상호작용을 통해 세상을 배우며, 가치관과 정체성을 형성해 나간다. 특히 부모는 자녀의 삶에서 최초의 모델이자 거울이 되어, 언어적·비언어적 행동 방식, 감정 표현, 갈등 해결 태도, 나아가 삶의 태도 전반에 지대한 영향을 미친다. 이러한 영향은 긍정적일 수도 있고 부정적일 수도 있으며, 때로는 의도하지 않았더라도 자녀에게 깊게 각인되어 성인이 된 후에도 반복되는 경우가 많다.
　『심리학에게 묻다』 교재 5장은 "절대 닮고 싶지 않은 나의 부모"라는 도전적이면서도 흥미로운 주제를 제시한다. 이 주제는 단순히 부모를 비난하거나 불만을 토로하기 위한 것이 아니라, 부모의 특정한 성격적 특성이나 행동 양식을 심리학적으로 이해하고, 그것이 자녀의 성장 과정에 어떤 영향을 주었는지를 성찰하는 과정이다. 즉, 이 장은 부모와의 관계 속에서 드러나는 부정적 패턴을 의식화함으로써, 동일한 행동을 무의식적으로 답습하지 않고 더 건강한 자기 정체성과 관계 방식을 형성하기 위한 학습의 장이라고 할 수 있다.

많은 사람들은 성장 과정에서 부모에게 감사와 존경을 느끼는 동시에, "나는 저런 점만은 닮고 싶지 않다"는 생각을 하기도 한다. 에를 들어, 과도한 통제, 무관심, 공격적 언행, 부정적 의사소통 방식, 정서적 단절 등은 자녀에게 상처를 남기고, 그 기억은 성인이 되어서도 관계 방식이나 자아 개념에 영향을 미칠 수 있다. 교재에서는 이를 부정적 학습의 대물림 혹은 역기능적 가족 패턴으로 설명하며, 이러한 패턴을 인식하는 것이 자기 성장과 가족관계 개선의 출발점이 될 수 있음을 강조한다.

본 보고서의 목적은 『심리학에게 묻다』 5장의 내용을 기반으로, 부모에게서 닮고 싶지 않은 특성을 심리학적 개념으로 이해하고, 그것을 나와 가족의 사례에 적용해 보는 데 있다. 이를 통해 단순한 경험적 차원을 넘어, 이론적 틀 속에서 부모와의 관계를 분석할 수 있다. 또한, 이러한 과정을 통해 내가 무의식적으로 답습할 수 있는 부정적 행동 양식을 성찰하고, 그것을 극복하기 위한 노력을 모색함으로써 보다 건강한 가족관계와 대인관계를 형성하고자 한다.

이번 과제는 단순한 학문적 작업이 아니라, 자기 성찰과 성장의 기회라는 점에서 의미가 크다. 부모의 부정적 특성을 객관화하여 바라본다는 것은 때로 불편하고 어려운 작업이지만, 동시에 그것은 내가 나의 삶을 주체적으로 설계할 수 있는 중요한 과정이기도 하다. 부모를 닮고 싶지 않다는 의식은 반항심의 발로가 아니라, 더 나은 인간으로 성장하고자 하는 자기개발적 의지의 표현이다. 결국, 이 보고서는 나와 가족의 문제를 심리학적으로 탐구하고, 이를 통해 얻은 통찰을 바탕으로 가족과 나 자신의 관계를 개선하는 구체적 방향을 제시하는 데 목적이 있다.

2. 본론

2.1 교재 속 기본 개념과 이론적 설명

2.1.1 "절대 닮고 싶지 않은 부모"를 이해하는 관점

핵심 문제의식: 부모의 부정적 행동·정서·의사소통 방식이 학습·내면화되어 자녀의 대인관계와 자기개념에 반복 출현한다는 점.

핵심 전제: "닮음(동일시)"은 무의식적·자동적이며, 단순 모방만이 아니라 반동동일시(역방향으로 부모와 '정반대로' 되려는 시도) 형태로도 나타난다. 두 현상 모두 부모의 영향권 안에 있다는 점에서 '대물림' 범주에 포함된다.

관찰 지표: "갈등 시 침묵/회피 vs 과잉설명·과잉통제"처럼 정반대 행동이더라도, 감정조

절 실패와 관계 악화라는 결과가 반복된다면 '부정적 동일시'의 변형일 가능성.

2.1.2 사회학습이론: 모델링과 부정적 강화의 고리
정의: 인간은 중요한 타인(부모)을 관찰하며 주의→기억→재생산→동기화 과정을 통해 행동을 학습한다(모델링).
작동 메커니즘
대리강화: 부모가 공격적 언행으로 갈등을 "이긴" 경험을 자녀가 보면, 그 방식이 효과적이라는 신념이 생긴다.
회피의 강화: 침묵·단절로 갈등이 "일단 멈춘" 경험은 회피를 부정적 강화(불쾌자극 제거)하여 습관화시킨다.
관찰 지표:
"말을 세게 하면 상대가 물러난다"는 믿음 / "아예 말을 안 하면 싸움이 안 난다"는 믿음이 자동적 선택으로 작동.
비슷한 상황에서 반복되는 행동 스크립트(소리치기·문 닫기·잠수·읽씹 등).

2.1.3 가족체계 관점: 분화, 삼각관계, 정서적 단절
정의: 가족은 상호작용하는 정서 단위(시스템). 개인 증상은 관계 패턴의 산물로 본다.
핵심 개념
자기분화: 감정(정서)과 사고(이성)를 구분해 관계 속에서도 나의 입장을 유지하는 능력. 분화가 낮으면 감정에 휩쓸리거나 회피/융합으로 치우친다.
삼각관계: 두 사람의 긴장에 제3자를 끌어들여 균형을 맞추는 패턴(예: 부모 갈등에 자녀가 정서적 완충역할).
정서적 단절: 갈등을 해결하지 못하고 거리두기·절연으로 문제를 '겉으로만' 끝내는 방식.
작동 메커니즘: 낮은 분화 → 갈등 시 과잉감정 or 회피 → 문제 누적 → 삼각관계로 임시 안정 → 근본 해결 지연 → 다음 세대로 전이.
관찰 지표:
"누가 중재자가 되어야만 집이 조용해진다" / "싸우면 며칠씩 말 안 한다" / "문제는 사라지지 않고 잠복한다."

2.1.4 애착과 내적 작동모형: 관계에 대한 기본 가정
정의: 영아기 주양육자와의 상호작용이 자신/타인/관계에 대한 내적 작동모형을 만든다(안정·불안·회피 등).
작동 메커니즘
회피적 경향: 정서 표현이 무시·축소된 경험 → "감정은 소용없다/부담" → 냉담·거리두

3 향후개설학과 세계100개국

3-1 kpop 실용음악과

3-2 k조선과

3-3 k방산과(드론)

3-4 k반도체학과

3-5 한국어학과

3-6 바이오학과

3-1 kpop 실용음악과

이론과 실기를 겸비한 대중음악가, 음악과 기술을 융합한 종합예술인, 국제적 수준의 경쟁력을 갖춘 글로벌 뮤지션을 양성하고자 한다. 예컨대 가수, 싱어송라이터, 연주자, 작곡가, 편곡가, 프로듀서, DJ, 오디오비주얼 아티스트, 공연 기획자, 음향 엔지니어, 음악 교육가 등 대중음악 현장 활동 분야로 진출할 수 있는 역량 함양이 실용음악 전공 교육의 목표이다.

3-2 k조선과

선체를 건조하고 기관·의장품을 조립시켜 선박을 만들어내는 것이 조선업인데요. 우리나라는 조선해양산업에 있어서 세계 1위를 유지하고 있습니다. 조선과는 선박 및 해양 구조물의 이동성, 부양성, 적재성 등을 학습하여 효율적이고 경제적인 설계, 생각, 건조, 운용

3-3 k방산과

방산은 국가 방위를 위해 무기, 군수장비, 군용물자 등을 생산·개발하는 산업을 의미합니다. 대한민국에서는 산업통상자원부 장관이 지정한 업체만이 방위산업체로 인정되며, 군수기업이라고도 불립니다.

방산의 주요 특징
생산 범위: 총, 포, 미사일, 군용차량, 항공기, 군함, 전투식량 등 전투 및 지원에 필요한 다양한 군수품을 포함합니다.

생산 체제: 평시 민수용과 군수용을 병행하거나, 전시·평시 모두 군수품을 생산하는 등 다양한 형태가 있습니다.

경제적 파급효과: 방산업체의 활성화는 고용 증진, GDP 증가, 국가 이미지 개선 등 경제적 효과가 큽니다.

국제적 역할: 방산수출은 자국의 전쟁억지력 강화와 국제 평화 유지에 기여한다는 평가도 있습니다.

알아두면 좋은 점
방위산업체는 병역특례 등과 직접적 관련이 없으며, 별도의 지정 절차를 거쳐야 합니다.

방산은 단순한 무기 제조를 넘어, 첨단 IT·조선·항공 등 다양한 산업과 연계되어 있습니다.

3-4 k반도체학과

우리가 평소 흔히 볼수 있는 컴퓨터, 스마트폰, 자동차, 각종 생활 전자제품이 작동할 수 있는 이유는 바로 반도체가 있기 때문입니다. 반도체학과는 여러 제품에서 핵심적 역할을 하고 있는 반도체를 개발하고 기능과 성능을 개선하기 위해 필요한 관련 지식을 배운다

3-5 한국어학과(외국인용)

한국어는 한국의 공용어로서, 한국 민족이 현재 주로 한반도 전역과 제주도를 비롯한 한반도 주변의 크고 작은 섬에서 쓰는 언어이며, 한국어의 어휘 체계는 순수한 고유의 말과 한자어, 차용어로 구성되어 있습니다.

3-6 바이오학과

바이오 관련 학과는 생명공학, 바이오의약, 바이오식품, 바이오제약 등 다양한 분야에서 첨단 바이오 기술과 실무 능력을 갖춘 전문 인력을 양성하는 것이 목표입니다.

주요 학과 및 교육 내용
바이오생명공학과/바이오생명과학과
세포생물학, 분자생물학, 미생물학, 바이러스학, 줄기세포학 등 생명과학의 기초와 응용을 배우며, 첨단 실험기기를 활용한 실습으로 실무 역량을 키웁니다.

졸업 후 신약개발, 제약회사, 연구소, 국공립기관 등 다양한 분야로 진출할 수 있습니다.

바이오제약공학과/바이오의약 관련 학과
화학, 생물, 물리 등 기초과학을 바탕으로 바이오제약산업 현장에서 필요한 기술 및 연구 인력을 양성합니다.
바이오의약품 생산, 품질관리, 연구개발, 임상시험,
GMP 등 실무 중심의 교육이 이루어집니다.

바이오식품학전공/바이오식품학과
기능성 식품, 건강기능식품, 식품가공, 미생물 발효,
식품위생 등 식품과학 전반에 대한 이론과 실습을
병행합니다.

졸업 후 식품회사, 연구소, 품질관리, 교사 등 다양
한 분야로 진출할 수 있습니다.

바이오메디컬학과/바이오메디컬정보학과
의생명과학, 바이오 빅데이터, 바이오메디컬 정보
등 융합 분야를 다루며, 의료·바이오산업, 연구소,
대학원 진학 등 다양한 진로가 열려 있습니다.

진로 및 자격증
바이오 관련 학과 졸업생은 제약회사, 바이오벤처,
연구소, 국가기관, 대학원 진학 등 다양한 분야에서
활동할 수 있습니다.

화학분석기능사, 바이오화학제품제조산업기사, 생물공학기사 등 관련 자격증을 취득할 수 있습니다.

이처럼 바이오 관련 학과는 미래 산업을 선도할 전문 인재를 양성하는 데 중점을 두고 있습니다.

부록

암 예 방

제1장 뇌과학적분석

1. 뇌파의 종류

뇌파는 매우 복잡한 패턴으로 나타난다. 뇌의 영역별로 세포구조(cytoarchitecture) 및 분포하는 신경세포의 종류가 서로 다르기 때문에 주파수의 조성과 각 주파수가 나타내는 기능적인 면이 서로 다르다. 각 주파수별로 서로 다른 종류의 파원을 가지며, 각 파원이 모두 기능적으로 동일한 것이 아니기 때문에 특별한 이유가 없는 한 뇌파는 파형 그대로 관찰하기보다는 주파수에 따라 분류하는 파워 스펙트럼 분석을 이용하거나, 사건 관련 전위를 연구한다. 파워 스펙트럼 분석은 뇌파가 특정 주파수로 진동하는 단순 진동들의 선형적 결합이라고 가정하고, 이 신호에서 각각의 주파수 성분을 분해하여 그 크기(또는 파워)를 표시한 것이다. 이 때 각 주파수 성분마다 나타내는 기능과 생리가 서로 다르다고 여겨진다.

주파수 영역은 저주파 대역부터 델타, 세타, 알파, 베타, 감마파로 주로 구분한다. 감마파를 제외한 나머지 주파수 대역의 신호는 뇌파가 동조할 때 가장 많이 나타나는 것으로 여겨지며, HGA (high gamma activity) 등은 활동전위가 여러 신경세포에서 폭발적으로 나타날 때 관측되는 것으로 여겨진다. 각 주파수를 나누는 기준은 학자마다, 그리고 연구의 목적에 따라 달라진다.

1. 델타파

0 Hz ~ 4 Hz 구간의 뇌파를 델타파라고 한다. 가장 낮은 주파수이기 때문에 사람의 움직임 등에 의해 신호가 오염되는 경우가 잦다. 수면시 발생하기 때문에 "수면파"라고도 불린다. 의식이 사라질 때 델타파의 진폭이 높아지는 현상이 주로 관찰된다.[1] 서로 멀리 떨어져 있는 영역 사이의 정보 전달에 사용되는 것으로 여겨진다.

2. 세타파

4 Hz ~ 8 Hz 구간의 뇌파를 세타파라고 한다. 잠에 빠져들 때 나타나기 때문에 "졸음파" 또는 "서파수면파(徐波睡眠波)"라고도 부른다. 해마에서 세타파의 기능적인 역할이 학계의 주목을 받고 있다. 해마에서 세타파와 감마파의 동조가 기억에 중요한 역할을 한다는 것이 밝혀져 있다.

3 알파파

8 Hz ~ 13 Hz 구간의 뇌파를 알파파라고 한다. 주로 심신이 안정되어 있고 정신활동이 적을 때 나타난다. 즉, 주의를 집중하거나 고등인지활동을 할 때 알파파가 감소한다. 눈을 감았을 때 후두엽에서 알파파의 진폭이 크게 증가하는데, 이러한 특징 때문에 가장 먼저 정신기능과의 주목되었고 또 기록되었다. 가장 먼저 보고되었기 때문에 알파파라는 이름이 붙여졌다. 운동 영역에서는 알파파를 세분화하여 뮤파와 SMR파(Sensorimoter Wave)를 따로 구분하기도 한다.

알파파의 발생 가설에는 몇 가지가 존재하지만 앤더슨(Andersen) 등의 가설에서는 피질의 알파파는 시상으로부터의 입력에 의한 것으로 본다. 이 때 시상에 존재하는 일종의 페이스메이커가 뇌파를 형성하고, 시상의 반회성 억제 뉴런의 활동이 주파수를 결정한다고 본다. 즉 시상뉴런군에 발생하는 탈분극, 과분극으로 이루어진 시냅스후전위의 율동성 진동에 의해 만들어진다. 뇌파율동 주파수는 시상뉴런의 막전위 수준에 의존한다는 것이다.

누네즈(Nunez) 등의 설에서는 피질과 피질 사이를 연결하는 긴 연합 섬유에 의해서 생긴다고 본다.

4. 베타파

13 Hz ~ 30 Hz 구간의 뇌파를 베타파라고 한다. 일상적인 각성 상태에서 두드러지게 나타난다. 운동 영역에서는 베타파의 ERD(event-related desynchronization)가 나타난다.

5. 감마파

30 Hz 이상의 뇌파를 감마파라고 한다. 감마파부터는 교류전류로부터 발생한 60 Hz의 정수배 신호의 노이즈가 섞여 들어간다. 고주파로 갈수록 개별 활동전위를 반영하는 것으로 여겨지며, 이들을 HGA (high gamma activity)라 한다. 100 Hz 이상에서는 두개외 뇌전도로 측정하는 것이 거의 불가능하다. 병리학적으로는 ripple과 fast ripple로 구분하기도 하는데, 이들을 HFO (high-frequency oscillation)라고 하며 뇌전증 발작과 연관이 있는 것으로 여겨진다.

2. 치매예방운동

1. 도리도리 운동

　도리도리 목운동을 반복하다 보면 뇌척수액이 움직여지면서 파동을 일으키고 파장이 만들어집니다.
　이로 인해 뇌척수액이 대뇌피질과 뇌의 심부를 자극하고, 뇌의 노폐물을 청소합니다.
　또한 자율신경 관제 센터인 시상하부를 자극하여 자율신경 기능을 개선해 줍니다.
　뇌에서 시작된 파동은 심지어 척추에까지 파장을 일으킨답니다.
　특히 자율신경실조증 등 자율신경의 기능이 약한 경우라면 필히 도리도리 운동을 평소에 꾸준히 수시로 생활화해 보세요.
　점차 자율신경 기능이 회복되면서 건강이 여러모로 좋아지는 것을 몸으로 느끼게 됩니다

2. 손끝치기운동

　5개의 손가락을 가지고 있는 이 손을 다른 말로 표현하면 밖으로 나와있는 뇌라고 합니다
　그만큼 우리의 뇌와 손이 아주 밀접한 관련이 있기 때문인데요. 성인의 몸 속에는 모두 206개의 뼈가 있는데 그 중에서 약 1/4정도에 해당하는 54개가 손뼈에요.
　우리 몸 전체에서 손 두 개에 이렇게 많은 뼈가 몰려있다는 건 그만큼 많은 일을 한다는 뜻이겠죠?
　손과 뇌가 긴밀하게 협동을 해서 숟가락, 젓가락질을 하고, 글씨를 쓰며 의사들은 아주 정밀한 수술도 하게 됩니다.
　우리 뇌는 오케스트라의 지휘자처럼 다섯 개의 손가락이 서로 화합해서 다른 영장류는 절대 따라올 수 없는 극한의 섬세한 작업을 할 수 있도록 움직입니다.
　뇌가 운동하면서 신호를 보내면 손이 그대로 움직이고 손의 피드백을 받아서 다시 뇌가 움직이는 거죠.
　이렇듯 손과 뇌는 직접적인 상관관계가 있기 때문에 손 운동이 곧 뇌파에 좋은 운동이 되는 것이랍니다.

중풍으로 뇌 손상이 왔을 때 손상된 뇌 기능을 회복시키기 위한 중요한 재활치료 중 하나가 손가락을 활용한 운동이다

3. 복식호흡

숨을 코로 마시고 입으로 서서히 낸다.
배에 흉부 가 왕복 비만 고혈압에 좋다.
정신이 맑아진다.

3. 뇌호르몬

1. 사람의 뇌에서 나오는 뇌 호르몬은 수십 종이 있습니다. 이 가운데 삶을 밝고 건강하며 적극적으로 만드는 호르몬(뇌내 모르핀, 베타 엔돌핀, 알파 뇌파)도 있고, 사람을 우울하고 어둡고 소극적이며 부정적으로 만드는 호르몬(노르아드레날린, 아드레날린, 도파민)도 있습니다.

2. 그런데 이 호르몬들은 그 사람이 〈어떤 생각을 하고, 어떤 음식을 먹고, 어떤 생활 방식을 가지고 사는가?〉에 따라 결정됩니다. 부정적 생각을 하고, 난잡하고 구겨진 생활을 하고, 아무런 운동을 하지 않는 사람의 뇌에서는 자기도 모르게 부정적 호르몬이 분비됩니다. 반면에 아무리 부정적 현실 속에서라도 긍정적이고 적극적으로 생각하고, 맑고 단정한 생활을 하고, 아름다운 음악, 경치를 감상하고, 기분 좋은 사람을 만나고, 알맞는 운동(하루 5000보)을 하는 사람의 뇌에서는 자기도 모르게 긍정적 호르몬이 분비됩니다.

3. 특기할 것은 사람들 80%는 본래적으로 부정적으로 생각합니다. 그러나 그가 생각을 긍정적으로 바꾸면 부정적 호르몬 분비가 멈추고 긍정적 호르몬이 분비되기 시작한다는 것입니다. 저자 하루야마 시게오는 이것을 〈미국 사회를 풍미하고 있는 적극적 사고의 기본 원리는 "좋은 생각을 하면 좋은 일이 생기고 나쁜 생각을 하면 나쁜 일이 생긴다"는 내용이다. 이것을 과학적으로 정확하게 표현한다면 "좋은 생각을 하면 뇌에서 좋은 호르몬이 분비되고 나쁜 생각을 하면 뇌에서 나쁜 호르몬이 분비된다"는 것이다. 적극적 사고의 놀라운 능력에 대한 과학적 해명이 이루어졌다는 것입니다.

4. 건강하고 행복한 삶의 포인트는 〈식사, 운동, 명상〉입니다. 뇌내 모르핀에 유익한 식사는 고단백, 저칼로리 음식, 지방을 연소시킬 수 있는 근육을 붙이는 운동, 알파 뇌파를 방출하는 명상이 바로 그것입니다.5. 마슬로우의 욕구 5단계는 생리 욕구, 안전 욕구, 소속감과 사랑에 대한 욕구, 인정받고 싶은 욕구, 자기 실현의 욕구입니다. 여기서 욕구의 수준이 높을수록 쾌감도 높습니다. 보통 사람의 눈에는 나이팅게일, 슈바이쳐, 마더 테레사 등이 고생 많았겠다 싶을지 모르지만 정작 그들은 고도의 쾌감을 누리며 살았을 가능성이 높습니다

4. 내뇌엔돌핀 음식

1. 기분은 뇌와 중추 신경계에 특별한 영향을 미치는 신체에서 생성되는 물질에 직접적으로 의존합니다. 기분 개선, 소위 신경 전달 물질 – 세로토닌, 노르에피네프린, 도파민, 엔돌핀 및 트립토판. 덕분에 우리는 쉽고 자신감을 느끼고 활력과 긍정적 인 감정의 급증을 경험하고 세상을 밝은 색상으로 인식합니다. 신체의 신경 전달 물질의 양이 감소하면 그에 따라 기분도 감소합니다. 이것은 대부분 스트레스, 수면 및 휴식 부족, 영양실조 또는 불균형으로 인해 발생합니다. 활동적인 레크리에이션과 스포츠, 일부 식품은 기분을 개선하는 데 도움이 됩니다.

1) 기분 개선 제품

① 고기

특정 유형의 고기(닭고기, 쇠고기, 돼지고기)에는 아미노산 티로신이 함유되어 있어 도파민과 노르에피네프린 수치를 증가시켜 기분, 집중력 및 기억력을 향상시킵니다. 또한 육류는 불면증과 우울증에 대처하는 데 도움이 되는 비타민 B12의 공급원입니다. 고기의 일부인 철분은 산소로 체내 세포의 포화도를 유지하여 활력을 줍니다.

고기는 우울증과 불면증에 대처하는 데 도움이되는 천연 에너지 음료입니다.

② 물고기

지방이 많은 생선(참치, 송어, 청어, 정어리, 고등어, 연어, 대구, 연어)은 몸의 좋은 기분을 유지하는 데 필요한 오메가–3 지방산이 풍부합니다. 생선에 함유된 비타민 B6는 면역 체계를 강화하는 동일한 기능을 수행합니다.

물고기는 기분과 면역력을 높이는 데 좋습니다

③ 배추

이 해조류에는 부신을 조절하는 비타민 B가 다량 함유되어 있으며, 이에 따라 아드레날린 호르몬이 결핍되면 만성 피로와 기분 저하를 유발할 수 있습니다.

삶에 아드레날린을 더하기 위해 해초를 더 자주 섭취하십시오.

④ 바나나

가장 유명한 항우울제 제품 중 일부. 세로토닌 외에도 이미 언급했듯이 기분을 높이는 데 필요한 비타민 B6이 들어 있습니다. 또한 바나나에는 행복감을 유발할 수 있는 알칼로이드 하만(harman)이 포함되어 있습니다. 이 과일은 만성 피로와 우울에도 유용합니다.

바나나는 가장 유명한 항 우울 식품 중 하나입니다.

⑤ 고추

후추를 많이 먹을수록 차분한 느낌이 듭니다. 그리고 요리를 매운맛으로 만드는 천연 성분 인 캡사이신 덕분에 입안의 신경 종말을 자극하고 타는듯한 느낌을줍니다. 이러한 영향에 반응하여 뇌는 통증을 완화하고 기분을 개선하는 엔돌핀을 사랑스럽게 방출합니다.

고추를 많이 먹을수록 차분함을 느낄 수 있습니다.

⑥ 견과류

기름진 생선과 같은 견과류에는 오메가 −3 지방산이 포함되어있어 뇌 세포가 제대로 작동하고 우울증 증상을 완화하는 데 도움이됩니다. 또한 트립토판, 비타민 B6 및 미네랄 셀레늄을 함유하고있어 기분을 개선 할 수 있습니다.

견과류는 우울증 증상 완화에 도움이됩니다.

⑦ 초콜릿

우선, 여성과 아이들은이 제품의 분위기를 개선하는 놀라운 능력에 대해 알고 있습니다. 초콜릿을 얻을 수있는 코코아 콩에는 페닐 에틸 아민이라는 물질이 포함되어있어 신체가 잘 알려진 행복 호르몬 인 엔돌핀을 생성합니다. 그러나 이것이 전부는 아닙니다. 코코아 콩은 스트레스 해소 마그네슘이 풍부합니다. 다크 초콜릿 만 나열된 유익한 특성을 가지고 있으며 밀크 초콜릿은 덜 유용합니다.

초콜릿은 엔돌핀이 풍부하고 스트레스를 줄이는 마그네슘이 풍부합니다.

⑧ 오트밀과 메밀죽

오트밀과 메밀에는 트립토판이 포함되어 있으며, 트립토판은 신체에서 처리 될 때 행복 호르몬 중 하나 인 세로토닌 형성에 기여합니다.

이 곡물의 매우 중요한 특성은 혈당 수치의 정상화입니다. 메밀과 오트밀에 함유 된 느린 탄수화물 덕분에 지표의 평준화가 가능합니다. 왜 중요 함? 설탕은 혈중 인슐린 수치에 영향을 미치기 때문에 기분에 영향을 미칩니다. 혈중 인슐린 수치는 트립토판을 뇌로 전달하고 이미 세로토닌으로 처리됩니다.

메밀과 오트밀에서 발견되는 트립토판은 소위 행복 호르몬 인 세로토닌 생성에 기여합니다.

⑨ 달걀

계란에는 중요한 지방산, 비타민 A, E, D, 트립토판, 카로틴 및 B 비타민이 포함되어 있습니다. 따라서 간단한 스크램블 에그조차도 기분을 좋게 할 수 있습니다. 그러나 언제

멈춰야하는지 알아야 할 모든 것 : 노른자에는 다량의 콜레스테롤이 포함되어 있습니다.

　간단한 스크램블 에그 – 쾌활함과 좋은 분위기의 열쇠
　⑩ 치즈
　모든 종류의 치즈는 티라민, 트리 카민 및 페닐 에틸 아민과 같은 항 스트레스 아미노산 덕분에 당신을 격려 할 수 있습니다. 치즈는 또한 엄청난 양의 단백질을 함유하고있어 (다양한 품종에서 22 %에 이릅니다) 신진 대사를 개선하고 힘을 회복하는 데 도움이됩니다.
　어떤 치즈라도 당신을 격려하고 젊어지게 할 것입니다

2) 기분이 좋은 적

　알코올과 에너지 음료는 짧은 시간 동안 활력을줍니다. 사실, 부신이 더 열심히 일하고 혈당 수치를 증가시킬뿐입니다.
　커피와 차를 과도하게 섭취하면 일반적으로 불면증과 기분 변화로 이어집니다.
　단 음료를 포함한 다양한 종류의 과자는 혈당을 급격히 증가시켜 궁극적으로 만성 피로 증후군에 기여합니다.
　일반적으로 많은 다이어트 (특히 표현 다이어트)는 균형이 맞지 않아 고장과 기분이 나빠집니다.
　흡연은 신체에 필요한 비타민, 미네랄 및 아미노산 결핍으로 이어지며, 이는 다시 즉시 기분에 영향을 미칩니다.

5. 두뇌에 좋은식품

1. 미역
2. 기름기적은소고기
3. 호두
4. 오랜지
5. 생선 연어 장어 정어리
6. 랜틸콩 양파 가지 애호박 파프리카 당근
7. 오징어 콩나물국 계란

6. 돈 안들이고 젊게 살기

1. 앉아만 있으면 위험하다!

'서 있기 다이어트'의 놀라운 효과

현대인이라면 하루 대부분을 의자에 앉아 보내는 시간이 많습니다.

업무 중에도, 휴식 중에도 우리의 몸은 그저 앉아 있을 뿐인데요.

그런데 최근 연구에 따르면, 하루 한 시간이라도 서 있는 시간을 늘리는 것만으로도 비만 예방뿐 아니라 당뇨병, 심장병 등 다양한 질병을 예방할 수 있다고 합니다. 바로 '서 있기 다이어트' 입니다. 과연 서 있기만 해도 어떤 변화가 일어날까요?

1) 서서만 있어도 체중이 줄어든다.

미국 메이요 클리닉의 연구에 따르면, 단순히 앉아 있는 시간을 줄이고 서 있는 시간을 늘리기만 해도 체중이 줄어드는 효과를 기대할 수 있다고 합니다.

이 연구에서는 앉아 있는 대신 하루에 6시간을 서 있으면, 하루 약 54kcal를 추가로 소모할 수 있다는 결과를 발표했습니다.

이를 통해 연간 2.5kg의 체중 감량이 가능하다고 하니, 가벼운 운동 없이도 체중 조절이 가능하다는 점에서 많은 이들의 관심을 받고 있습니다.

예를 들어, 체중 65kg인 성인이 하루 6시간 서 있을 경우 4년간 10kg까지 체중을 줄일 수 있다고 합니다.

이와 같은 단순한 행동 변화가 어떻게 체중 감량으로 이어지는 걸까요?

2) 앉아 있는 생활이 가져오는 건강 위험

사람들은 흔히 비만과 당뇨병을 운동 부족과 연관 짓습니다.

그러나 단순히 운동이 부족한 것만이 아닌, 오랜 시간 동안 앉아 있는 생활 자체가 건강에 부정적인 영향을 미친다는 사실을 아시나요?

오랜 시간 앉아 있으면 다음과 같은 문제가 발생할 수 있습니다.

에너지 소비 감소 : 앉아 있으면 에너지 대사가 둔화되어 지방 연소가 어려워집니다.

인슐린 저항성 증가 : 인슐린 효과가 떨어지면서 혈당이 높아질 위험이 커집니다.

혈관 기능 저하 : 혈액 순환이 원활하지 않아 혈압이 상승할 수 있습니다.

근육 약화 : 다리 근육이 점점 약해지면서 체중 증가의 악순환에 빠지기 쉽습니다.

특히 앉아 있는 시간이 하루 4시간 이상 지속되면, 심장병, 비만, 당뇨병 등 각종 질병에 걸릴 확률이 높아집니다.

미국과 유럽 등지에서는 이 같은 건강 위험성을 인지하고 일부 기업에서는 스탠딩 데스크를 도입하는 추세입니다.

앉아 있는 생활이 가져오는 건강 위험

3) 실천하기 쉬운 '서 있기 다이어트' 방법

그렇다면, 어떻게 하면 일상 속에서 '서 있기 다이어트'를 실천할 수 있을까요?

다음은 일상생활에서 손쉽게 따라할 수 있는 방법들입니다.

하루 1시간 서 있는 시간 늘리기 : 처음에는 매일 서 있는 시간을 1시간 정도 늘리는 것부터 시작해 보세요.

30분마다 2분씩 일어나기 : 30분마다 일어나서 가볍게 스트레칭을 하거나 사무실을 한 바퀴 도는 것도 효과적입니다.

스탠딩 데스크 사용 : 가능하다면 스탠딩 데스크를 도입하여 업무를 서서 진행하는 것도 좋은 방법입니다.

점심 식사 후 산책 : 점심 식사 후 10분에서 20분 정도 걸으면서 소화를 돕고 혈당 수치를 낮추는 데 도움이 됩니다.

계단 이용 : 엘리베이터 대신 계단을 사용하는 것도 일상 속 활동량을 늘릴 수 있는 방법입니다.

이처럼 간단한 습관 변화만으로도 하루에 54kcal을 추가로 소모할 수 있으니,

4) 서 있는 습관의 장기적 효과

메이요 클리닉의 프란시스코 로페스 히메네스 교수는 "서서 시간을 보내는 것은 단순한 체중 조절을 넘어, 심장병과 뇌졸중, 당뇨병 등의 발병 위험을 줄일 수 있다"라고 강조합니다. 또한, 스코틀랜드 에딘버러 대학의 연구에 따르면, 규칙적인 운동을 하더라도 오랜 시간 앉아 있는 생활을 지속하면, 대사 질환 발생 위험이 증가할 수 있다고 밝혔습니다. 즉, 앉아 있는 시간을 줄이고 서 있는 시간을 늘리는 것이 얼마나 중요한지 다시 한번 알 수 있는 대목입니다.

2. 심호흡

바쁘고 번잡한 생각을 잠시 내려놓고, 지금 여기에 온전히 존재하는 것을 느낀다. 몸의 감각과 들려오는 소리, 그리고 냄새 등을 판단하지도 말고 비판하지도 않으면서 그저 있는 그대로 느껴본다. 이제 코로 숨을 깊게 들이마시고, 입으로 길게 후! 하고 내쉰다. 마음을 괴롭히는 스트레스와 몸의 피로를 후! 하고 내쉬는 숨에 실어 내보낸다. 편안한 느낌이 들 때까지 몇 번 더 실행한다. 이제 평소의 호흡으로 돌아온다. 그러나 평소보다 좀 더 길게 호흡을 한다. 자연스럽게 천천히 숨을 들이쉬면서 들이쉬는 호흡을 바라보고, 천천히 숨을 내쉬면서 내쉬는 숨을 바라본다. 처음에는 2분 정도 하다가 점차 3분, 5분, 10분, 30분, 1시간으로 시간을 늘려간다. 어느 날, 시간이 되면 나만의 공간을 찾아서 반나절 혹은 하루 종일 호흡명상을 해본다. 이제와는 전혀 다른 세계를 경험하게 될 것이다. 심호흡은 소위 말하는 복식호흡이다. 어린 아이들이 호흡하는 것을 살펴보라. 아이들은 복식호흡을 한다. 복식호흡은 느리고 깊게 하는 호흡을 말한다. 숨을 들이쉴 때 배가 볼록 나오고, 숨을 내쉴 때 배가 움푹 들어간다. 아이는 자라면서 해야 할 과제들이 점점 더 많아지고, 경쟁에서 이겨야 하기 때문에 마음이 바빠지고 복잡해지고 번잡해진다. 이렇게 자란 아이들은 어느새 복식호흡은 잊어버리고 코와 폐로만 하는 흉식호흡 혹은 가슴호흡을 하게 된다. 가슴호흡을 하는 성인들은 늘 마음이 바쁘고, 일에 쫓겨 중압감을 느끼면서 정서적 안정을 상실한 채 일상생활을 하고 있다. 성인들도 가끔은 복식호흡을 해야 한다. 명상은 복식호흡을 회복시켜주는 최고의 도구이다. 심호흡으로 숨을 깊게 들이쉬면 횡경막이 평상시보다 좀 더 충분히 아래로 내려가기 때문에 복부는 자연히 밖으로 볼록하게 나오게 된다. 심호흡을 하면 공기를 들이쉬는 시간이 좀 더 길어지고, 좀 더 많은 양의 공기가 폐 속으로 들어가게 된다. 그리고 숨을 내쉴 때는 더 많은 양의 공기를 배출하게 된다. 심호흡은 몸을 건강하게 만든다.

3. 양파를 간식으로 먹기
혈액순

4. 식초를 발까락사이로 바르기
무좀치료

5. 시금치 참나물 마늘 암예방식품을 섭취한다

7. 타임즈가선정한10가지 암예방식품

1. 고추

타임즈가 선정한 건강식품 그 첫번째! 바로 알싸한 맛을 자랑하는 고추인데요,
고추는 비타민C가 풍부해 바이러스에 대한 저항력을 강화시켜주고, 고추에 함유되어
있는 캡사이신은 위액 분비를 촉진하고 단백질의 소화를 도와주는데요.
또한 신진대사를 활발히 하여 다이어트에 도움이 된다고 합니다.

2. 마늘

마늘은 하루 반쪽 꾸준한 섭취를 할 경우 암을 50% 까지 예방해 준다고 하는데요.
항암효과 및 빈혈완화, 저혈압 개선 등에 도움이 되는 것으로 알려져 있어 암 예방에
좋은 식품이라고 할 수 있습니다.

3. 보리

보리는 최고 자연식 강장제 라고 할 만큼 말초신경기능을 증진시켜주어 정력증강을 보강해 주는
식품인데요.
보리에는 섬유질, 비타민, 미네랄, 회분, 펜토산, 무기염류 등이 골고루 들어있어 공해와 인스턴
트 등의 산성식품의 섭취로 약화된 우리 몸을 알칼리화 해 건강체질로 만들어 준다고 합니다.

4. 토마토

토마토는 식이섬유가 풍부해 급격한 혈당상승을 막아주어 당뇨병 예방에 효과적인 건강
식품이라고 알려져 있는데요.
"토마토가 빨갛게 익으면 의사 얼굴이 파랗게 된다"는 유럽 속담이 있을 만큼 토마토는
의사가 필요치 않을 정도로 건강에 좋은 식품으로 알려져 있습니다.
토마토는 비타민 K가 많아 칼슘이 빠져 나가는 것을 막아주고 골다공증이나 노인성 치

매를 예방하는 데 도움이 됩니다.

5. 블루베리

블루베리는 안토시아신이라는 성분이 동맥에 침전물이 쌓여 혈관을 막는 동맥경화가 생기는 것을 방지하며 피를 맑게 해주고 심장병과 뇌졸중을 예방하는데 도움을 주는 식품이라고 합니다.

또한 상화방지제를 많이 함유하고 있어서 노화방지 및 면역력 강화에 도움이 될 뿐 아니라 눈에도 좋은 식품으 알려져 있습니다.

6. 고등어

고등어는 불포화지방산이 풍부해 혈액을 맑게 해주고, 혈액순환을 원활하게 해주어 심장병 예방에 좋다고 하는데요.

고등어는 등푸른 생선 중에서도 영양분이 많아 혈액의 흐름을 원활하게 해 노폐물을 몸 밖으로 배출시키는데 도움을 주며, 인체에서 만들 수 없는 불포화 지방산이 풍부하게 들어있고, 단배질 및 비타민B가 포함되어 있어 우리몸에 아주 좋은 음식으로 알려져 있습니다.

7. 김

김은 비타민A가 풍부해 시력을 보호해 주어 야맹증 예방에 좋다고 하는데요.

김은 다른 해조류보다 칼슘이 월등히 풍부하여 골다공증, 골연화증 예방에 효과적이라고 합니다.

또한 식이섬유, 단백질, 비타민 등 영양성분을 골고루 함유하고 있을 뿐만 아니라 김의 끈끈하고 매끈한 성분은 위의 독을 흡착시켜서 해독 배출에도효과적인 것으로 알려져 있습니다.

8. 호두

호두는 노화방지와 무병장수의 비결인 건강식품인데요.

하루 한알 섭취할 경우 노화를 억제 해 주며, 불포화지방산이 풍부하며 두뇌 건강과 피부에 좋은 식재료라고 합니다. 또한 호두는 동의보감에 폐의 기능이 약한사람 등 천식 신장 보호의 약재로 사용했다고 하는데요!

호두의 세로토닌 성분이 마음을 안정시켜 주어 숙면을 도와주기도 하고, 마그네슘 성분은 우리 몸의 신진대사를

촉진시켜 인슐린의 분비를 도와 혈당을 조절해주는데 도움을 준다고 합니다.

9. 녹차

녹차의 카테킨은 강력한 항암효과와 염증을 억제하는 동시에세균의 감염도 막아준다고 하는데요.

항상화 작용이 뛰어나서 노화를 방지해주고 중금속과 니코틴의해독작용이 뛰어나 다이어트와 피부미용에도 도움이 된다고 합니다.

10. 버섯

버섯은 고단백 · 저칼로리 식품이면서 식이섬유, 비타민, 철, 아연 등 무기질이 풍부한 건강식품인데요. 버섯은 칼로리는 낮고, 포만감은 높이는 식이섬유가 풍부하여 과식을 억제하기 때문에 뛰어난 다이어트 식품으로 평가되고 있습니다.

또한 버섯에는 식이섬유가 40%나 들어 있어 장내의 유해물, 노폐물, 발암 물질을 배설하고 혈액을 깨끗하게 하고,

생리활성 물질이 함유되어 건강 증진 및 유지에 도움이 된다고 합니다.

8. 암을 겪은 사람이 258만 명 "이렇게 많아?" … 가장 나쁜 생활 습관은?

"암 완치 판정을 받았지만 방심은 금물입니다. 암 예방에 좋은 음식을 골라서 먹고 운동도 열심히 하고 있어요." vs "암 완치 후 그동안 자제했던 담배부터 찾았습니다. 당분간 먹고 싶던 음식도 실컷 먹고 즐길 계획입니다."

암을 앓았던 사람은 크게 2가지 부류로 나뉜다. '절제된 삶'과 '즐기는 인생'이다. 혹독한 항암치료를 겪은 사람은 "너무 고통스럽고 생각만 해도 지긋지긋하다"면서 음식 조심, 운동에 신경 쓴다. 반면에 힘든 병상에서 벗어난 일부 사람들은 그동안 못했던 생활, 맛있는 음식에 눈독을 들인다.

대개 암 치료 시작 후 5년이 지나면 완치 판정을 받는다. 하지만 암에서 완전히 해방됐다는 의미는 결코 아니다. 언제든지 같은 암이 재발하거나 다른 암이 생길 가능성이 있다. 세계보건기구(WHO) 산하 국제암연구소(IARC)는 암 사망의 30%는 음식, 또 다른 30%는 흡연에서 비롯된다고 했다. 식생활을 절제하고 담배를 끊으면 암으로 인한 사망의 60% 이상을 막을 수 있다.

1. 한해 신규환자 18만 명, 암 유병자 258만 명 … 암이 내 곁에 다가서다

보건복지부-중앙암등록본부(국립암센터)가 지난달 26일 발표한 국가암등록통계에 따르면 2022년 신규 암 환자는 28만 2047명이다. 가장 많이 발생한 암은 갑상선암, 대장암, 폐암, 유방암, 위암, 전립선암 순이다. 암 완치 판정을 받았거나 현재 치료 중인 사람(암 유병자)은 258만 8079명이다. 국민 20명 당 1명(인구 대비 5.0%)이 암 유병자이다. 특히 65세 이상은 130만 2668명으로 7명 당 1명이 암 유병자였다.

나와는 관계 없을 것 같았던 암이 내 곁으로 바짝 다가온 느낌이다. 우리나라 국민이 기대수명(남자 79.9세, 여자 85.6세)까지 생존할 경우 암에 걸릴 확률은 남자 37.7%, 여자 34.8%로 추정된다. 꽤 높은 수치다. 암 판정 시 과거처럼 '죽음'을 떠올리진 않지만 여전히 암은 치료가 쉽지 않은 병이다. 초기라도 혹독한 항암치료를 받아야 하고 유방암의 경우 유방을 절제할 가능성이 높다. 암에 걸리지 않는 것이 가장 중요하다.

2. "왜 하필 나야?"...밤잠 못 이루는 암 환자의 심정은?

내가 암에 걸렸다는 사실을 처음으로 확인할 때 대부분 천길 낭떠러지에서 떨어지는 느낌을 받는다. 처음에는 암 발생 자체를 부정한다. 의사의 진단이 잘못됐을 것이라는 생각에 이 병원, 저 병원을 누빈다. 물론 다른 병원의 확인 진단도 필요하지만 너무 많은 병원을 순회하는 것은 시간 낭비일 수 있다. 분노의 감정도 솟구친다. "왜 하필 내가..." 밤잠을 못 이루기도 한다.

시간이 지나면 현실을 인정한다. "내 자식이 곧 결혼하는데…" 스스로 타협하고 치료를 서두른다. 이 과정에서 우울감을 넘어 우울증 위험도 높아진다. 애꿎은 아내나 자녀에게 화를 내기도 한다. 암 환자의 마음은 요동친다. 치료 효과를 높이려면 우울증 치료도 병행해야 한다. 이 시기가 가장 힘들다. 항암치료 중 구역질이 난다고 음식을 거부하고 가족은 "먹어야 산다"며 권하고... 환자는 물론 간병하는 가족도 마음과 몸이 피폐해진다.

3. 완치 판정 받아도...언제든지 재발, 다른 암 가능성

암이 무서운 것은 언제든지 재발 가능성이 있기 때문이다. 완치 판정을 받아도 그렇다. 수술 등 치료를 시작했을 때 암이 진행된 정도가 심할수록 재발의 위험성도 커진다. 관련 통계를 보면 전체 대장암 환자의 20~30%가 재발하고 위암 환자의 40~60%는 재발로 인해 생명을 잃는다(국가암정보센터 자료). 재발 환자는 이미 온몸에 전이된 경우가 많아 치료가 쉽지 않다.

완치 단계에 들어서도 정기적으로 재발, 전이 여부를 검사해야 한다. 암에서 완전한 해방을 기대하면 안 된다. 재발도 일찍 발견해야 한다. 위 절제 후 남아 있는 위나 식도에서 위암이 재발한 경우 재수술로 치료될 가능성이 있다. 가장 중요한 것은 첫 암을 초기 단계에서 발견하는 것이다. 암이 전이되지 않으면 해당 부위만 수술로 제거, 재발과 전이의 가능성을 최소화할 수 있다.

4. 모두 암에 대해 공부하자...잘못된 정보 걸러내는 지혜 필요

평소 암에 대한 공부도 필요하다. 환자, 가족은 물론 현재 건강한 사람도 암의 증상, 예방법에 대해 알아두면 큰 도움이 된다. 대한암협회는 암에 대해 자세히 알고 있다가 암 진단을 받는 사람은 거의 없다고 했다. 암에 대해 열심히 공부하라고 강조한다. 의료진과 소통이 쉬워지고 일상에서 생활 습관을 암 예방에 맞출 수 있다. 특히 가족 중에 암 환자가 있으면 나도 암에 걸릴 가능성이 높다. 유전은 암 발생의 5~10%를 차지하고 있다. 유방암에서 완치됐어도 자궁내막암이나 대장암에 걸릴 위험이 높다. 이 암들은 같은 유전자를 공유하는 경향이 있다. 대장암이나 난소암에 걸렸던 사람은 그렇지 않은 사람보다 유방암에 걸릴 가능성이 크다.

잘못된 정보는 걸러내는 지혜가 필요하다. 건강정보의 홍수 속에 암에 관한 수많은 정보들이 쏟아지고 있다.

과학적으로 증명되지 않거나 상업적 목적의 잘못된 정보들도 섞여 있다. 이를 덥석 받아들였다간 환자-가족들이 신체적, 경제적 손실을 입게 되는 경우가 많다. 국가암정보센터(국립암센터), 질병관리청 등 공신력 있는 국가 기관의 의료정보를 먼저 숙독하는 게 좋다. 특히 "이 식품이 암에 좋더라" 식의 권유가 있다면 먼저 주치의와 상의하는 게 좋다. 암 치료 중에 '진귀한 약초'를 먹었다가 예후가 급격히 악화된 환자가 적지 않다. 음식으로 암을 치료할 수는 없다. 일반적으로 암 예방에 도움이 되는 채소-과일-곡류-살코기 등을 꾸준히 먹는 게 정답이다.

5. 건강한 사람, 암 완치자 모두 새겨야...다시 보는 '국민 암 예방 수칙'

정부가 제정한 '국민 암 예방 수칙'은 이미 암을 겪은 사람에게도 유효하다. 첫 번째가 담배를 피우지 말고, 남이 피우는 담배 연기도 피해야 한다. 담배는 폐암 뿐만 아니라 위암, 췌장암, 구강암, 식도암, 방광암 등 수많은 암 발생에도 관여한다. 담배 속의 발암물질이 혈관에 스며들어 온몸을 돌기 때문이다. 음식 조심이 두 번째다. 채소와 과일을 충분히 먹고, 다채로운 식단으로 균형 잡힌 식사를 해야 한다. 짜지 않게 먹고, 탄 음식은 먹지 않는 게 좋다. 암 예방을 위해선 하루 1~2잔의 소량 음주도 피해야 한다.

몸도 자주 움직여야 한다. 하루 30분 이상, 주 5회 이상 땀이 날 정도로 걷거나 운동하는 게 좋다. 비만도 암 발생을 높인다. 체격에 맞는 건강 체중을 유지해야 한다. 예방 접종도 중요하다. 간암을 일으키는 B형 간염과 자궁경부암 예방접종은 필수다. 성 매개 감염병에 걸리지 않도록 안전한 성생활도 해야 한다. 일하는 환경도 중요하다. 발암성 물질에 노출되지 않도록 조심해야 한다. 암 정기 검진도 중요하다. 암이 생겨도 일찍 발견할 수 있어 치료가 쉽다. 암 경험자는 긴장감이 떨어질 때마다 첫 진단 시 하늘의 무너지는 느낌을 다시 떠올리자. 온몸의 털이 빠지고 구역질이 일상이었던 항암치료를 또 받을 것인가. 암은 예방이 가장 중요하다.

6. 질병에 좋은 음식

췌장 : 바지락 마늘
당뇨 : 청국장 단호박 식초 식이섬유 호두 올리브유
치매, 장 : 미역 단호박 들깨 청국장 식초
뇌 : 브로커리 수분

9. 임신에 도움주는 식품

1. 대추

① 스트레스 해소와 정서안정에 도움을 준다
② 면역역을 높여 전반적인 건강을 돕습니다
③ 항암작용이 있음
④ 간건강에 도울수있음
⑤ 위와 장의 건강을 도울수있음
⑥ 해독작용으로 노페물 배출을 도움
⑦ 해독작용으로 노페물배출을 도움
⑧ 혈압안정과 혈류개선효능이 있음
⑨ 항염작용으로 염증성질병에 도움
⑩ 피부 트러블 개선효능

2. 구기자 여성

① 면역기능을 좋케하고 암세포와싸움
② 뇌세포손상을 막습니다
③ 피부를 건강하게함
④ 눈을건강하게함
⑤ 혈당수치를 안정시킴
⑥ 콜레스테롤 수치를 안정
⑦ 간을 건강하게함
⑧ 힘이나게하고 기분좋케함
⑨ 가임률을 높입니다

3. 익모초 여성

① 생리불순 생리통등 생리와 관련된 증상완화

② 두통불안 발열 현기증 증상개선

③ 면역력 증강효과

④ 혈압을 낮추어 심혈관건강

⑤ 항염작용 있어 관절염같은 만성적인질병의 증상을 완화

⑥강력한 항산화제가 들어있어 암같은 악성종양 세포억제

⑦ 여성갱년기 증상완화

⑧ 스트레스해소와 불면증완화

⑨ 이뇨작용으로 독성배출

⑩ 여름철 더위로 인한 식용감퇴

4. 당귀 여성

① 혈류개선

② 콜레스테롤 개선

③ 심혈관건강

④ 월경불순개선 및 생리통 완화

⑤ 빈혈개선효능

⑥ 통증완화

⑦ 항암작용

⑧ 소화불량개선

⑨ 뼈를 튼튼하게

⑩ 혈당안정

⑪ 소염작용

⑫ 여성폐경기 증상완화

⑬ 우울증개선

5. 산수유

① 항염작용

② 심기능향상

③ 혈당수치안정

④ 피부보호 및 트러불완화등 항산화

⑤ 면역력 증진효과

⑥ 자양 및 강장효능
⑦ 골다공증예방
⑧ 야뇨증 및 요실금완화
⑨ 해열작용

6. 자소엽

① 혈액순환
② 두피건강
③ 위장건강
④ 항암작용
⑤ 빈혈개선
⑥ 신경안정
⑦ 노화예방

7. 귤피
① 피부미용
② 피로해소
③ 소화개선
④ 성인병예방
⑤ 식욕증진
⑥ 감기에방
⑦ 변비개선

8. 두뇌발달

① 철분과칼슘이 충분한음식
② 녹색채소 멸치 미역 다시마
③ 견과류
④ 현미와 녹색 야채
⑤ 시금치 이유식
⑥ 녹색채소와 해조류포함이유식
⑦ 달걀노른자와 생선포함한이유식

10. 우울하거나 불안한 마음을 안정시키는 음식 7가지

오늘은 여러분에게 우울하거나 불안한 마음을 안정시키는 음식 7가지를 소개해드리려고 합니다

음식은 우리 몸과 마음에 큰 영향을 미치는데요, 특히 우울증이나 불안증이 있는 분들은 특정 음식을 섭취하면 증상이 완화될 수 있습니다.

우울증이나 불안증을 유발하는 가장 큰 원인 중 하나는 스트레스입니다.

스트레스는 우리 몸의 호르몬 분비를 변화시켜 우울증이나 불안증을 유발할 수 있습니다.

따라서 스트레스를 줄이는 것이 우울증이나 불안증을 치료하는 데 매우 중요합니다.

스트레스를 줄이는 방법에는 여러 가지가 있습니다.

운동, 명상, 음악 감상 등이 있습니다. 하지만 가장 효과적인 방법 중 하나는 건강한 음식을 섭취하는 것입니다.

건강한 음식을 섭취하면 우리 몸의 신진대사를 개선하고 스트레스를 줄이는 데 도움이 됩니다

오늘 소개해드리는 음식들은 모두 우울증이나 불안증을 완화하는 데 도움이 되는 음식들입니다.

평소에 이 음식들을 꾸준히 섭취하면 우울증이나 불안증을 예방하고 치료하는 데 도움이 될 것입니다.

그럼 지금부터 우울증이나 불안증을 안정시키는 음식 7가지를 소개해드리겠습니다.

1. 바나나

① 바나나는 트립토판이 풍부한데, 트립토판은 뇌에서 세로토닌으로 바뀌는 필수 아미노산입니다. 세로토닌은 기분을 좋게 하는 호르몬으로, 우울증을 완화하는 데 도움이 됩니다.

2. 생선

② 생선의 오메가-3 지방산은 세로토닌, 도파민, 노르에피네프린과 같은 신경 전달물질의 생성을 촉진하여 우울증 증상을 완화할 수 있습니다.

3. 호두

③ 호두에는 오메가-3 지방산이 풍부한데, 오메가-3 지방산은 뇌 건강에 중요한 역할을 합니다. 호두에는 단백질, 섬유질, 비타민 E, 마그네슘, 칼슘 등이 풍부합니다.

4. 다크 초콜릿

④ 다크 초콜릿에는 플라보노이드가 풍부한데, 플라보노이드는 뇌의 혈류를 증가시키고 신경전달물질의 생성을 촉진하여 우울증 증상을 완화할 수 있습니다.

5. 홍차

⑤ 홍차에는 폴리페놀이라는 항산화제가 풍부하게 들어 있는데, 폴리페놀은 뇌의 노화를 예방하고 뇌 기능을 향상시켜 우울증 증상을 완화하는 데 도움이 됩니다.

6. 아보카도

⑥ 아보카도에는 마그네슘이 풍부한데, 마그네슘은 신경계와 뇌 기능을 유지하는 데 중요한 역할을 합니다. 마그네슘이 부족하면 우울증, 불안, 불면증 등의 증상이 나타날 수 있습니다.

7. 셀러리

⑦ 셀러리는 칼로리와 지방이 낮고 식이섬유가 풍부하여 포만감을 오래 유지시켜줍니다. 또한, 셀러리는 비타민 A, C, K, 엽산, 칼륨, 마그네슘 등 다양한 영양소가 풍부하여 뇌 기능을 향상시키고 우울증 증상을 완화하는 데 도움이 됩니다.

오늘 소개해드린 음식들은 모두 우울증이나 불안증을 완화하는 데 도움이 되는 음식들입니다. 평소에 이 음식들을 꾸준히 섭취하면 우울증이나 불안증을 예방하고 치료하는 데 도움이 될 것입니다.

11. 음악의 교감이 통증과 우울 해소, '음악치료'

1. 음악치료

음악으로 병을 치료한다고 하면 언뜻 낯선 느낌이 들 수 있다. 하지만 음악은 수천 년 동안 치료 목적으로 사용돼 왔다. 고대 그리스 철학자들도 음악이 육체와 영혼을 치료할 수 있다고 믿었고, 미대륙 원주민도 수세기 동안 치료 의식에 노래를 포함시켰다. 그러던 음악치료가 현대적으로 구체화된 계기는 제2차 세계대전이다. 전쟁 후 충격으로 고통스러워하는 군인들을 치료하는 과정에서 체계적으로 발달됐다.

① 음악과 환자의 기분 일치시키기

음악치료는 환자에게 치료자가 음악을 듣게 하거나 적절한 연주 행동을 하게 해 환자의 심리적·정서적·신체적 변화를 가져오게 하는 치료 효과가 있다. 보통 환자 개인의 필요에 따라 적합한 음악활동을 적용한다.

이때 첫 번째로 중요한 것은 환자의 음악적 선호도다. 두 번째는 환자가 가진 심리적 상태와 일치하는 분위기의 음악을 들려주는 것이다. 이를테면 암 진단을 받고 우울증을 겪는 환자에겐 흥겨운 노래보다는 슬픈 노래를 들려줘야 더 빨리 자극을 받는다. 이런 음악과 환자의 동질성으로 시작해 점차 밝은 분위기의 음악으로 유도하는 것이 치료과정이 된다. 일반적으로 음악치료는 음악감상으로 시작해 노래 부르기, 악기 연주 등 능동적인 활동까지 진행된다.

② 우울 감소나 통증 완화에 효과

음악치료는 우울한 감정을 줄이는 효과가 큰 것으로 알려져 있다. 하지만 주의를 환기시키는 특성 탓에 통증 완화를 위해 쓰이기도 한다. 실제로 암으로 인한 급성이나 만성 통증을 완화시키는 효과를 국내 연구진이 증명하기도 했다. 이화여대 연구팀이 음악 치료 관련 저널에 실린 1995~2014년 사이 진행된 총 97종의 임상시험 결과를 분석한 바에 따르면, 암 등의 장애로 통증을 앓는 참여자들에게서 음악치료가 마취제 사용을 줄이는 것으로 나타났다. 마약성 혹은 비마약성 진통제 사용도 줄었다. 연구진은 "음악이 통증 수용체와 환자의 주의를 끄는 다른 감각을 자극하고, 스트레스와 불안감을 줄여 통증 완화에 도움이 된 것으로 보인다"고 말했다.

2. 내면의 감정을 자연스럽게 표출, '미술치료'

그림을 통해 현재의 심리상태를 파악하는 장면은 TV 등을 통해 많이 접했을 것이다. 이를 미술치료라고 하는데, 미술치료는 환자의 심리 상태를 파악하는 데 그치는 것은 아니다. 미술 활동을 통해 자신의 감정이나 내면세계를 표현하는 과정에서 감정적 스트레스를 완화시키는 효과를 기대할 수 있다.

3. 3단계로 진행되는 '미술치료'

미국이나 유럽에서는 미술치료의 역사가 50여 년이 넘는다. 우리나라의 경우는 정신과에서 환자를 대상으로 미술 활동을 시도했으나 본격적으로 치료 현장에 이용된 것은 1990년 이후로 알려져 있다.

미술치료는 도입 · 활동 · 토론의 순서로 진행된다. 도입 부분에서 치료자와 참여자가 친밀한 관계를 형성한 후 미술 활동으로 들어간다. 이후 환자가 작품에 대해 느낀 감정을 표현하면서 내면세계를 알아가는 과정으로 이어진다.

미술치료는 특정한 주제를 직접 지시하거나 주제 없이 원하는 것을 그리도록 하는 비지시적인 방법 등 두 가지로 시행된다. 이를 통해 참여자가 자신의 감정과 생각을 자유롭게 표현해내도록 돕는다. 참여자가 미술 작품을 만드는 과정에서 하는 생각이나 그 후에 얻는 느낌과 깨달음, 경험의 반복 등이 치료 효과를 준다.

4. VR기기, 사회불안 · 공포증 치료한다

VR기기 등 새로운 기술이 치료 현장에 도입되는 경우도 있다. VR기기를 이용해 사회불안이나 공포증, 중독증을 치료하는 게 그것이다. 특히 이런 VR 치료는 과거에는 거대하고 비싼 기기 탓에 일부 병원에서만 게임 치료를 받을 수 있었는데, 최근 스마트폰에 연결 가능한 VR고글이 개발되면서, 가정에서도 VR치료가 가능해지는 등 접근성이 높아지고 있다.

① VR고글로 불안 상황 대리 경험
VR고글은 스마트폰과 연결해 가상현실을 실제 눈앞에 있는 것처럼 볼 수 있는 장치다. VR치료에 쓰이는 소프트웨어를 이 장치에 결합하면 된다. VR치료가 효과적인 대표적인 질환이 '사회불안장애'다. 다른 사람들 앞에서 당황하거나 바보스러워 보인다는 두려움에

심각한 불안증을 경험하는 질환인데, 보통 약물과 함께 조금씩 실제 불안감을 느끼는 상황에 노출되는 훈련 등으로 치료한다. VR고글은 이런 사회불안장애 환자들이 불안감을 느끼는 상황을 가상현실로 구성해준다. 실제로 22명의 사회불안장애 환자에게 VR 장치를 이용해 게임 치료를 실시한 결과, 2주 만에 사회불안 척도 평균 점수가 66.27점에서 53.18점으로 크게 감소하기도 했다.

VR기기는 공포증이나 중독 등의 정신과 질환에도 효과적인 것으로 알려져 있다. 실제로 VR기기 제조사인 오큘러스 홈페이지(www.oculus.com)에는 사회공포증이나 고소공포증 환자를 위한 치료용 VR게임인 'be fearless(두려움을 없애자)'라는 앱이 출시돼 있다.

② '시네마테라피', '웃음치료' 등 새로운 치료법 지속적으로 발전해

영화로 심리를 치료하는 시네마테라피도 조만간 활발히 사용될 것으로 보이는 독특한 치료법이다. 시네마테라피는 위기를 극복하거나 자신의 잘못으로 몰락하는 영화 캐릭터를 통해 대리만족을 하거나 교훈을 삼는 과정에서 마음의 안정을 얻도록 돕는 치료법이다. 독일 심리치료 전문가 비르기트 볼츠가 2006년 자신의 저서에서 처음 제시했다.

우리나라에서도 지난해 12월부터 '제1회 시네마테라피' 행사가 대구한방병원 · 경북대병원 · 영남대병원 · 파티마병원 · 대구가톨릭대병원 등에서 실시되었다.

웃음으로 정서적 고통과 스트레스를 줄이는 '웃음치료'도 실제 치료현장에서 쓰이는 독특한 치료법이다. 실제로 웃음이 면역력에 관여하는 면역 글로블린 수를 늘리고, 면역을 억제하는 코티졸과 에피네프린은 감소시킨다는 연구도 있다. 또 뇌에서 엔도르핀이나 엔케팔린 같은 통증을 줄이는 신경전달물질의 분비도 증가시킨다. 혈관을 이완해 혈압을 낮추는 효과도 보고된다.

제2장

동의보감 허준 선생의
산야초 민간요법

1. 뇌졸중(중풍)

① 좋은 음식

무우, 쇠비름, 새우 검은콩, 사과, 생광 솔잎, 야자열매.

② 증세

뇌졸중은 shld,1 혈관이 혈액순환의 급격한 고장에 의해 일어나게되는 상태를 말한다.

뇌출혈의 경우는 발작 전의 징후는 그다지없고, 다만 투통이나 가벼운 현기증 정도이다.

③ 치료

• 무생채를 현미에 섞어 압력밥솥으로 밥을 지어 그늘에 말린 자조기잎으로 만든 가루를 쳐서 매일 복용하면 매우 효과가 있다.

• 밥 반찬으로는 쇠비름을 주제로 한 나물, 국, 된장찌개, 튀김과 양파을 주제로 한 것이 매우 효화적이다.

• 새우 한 근에 생강, 파, 된장을 함께 끓여 먹는다.

• 수오골계 한 마리에 파 흰뿌리 한 줌 가량을 썰어 넣고 끓여서 공복에 즙만 마신다.

• 야자열매 속살이나 속살을 말린 코코넛, 늙은 호박, 해바라기씨나 기름을 상시 복용하면 유효하다.

2. 혀에 혀가 굳어 말이 힘들 때 – 정설살(正舌散)

① 증세

중풍으로 인하여 혀가 굳고 어삽한 증세를 치료하는 데 신통한 효과가 나나나켠 만성적인 때에 효과가 나타나면 만성적일 때 효과가 있다.

② 처방

박하배 2냥(75g), 적복령(37.5g)

③ 약 먹는 법

위의 약에 갈초 2돈(7.5g) 반을 가루로 하여 1~2돈을 더운 술에 섞어 마신다. 이때 술은 적당량 넣어야 하며 지나치게 복용하면 북작용이 일어나나 유의해야 한다.

3. 신경통, 급성류머티즘 • 관절염–감초부자탕)

① 증세

아파서 수족을 움직일 수 없고, 심할 때는타인이 만질수도 없는 심한 증세에 쓴다.

② 처방

계지(桂枝) 4돈(14.5g), 감초 • 부자포 • 백출(白朮) 각 1돈(3.75g)

4. 신경통 급성류머티즘 • 관절염(甘草附子湯)

아파서 수족을 움직일 수 없고, 심할 때는 타인이 만질수도 없는 심한 증세에 쓴다. 숨이 가쁘고 땀이 나온다.

① 좋은 음식

악풍(惡風)이 있고 관절이 붓는 증세에 쓴다.

② 처방

계지(桂枝) 4돈(14.5g) 감초 • 부자포 • 백출 각 1돈(3.45g)

5. 고혈압

① 솔잎

② 증세

머리가 맑지 않고 손발이 저릴 때, 귀가 어두운 증상이 있을 때, 고혈압으로 혈액순환이 되지 않을 때 이를 치료한다.

③ 처방

솔잎 날것을 즙니아 차로 만들어서 먹으면 효험이 있다. 고혈압 등에도 효험이 있으며 피부 미용에도 좋다.

단, 이때 열이 많이 나는 음식을 삼가야 하는데 닭고기 돼지고기, 술, 국수 종류를 피하는 것이 좋다.

④ 먹는 법싱싱한 솔잎을 깨끗이 씻어 적당량을 즙을 내어 먹거나 솔잎에 물을 넣고 진하게 끓여 마시면 향기롭고 개운한 맛이 난다.

6. 심장판막증

① 당근, 사과, 파, 신나리, 달개비, 호두, 대추, 꿀, 청어

② 증세

심장의 판막이 어떤 원인에 의해서 두껍게 굳어져서 때로는 한쪽으로 쏠려 개폐작용을 잘 못하게 되든가, 또는 그 부분이 좁아지든가 하는 병이 심장판막증인데 선천적인 과과

후천적인 것이 있다.

　처음에는 이렇다 할 자각증상은 나타나지 않고 대상(代像)이라 해서 심장 자신이 적당히 처리해 넘겨 버린다. 그런데 문제는 그 적당한 처리가 다른 부분의 심근(心筋)을 혹사시키게 됨으로써 심장이 비대해져 버리는 것이다.

　그리고 조금만 운동을 한다든가 계단을 오르는 정도로도 가슴이 뛰면서 숨이 끊어지는 듯한 느낌이 들게 된다.

　③ 치료

　• 당근과 사과를 갈아서 함께 낸 즙이나 연급즙을 시간마다 1공기씩 마시면 심장의 움직임이 활발해지게 됨으로 매우 유효하다.

　• 마를 찌든가 삶아서 매 식사때다 빠뜨리지 말고 먹으면 며칠 매로 효과가 나타난다.

　• 달개비를 그늘에 말려 하루 양으로 15g을 달여서 물로 마시든가 생식도 가능하므로 된장에 찍어서 먹으면 유효하다.

7. 신장염

　① 결명자, 개옷나무, 말오줌나무, 옥수수 수염

　② 증세

　갑자기 한기를 느끼게 되면서 몸이 떨리고 38~40도의 고열이 난다.

　배뇨 회수나 소변량이 많아지고 단백이 섞인 탁한 뇨가 나온다

　열은 2~3일 지나면 서서히 내려가게 되는데 이때 적적한 지표를 해두지 않으면 발열을 되풀이하며서 악화될 우려가 있다.

　③ 치료

　• 결명자 씨 35g과 개옷나무잎 20g을 함께 50cc의 물로 2/3가량 될 때까지 달여 4회로 나누어 하루에 다 마신다. 말오줌나무잎 20g과 결명자 25g, 옥수수염 4g을 함께 500cc의 물로 2/3가량 되계 달여 4~5회에 나누어 하루에 마시면 매우 유효하다.

8. 치질

　무화과, 쑥, 곶감

　치질로 나타나는 증세에 따라 치료한다.

　① 치질로 피고름이 날 때 – 수마산(水馬散)

　물거미 다리가 주요 처방 약재가 된다.

• 약 먹는 법

한 여름 삼복중에 연못 속물 가운데 다리가 길고 높아서 물위를 날쌔게 뛰면서 달리는 물거미 30마리 정도를 잡아 종이봉지 석 장에 나누어 담는다. 한 포에 10마리씩 넣어서 그늘에 매달아 말려 가루로 만든다. 공복에 더운 술로 같이 내리고 얼라후에 밥을 먹는다.

② 치질의 오랜 증상에 - 흑지황환(黑地黃丸)

• 증세

오래된 치질을 치료하며, 치루에 피고름이 있고 혈허한 사람이 먹으면 신과 같은 묘약이다.

• 처방

창출 1근(600g), 감침 • 숙지황 1근(600g), 오미자 8냥(300g), 건강 가음과 겨울에 1냥(37.5g), 봄에는7돈(26g), 여름에는 5돈(18g)을 주요 약재로 쓴다.

• 약 먹는 법

위의 약을 가루로 만들어 대추살에 오동 영매 크기로 환을 만들어 공복에 미음 또는 더운 술로 100알씩 삼켜 내린다.

9. 콧물이 흐르면서 자주 재채기 할 때 - 천초산(川椒散)

① 증세

자주 재채기가 나오고 콧물이 흐르는 증세를 치료한다.

② 처방

홍초초 • 가지육 • 백강 • 생계심 • 천궁 • 세신 • 백출 등이 주요 처방 약재가 된다.

③ 약 먹는 법

위의 약을 각 등분 가루로 하여 매 2동(7.5g)을 더운물로 고루 내리면 지책기와 콧물이 없어진다.

④ 콧물이 흐르면서 코가 막힐 때 세신고(細辛膏)

코가 막히고 니가 차서 맑은 물이 안 그치는 것을 치료한다.

• 처방

세신 • 천초 • 건강 • 천궁 • 오수유 • 부자 각 7돈(28.1g), 조각설 5돈(18g) 계신 1냥(37.5g), 저유6냥(225g)

⑤ 약 먹는 법

저유를 끓여 고약을 만들어서 하룻밤 지나서 쓴 술에 앞의 약을 담가서 돼지기름에 끓이되 부자가 누런색이 되거든 중지하고 솜으로 싸서 곳구멍을 막는다.

10. 변비

꿀, 레몬, 매실, 다시마, 결명자, 당근, 사과, 이질풀, 잣

① 증세

운동부족, 식사의 불균형(주로 섬유질이 부족일 때), 스트레스, 등이 원인이 되어 일어난다. 태어날 때부터 장이 길어서 변비가 되기 쉬운 사람도 있다.

② 치료

• 꿀을 1회에 차 숟갈 하나씩 공복에 먹는다. 아침마다 일어나는 즉시로 레몬 1개나 또는 매실 1개를 먹는다.

• 성냥갑 크기의 다시마를 냉수에 담가 두었다가 물과 함께 먹는다.

• 잠자리에 들기 전에 소금물 1컵을 마시고 자면 효과가 있다.

• 결명자 20g을 700cc의 물로 진하게 될 때까지 달여 하루 3회로 나누어 마시면 다음날 통변이 가능하다.

• 당근에 사과를 갈아서 매일 아친 공복에 반공기씩 1개월간 먹으면 만성변비도 완쾌된다.

• 삶은 팥물 즙을 하루 3컵 가량 마시면 신효하다. 다시마를 넣고 삶으면 더욱 좋다.

• 현미로 미숫가루를 만들어 차 숟갈로 2개 가량을 소금을 약간 가미해서 온ㅅ에 타서 마신다.

11. 간질병

작약, 범의귀, 수꿩, 웅담

① 증세

뇌의 신경세포가 발작적, 병적으로 심한 경련을 일으킨다.

대발작, 소발작, 정신운동발작 등으로 나눌 수 있다. 정신경련과 함께 정신을 잃고 쓰러지는 것이 대발작이다. 경련은 보통 1분 이내로 끝나지만 그 뒤에 잠에 빠지든가, 회복기에 흥분해서 돌아다니든가 또는 난폭한 행동을 하는 일도 있다. 본인은 발작이 있었던 일을 전혀 모른다.

② 치료

• 말린 작약뿌리 8g에 감초을 약간 넣고 500cc의 물로 반이 되게 달여 1일 3회로 나누어 마시면 효과가 있다.

• 범의귀 잎에 소금을 넣고 잘 주무른 다음 짜서 즙을 내어 발작이 있을 때 먹인다.

- 숯꿩을 흑소하여 가루를 만들어 1회에 1숟갈씩 백탕으로 복용하면 효과가 있다.
- 간질 발작시에는 웅담을 물에 개어 2~3방울을 콧구멍에 떨어뜨리면 효과가 있다.

12. 히스테리

꿀, 녹각.

① 신체적 증상과 정신적 증상이 있다. 두통, 복통 요통 등의 각종 통증, 경련, 의식장애, 시력, 청각, 발성 따위의 감각 이상으로부터 발열까지의 여러 가지 증상으로 나타난다.

어떤 것이든 간에 그 원인은 심리적인 것이다.

② 치료

- 꿀을 조금씩 자주 먹으면 신기하게 효과가 있다.
- 녹각을 가루로 만들어 매회 2돈씩 술에 타서 마시면 매우 효과가 있다. 특히 부인에게 유효하다.

13. 통풍

수련, 개다래나무

① 증세

중년 남자로 비대한 편에 속하면서 고기나 생선 등의 육류와 술 같은 알콜성 음료를 좋아하는 사람에게 많은 병이다.

대개 발 1, 2지(址)의 관절을 덮치는 격통과 함께 발열을 한다. 때로는 전신적인 발열도 있으며 심한 때는 오한도 난다.

이러한 발작이 되풀이 되면 다리, 무릎, 발꿈치에 혹이 돋게 되는 수도 있다.

② 치료

- 수련 뿌리를 달여 마시면 발작할 때 일어나는 통증도 곧 멎게 된다.
- 개다래 나무 열매 10g을 500cc의 물로 3/2양으로 달여 1일 3~4회로 나누어 마시면 통증이 멎는다.

14. 불면증

매실, 은행, 감람

① 증세

정말로 자고 있지 않는 것인지 또는 잘 수 없다고 생각해서 그러는 것인지 그것이 문제인 것이다.

그렇지만 일반적으로 말해서 어떤 사람이든지 필요한 만큼은 자고 있는 것으로써 다만 숙면감이 없기 때문에 주관적인 불면인 경우가 많다.

② 치료

• 씨를 빼낸 매실 1개를 찻잔에 넣고 끓는 물을 부어 취침전에 마시면 효과가 있다.

• 은행알 2개를 짓찧어 물로 복용하면 즉효하다.

• 감량을 불에 구어 먹으면 낫는다.

15. 소아천식

질경이, 두더지, 무씨, 도라지, 벌집

① 증세

감기가 들면 곧 쌕쌕하면서 다소는 기침도 하게 되지만 열은 있을 수도 있다.

호흡 곤란의 정도는 기관지 천식보다 아주 가벼운 것이지만 기관지 천식과 닮은 점은 숨을 내쉴 때에 괴롭고 들이마실 때에는 아무렇지도 않다는 점이다.

② 치료

• 질경이 전초에 설탕을 약간 넣고 달여 차 대신 마시게 하면 효과가 있다.

• 흑소한 두더지를 가루로 하여 1일 1회 반 숟갈(차숟갈) 가량을 보용ㅎ사기 좋은 방법으로 2~3마리 정도만 복용하면 매우 신효하다.

• 무씨를 1일 10~15g 가량 360cc의 물로 반이 되게 달여 3회에 나누어 식사 30분 전에 복용한다.

• 불로 달인 도라지 즙 1숟갈을 3~4회 나누어 먹인다.

• 벌집 2냥중을 태워 가루를 만들어 1회 1돈씩 미음으로 복용한다.

제3장 암을 이기는 우리 음식

1. 암은 극복할 수 있는 병이다

★ 암예방에 가장 기본적인 음식은 현미와 콩입니다. ★

모든 병이나 암을 무서워하지 말고 평소부터 식생활을 조절하면 예방하거나 상당부분 억제할 수 있습니다.

1. 암을 알아라, 그래야 이긴다.

주변에 암에 대한 경험과 해박한 지식을 가진 멘토(Mentor)를 두십시요. 멘토를 통해서 암의 지식을 얻든, 아니면 서점에 가서 암에 관련된 서적을 사서 암에 대한 지식을 쌓아야 한다. 선택하는 책중 한권은 암을 극복한 체험사례를 정리한 책이 있어야 하며, 책의 내용중에서 암을 극복한 사람의 생활습관 변화를 유심히 관찰하여 자기의 생활습관을 바꾸는 것이 매우 중요하다. 또한 암 관련제품에 대한 식견을 높여야 합니다. 경제성과 효능, 효과와 편리성 등 환자에게 맞는 제품인지 신중히 따져봐야 한다. 예를 들면 항산화제의 일종인 녹차에서 추출한 카테킨이란 성분은 추출하는 기술에 따라 카페인 함량이 8%~30%나 되는 제품이 있다.

그러나 이 모두가 카테킨이란 이름으로 판매되고 있습니다. 참고로 카페인은 암환자에게 좋지 못하다. 제품의 정기능만 내세우고 역기능을 감춘 제품들은 너무나 많다는 것이다. 그리고 암은 한가지 물질로만은 절대 치유할 수 없다.

1) 암세포는 42℃에서 죽거나 멈춘다는 것을 알아라.

암은 일명 냉병이라고도 합니다. 몸이 차면 그만큼 면역력은 떨어지게 되고 반면에 암세포 증식은 활기를 띄게 된다. 암세포는 42℃에서 증식이 중단되거나 죽는다.

암환자에게는 높은 체온은 문제가 되지 않으나 낮은 체온은 인위적으로라도 온도를 올려야 암세포 증식을 억제시킬 뿐만 아니라 죽일 수가 있습니다.

그러므로 꾸준한 유산소 운동과 원적외선 8~10㎛파장이 나오는 원적외선 찜질 또는 CTP-5000S 온열치료기로 환부 또는 몸 전체를 쪼여주면 치유효과가 매우 크다.

2) 몸에 있는 면역력을 최대로 강화시켜야 됩니다.

면역은 모든 질병과 맞서 싸워 우리 몸을 지켜주는 수호신이다. 이런 면역기능이 저하되면 암이 찾아오는 것입니다. 병원에서 수술을 하고, 항암치료와 방사선치료만으로 암환자를 오나치시킬 확률은 매우 낮다. 그러나 항산화력과 면역력을 키워주고 세포간 커뮤니케이션이 유기적으로 일어나게 하여 자연치유력을 키워주는 것과 병행한다면 완치율이 높은 것이 암입니다.

특히, 암은 면역체계가 무너질 때 비로소 발병되므로 암 예방 및 암 치료 전후로 면역을 최대한 활성화 시켜야 합니다.

면역력 증진은 가장 큰 과제이며, 시중에 무분별한 면역제 제품에 주의하여야 하며, 또한 천연물질 공급과 올바른 생활습관이 동시에 이루어져야 합니다.

3) 암에 강한 체질로 바꿔야 된다.

건강체질과 병체질이 있는 것은 이미 잘 아는 바입니다.

병 체질은 곧 인체의 Ph농도에 의해 결정되는 것이다. 즉, 산과 염기의 균형, 세포밖과 내부의 산도에 따라 체질이 구별되어지는데 특히, 암 체질은 세포내부에 산성물질이 과다하에 축적되어 있는 특징이 있습니다. 따라서 세포내부를 산성화시키는 요인들을 찾아 제거시켜야 하는데, 이때 가장 중요한 것이 염기성 생리활성물질인 메타젠을 다량 투입시켜 주는 방법이 있습니다.

4) 긍정적이고 적극적인 마음으로 대처하라.

마음이 꽉 막힌 곳을 털어내기 위해서는 누군가가 옆에 있어 모든 것을 허심탄회하게 상의할 수 있는 대화의 상대자가 필요합니다.

마음이 답답하고 걱정만 가득 차고 한숨반, 시름 반으로 하루하루를 지내신다면 내 몸 안의 모든 기능들(암을 이겨낼 수 있는)도 함께 막혀버린다. 머리와 가슴이 개운할 정도로 늘 내화를 나눌 수 있는 나의 가장 친한 말벗을 꼭 만들어야 합니다.

유전자는 뜻에 반응하므로 암 정도는 능히 이겨낼 수 있다는 신념과 마음을 다스릴 수 있는 힘이 암을 이기는 지름길입니다. 긍정적이고 적극적인 사고로 욕심을 버리고 작은 일에도 기쁨과 감사의 마음을 갖고 삶을 즐길 수 있는 여유와 함께 건전한 삶을 누리기 위한 생활지침을 정하여 스스로 노력하고 실천해야 합니다.

또한 머리에서 발끝까지 매일같이 닦고 정돈하고 쓰다듬으면서 몸 전체를 사랑하는 마음을 키워야 합니다. 틈만 나면 내 몸을 보듬으며 사랑스런 대화를 하면서 내 안의 나쁜 세포들이 미안한 맘과 질투가 생길 정도로 자신의 몸을 아끼고 사랑하여야 암을 이길 수 있습니다.

2. 생활속에서 암을 예방할 수 있습니다.

1) 잡곡밥을 먹는 것이 좋다.

알곡의 껍질에 중요한 영양물질이 가득 들어있다. 껍질과 씨눈을 제거한 흰쌀밥은 영양학적으로나 성인병의 측면에서나 좋지않습니다. 현미를 비롯한 오곡 잡곡밥을 먹는 것이 좋다. 현미(70%)+콩(30%)을 기본으로 하고 취향에 따라서 조, 수수, 기장, 율무, 깨, 찹쌀, 현맥(통보리) 등을 섞는 것이 좋습니다.

당뇨가 있는 경우 특히 혈당지수(glycemic index)가 낮은 현미 등의 잡곡을 드시는 것이 좋습니다. 또한 알곡의 껍질에는 크롬(chromium)이 함유되어 있어 인슐린이 잘 작용하게 도와주어 혈당을 정상화시킨다. 시중에 나와있는 보리는 껍질을 벗긴 정제보리이며, 통보리는 좋긴 하지만 좀 거칠다.

2) 우유를 마시는 것이 좋습니다.

우유는 논란이 많지만, 확실한 것은 우유가 더 이상 골다공증을 예방하지 않으며 오히려 우유를 많이 먹을 경우 골다공증이 악화된다는 것으로 여러 연구에서 밝혀지고 있습니다. 또한 우유는 소아에서 아토피를 비롯한 알레르기를 유발할 수 있는 식품이고, 위궤양에도 해롭다.

견과류 호두, 아몬드, 땅콩 등은 불포화지방산이 들어있어 심장질환에 도움이 됩니다. 곰팡이가 생긴 땅콩은 발암물질인 아프라톡신으로 간암을 일으킬 수 있으므로 먹지않는 것이 좋다.

3) 콩으로 된 음식이 좋습니다.

콩으로 만든 음식도 모두 해당이 되며, 청국장, 된장, 두부, 콩나물, 두유 등이다. 알려진 콩의 장점은 아래와 같다.

*콜레스테롤을 떨어뜨리고 음주, 비만으로 인한 지방간에 좋습니다.(레시틴 성분)

*혈당을 떨어뜨린다.

*암을 예방합니다.

유방암, 전립선암, 폐암, 백혈병, 피부암, 장암 등을 예방한다.

된장의 경우 집에서 담근 오래 묵은 된장일 수록 항암작용이 강하다고 합니다.

*갱년기 증세를 호전시키며 골다공증에도 좋은 영향을 주는 편이다.

*갱년기 증세를 호전시키며 골다공증에도 좋은 영향을 주는 편이다.

*이소플라본(isoflavon)이라는 항산화 물질이 들어있어 노화를 방지합니다.

*특히 청국장에는 유산균이 많이 있으며 생청국장을 한숟갈씩 먹으면 더욱 좋다.

*콩에는 몸에 필요한 필수아미노산이 모두 들어있다.

*장기능을 정상화기키고 콜레스테롤을 조절해주는 섬유소가 많습니다.

4) 과일과 신선한 야채를 많이 먹는 것이 좋습니다.

신선한 과일과 야채를 매끼 먹는 것은 노화를 방지하고 암을 예방하는 현명한 선택입니다. 과일과 야채는 비타민과 미네랄, 섬유소, 그리고 각종 항산화제의 보고(寶庫)이다. 야채에있는 셀레늄은 항암작용, 항산화작용, 면역증강작용이 있으며 수은, 납, 카드뮴 같은 중금속을 배출시키는 작용을 합니다.

포도, 포도주스, 녹차 등에 많이 들어있는 카테킨, 레스베라트롤 등은 강력한 항산화제이다. 포도는 껍질과 씨까지 같이 먹는것이 좋습니다.

당근과 호박에 들어있는 알파카로틴은 강력한 항산화제입니다.

토마토, 자몽, 수박에 많은 리코펜은 암을(특히 전립선암) 예방한다. 양파, 마늘, 파에 많이 들어있는 알라신이라는 물질은 혈관에 탄력을 주고, 혈압이 조정되고, 혈당 수치가 낮아집니다.

양배추류에 들어있는 인돌과 설포라판은 강력한 항산화제로 암을 강력히 예방합니다.

알로에는 항산화물질이 들어있을 뿐만 아니라 면역기능을 증강시키고 콜레스테롤을 낮춥니다.

쇠비름에는 몸에 좋은 오메가-3가 있어 심장질환 등에 좋다. 브로콜리에는 위암, 위궤양의 원인균인 헬리코박터를 죽이는 설포라페인이 들어있다.

뽕잎은 당뇨병, 고혈압은 물론이고 각종 성인병에 좋으며 중금속을 배출합니다. 야채와 과일은 섬유질이 많아서 장암의 예방에도 도움이 될 뿐만 아니라, 장에 좋은 유산균이 잘 자랄 수 있도록 하고 신체의 면역기능을 올려주며, 식물성 섬유질은 고혈압, 고지혈증, 동맥경화 등에도 도움이 됩니다. 상치, 깻잎, 케일, 브로콜리, 파슬리, 양배추, 배추, 무, 쑥, 당근, 마늘, 깨, 고추, 버섯 등 어떤것이든 다양한 색깔별, 종유별로 다양하게 먹는 것이 좋고 또한 뿌리, 줄기, 잎, 씨 등 모든 부위를 골고루 먹는 것이 좋습니다.

5) 해조류를 먹는 것이 좋습니다.

미역, 김, 다시마, 톳, 파래 등의 해조류는 미네랄과 비타민의 창고이다.

칼슘, 마그네슘, 칼륨 등이 풍부하여 성인병을 예방하고 암을 예방합니다. 칼슘이 많은 음식은 다시마, 미역, 파래, 톳 등 각종 해조류와 멸치, 빙어, 고등어, 꽁치, 연어, 조개류, 마른새우, 깨, 두부, 콩, 야채, 뽕잎, 시금치, 무말랭이, 말린 표고버섯 등입니다. 골다공증 예방을 위해서는 칼슘함유 음식과 더불어 동물성 단백질을 가능한 적게 섭취하고 싱겁게 먹는 것이 좋다.

칼슘섭취시에는 마그네슘도 적절히 먹어야 하며, 마그네슘 성분이 많은 음식은 각종 해조류, 콩, 알곡의 껍질 야채, 과일 등입니다. 철분이 많은 음식은 각종 해조류, 시금치__ 달걀노른자, 간, 깨, 콩, 멸치, 굴, 녹황색 야채 등이다.

6) 생선을 자주 먹는 것이 좋습니다.

생선에는 풍부한 단백질과 더불어 오메가-3라는 필수지방산이 함유되어 있습니다.

오메가-3 지방산은 DHA EPA 리놀렌산 등이며 뇌 성분에 꼭 필요한 지방산이기도 해서 머리를 좋게 해주며, 나쁜 콜레스테롤(LDL)을 떨어뜨리고 좋은 콜레스테롤(HDL)을 올려 심장질환에 도움이 됩니다. 또한 뇌경색을 예방할 뿐만 아니라 혈관질환 전체에 도움이 되고 혈당조절에도 좋다. 생선을 좋아하지 않는 분은 오메가(omega)-3 앙약도 괜찮습니다. 연어, 고등어, 대구, 갈치 등이다. 소금에 저린 염장 생선은 염분의 함량이 많으므로 다른 반찬을 싱겁게 먹도록 노력한다.

짠 음식은 위암을 유발할 뿐만 아니라 혈압을 올린다. 생선은 일주일에 최소 3회는 먹어주는 것이 좋습니다.

7) 흰 소금을 먹지 마라.

흰 소금에는 NaCL 염화나트륨만 들어 있는데 반해, 천일염(왕소금)에는 Mg등 몸에 이로운 미네랄들이 80여가지나 들어있습니다. 구운소금, 죽염에서는 발암물질인 다이옥신이 검출되었다는 보고가 있으므로 피해야 한다. Ca(칼슘) Mg(마그네슘)은 뼈의 구성에도 중요하지만 우울증에 도움이 되며 혈압을 낮추며 심장기능을 정상적으로 유지시키는 무기질이다. 우리나라는 소금의 섭취량이 많은 편이다.

평균 20g으로 일일 권장치 5g보다 훨씬 많다. 가능하면 싱겁게 드시는 것이 좋습니다. 소금을 섭취하면 위암 등을 유발할 수 있고 혈압이 올라가며 골다공증에도 좋지않다.

8) 기름으로 튀긴 음식은 피해라!

식용유는 가능하면 덜 먹는 것이 좋습니다. 식물성 기름이라 해도 열을 가하거나 정제의 과정을 거치면서 트랜스지방산으로 변한다.

트랜스지방산은 액체상태의 식물성 기름을 고체로 만들 때(수소화 과정) 생성되는 마가린이 대표적이며, 동물성 지방을 고형화시킨 버터도 이에 해당됩니다.

트랜스지방산은 몸에 악영향을 끼치며 비만, 고지혈증 심장병 등 성인병과 직결됩니다. 마가린, 케이크, 튀긴 과자, 쿠키, 감자칩, 값싼 식물성 기름, 튀김류, 피자, 햄버그 등을 피해야 한다. 기름은 자외선에 약하고 또 열에 약한데, 튀김용으로 열을 가하면 변질이 되어 발암물질, 트랜스지방산이 많이 생성됩니다.

모든 기름은 열을 가하지 말고 그냥 먹는 것이 좋고, 더 좋은 것은 원 물질을 그냥 먹는 것이다. 들기름은 오메가-3가 가장 많이 들어있는(58%) 기름이다. 올리브기름은 심장에 좋은 단일불포화지방산이 많이 들어있습니다.

기름의 보관은 공기와의 접촉을 피하는 것이 좋은데 마개를 단단히 막는 것이 좋고 또한 냉장실에 보관하는 것이 변성을 막을 수 있다(약간 얼은 듯 보여도 괜찮습니다). 올리브기름은 'EXTRA VIRGIN'라고 쓰여있고 냉동압착한 것이 좋다.

9) 고기는 적당히 먹어라.

소고기, 돼지고기 등 동물성 고기에는 단백질(필수아미노산)이 많이 들어있어 어느정도는 섭취를 해야합니다.

그러나 거기에 들어있는 기름기는 우리몸에 좋지않은 포화지방산으로서 많이 먹었을 때

비만과 혈압, 당요 등 성인병을 유발할 수 있으며, 기존의 그러한 병을 악화시킵니다. 야생상태에서는 동물성 고기에 5%미만의 지방이 있었으나, 요즘 사육하는 동물의 살코기에는 25~40%까지의 지방이 함유되어 있습니다.

콩과 생선을 열심히 드시는 분은 그것만으로도 필수아미노산이 다 섭취가 가능하므로 고기를 안먹어도 괜찮으나, 고기를 너무 좋아하시는 분은 1주일에 한번정도 고기를 드시도록 권해드리고 또한 껍질과 흰색지방부분은 제거하고 드시는 것이 좋겠습니다. 이때 야채를 듬뿍 같이 드시는 것이 좋다. 붉은 살코기(소고기, 돼지고기)보다는 흰 살코기(닭, 오리 등)가 더 좋다.

10) 면 종류는 먹지마라.

빵, 국수, 라면, 과장 등이 해당됩니다. 밀은 주로 수입에 의존하며, 살충제, 방부제, 표백제 등이 미량이지만 함유되어 있다. 이러한 이유로 밀가루는 알레르기를 유발하며, 아이들에게 아토피를 유발하는 대표적인 음식입니다. 또한 영양분이 제거된 정제된 알곡이다. 밀가루 음식을 먹고싶으면 우리 밀, 통밀, 거친 밀 등의 표시가 있는 것이 좋겠습니다.

11) 흰 설탕을 먹지마라.

아이스크림, 타난음료, 과자, 초콜릿 등이다. 흰설탕은 급격히 당을 올리면서 저혈당을 유발하며, 인슐린 분비를 촉진시켜 당뇨를 유발할 수 있으며, 면역기능도 저하시킨다.

200cc 캔음료 하나에 각설탕 12개가 들어있다. 단 것을 원한다면 꿀, 검은 설탕, 올리고당이 좋습니다. 올리고당은 장에서 좋은 세균(유산균)을 잘 자라게 해주고 흡수되는 열량도 미량입니다. 당뇨가 있으면 감리요인 아스파탐이 좋다. 칼로리가 없다고 하는 콜라 등 탄산음료에는 아스파탐이 들어있는데, 너무 많이 마시는 경우 현기, 불안, 두통, 신경장애 증상 등 좋지 않다.

제4장 암 예방 음식

1. 약이 되는 암 예방음식

▶ 약이 되는 암 예방음식

1. 현미

암을 물리칠 수 있는 가장 대표적이고 기본적인 음식은 우리주변에서 쉽게 찾아 섭취할 수 있는 것이 바로 현미와 콩밥입니다.

예로부터 쌀밥은 우리 식단의 대표적인 주식인데, 열량이 50~90%에 달한다. 최근「항암연구」잡지가 쌀에 대한 특별부록에서 쌀겨(미강)와 쌀눈에 항암물질이 많다고 소개했습니다.

과거 가난한 시대에 살았던 한국인들의 주식은 보리, 수수, 기장, 조 등을 섞은 잡곡밥이나 죽을 많이 먹어왔다. 이것이 한이 되었는지는 모르겠지만 백미를 사용한 하얀 쌀밥을 매우 좋아하는 것 같습니다.

그러나 보기에 좋은 백미쌀밥은 항암물질이 함유되어 있는 미강과 쌀눈이 떨어져 나가서 없다. 그렇기 때문에 여러번 도정하지 않고 왕겨만 벗겨낸 현미를 섭취해야 됩니다.

백미와 현미의 영양가를 비교해보면 모두 75~76%의 당질을 함유하고 있지만, 지방은 현미가 백미보다 2배, 섬유소는 17배, 비타민 B1과 B2는 3배, 비타민E 역시 4배가 많습니다.

그 이유는 현미는 쌀눈과 식이섬유소를 비롯해 미강 안에 여러가지 생리성물질과 비타민E, 훼루익산, 피터산, 이노시톨, 식물스테롤, 감마오리자놀 등이 함유되어 있습니다. 그래서 암 예방, 혈관질환 예방, 당요 및 간질환 예방에도 효과가 있는 것이다.

우리가 보편적으로 알고 있는 현미밥은 입 안에서 거칠기때문에 사람들이 싫어하고 소화가 잘 안되는 것으로 인식되어 왔습니다.

이것은 잘못된 상식인데, 현미와 같은 통곡식은 위나 장의 운동을 항진시켜준다. 더구나 통곡식의 영양분은 손상된 위 점막 세포를 복구해 주거나 위와 장의 기능까지 회복시켜

주는 역할을 합니다.

콩은 예로부터 오곡중의 하나이며, 우리의 주식으로 애용되어 왔다.

콩에는 41%라는 단백질이 함유되어 있기때문에 밭에서 나는 고기로 애칭되고 있습니다.

콩 속에 함유되어 있는 이소플라본은 식물 에스트로겐인데, 이것은 여성의 유방암, 골다공증과 남성의 전립선 비대와 암 예방에 효능이 있다. 이밖에 페놀성분, 사포닌, 트립신저해제, 피틴산성분 등도 마찬가지 입니다.

특히 검은콩은 약효작용이 뛰어나기 때문에 예로부터 한약제로 널리 사용되어 왔습니다. 검은콩의 과피엔 검푸른 색의 안토시아닌이란 성분이 함유되어 있는데, 이것은 항산화와 항노화에 효과가 있으며, 최근들어 항암효과와 다이어트에 효과가 있다는 보고서도 있다.

따라서, 현미에 검은콩을 넣은 현미콩밥은 탁월한 암 예방기능을 갖습니다.

또한 쌀에는 부족한 필수아미노산중의 하나인 리신과 트립토판이 많이 들어있고, 이와 반대로 콩에 부족한 필수아미노산중의 하나인 메티오닌과 시스테인 등이 쌀에 많이 들어 있습니다.

그렇게 때문에 콩과 현미를 섞은 현미콩밥은 서로 보완작용을 하기 때문에 건강식으로 인기가 매우 좋다. 그래서 암의 예방과 치료에 도움이 되는 주식으로 널리 애용되고 있는 것입니다.

1) 현미밥 즐기기

- 너무 오래 보관하지 않습니다.

현미는 쌀의 자연상태를 최대한 유지시킨 것. 그런 만큼 오래 보관하면 부패하기도 쉽다. 일반 백미보다 유통기한이 훨씬 짧다는 것을 명심할 것. 소량으로 구입해 짧은 기간동안 먹는 것이 좋습니다.

- 현미의 비율을 조금씩 늘려간다.

처음부터 현미만으로 밥을 지으면 적응하기 어렵습니다.

기존의 백미에 현미를 섞는데, 비율을 조금씩 늘려가는 것이 무난한 방법.

처음에는 현미와 백미의 비율을 1:3정도로 해서 지어먹다가 점차 익숙해지면 현미 : 현미찹쌀 : 잡곡을 2 : 1 : 1로 섞는 것이 좋습니다.

– 물에 오래 불려야 합니다.

부드럽고 맛있는 밥을 지으려면 불리는 과정은 필수.

불에 닿기전, 쌀에 수분이 고루 스며 전분이 충분히 소화될 수 있도록 도와준다. 특히 현미는 물을 더디게 흡수하므로 충분히 불리는 것이 중요합니다. 밥 짓기 3~4시간 전에 현미를 씻어 1시간 정도 물에 담가 불린 다음 체에 받쳐 2시간 정도 더 불린다.

– 물을 충분히 부어야 합니다.

현미밥은 거칠거칠한 질감때문에 먹기 힘든 경우가 많다.

물을 많이 넣어 밥을 지으면 밥이 물러져서 먹기가 수월해집니다. 가장 적당한 물의 비율은 1 : 1 : 4정도.

– 현미와 찹쌀을 함께 섞어 먹어라.

현미 특유의 푸석거림이 싫다면 찹쌀을 함께 섞어봅시다.

찹쌀을 섞어서 밥을 지으면 질감이 훨씬 촉촉해져 씹는 맛이 살아납니다.

– 현미를 씻을땐 손가락으로 씻어라.

현미 혹은 발아현미의 영양이 집중된 곳은 쌀눈, 쌀을 씻을때 쌀눈이 떨어져 나가지 않도록 손가락을 갈퀴모양으로 해서 물과 함께 한방향으로 저어줍니다.

– 현미를 씻을땐 물을 빨리 버려라.

현미를 일어낸 첫물은 쌀겨냄새가 배어있다. 냄새가 밴 물이 현미에 흡수되지 않도록 슬쩍슬쩍 뒤척인 후 빨리 물을 따라버립니다. 그 후에도 물을 넣고 2~3번 정도 쌀을 씻는데 이 과정에서 과도하게 힘을 주고 문지르면 쌀알이 부서지고 표면에 있는 고소한 맛성분이 빠져나가 밥이 심심해집니다.

– 소금을 넣어라.

물에 불린 현미쌀을 불에 올리기 전에 소금을 약간 넣는다. 현미 쌀 1컵에 1g의 천일염이 적당, 소금을 첨가하면 현미의 생명력과 치유력이 높아집니다.

콩, 조와 같은 잡곡과 섞어 먹는 것이 좋습니다. 가장 이상적인 현미잡곡밥은 현미 50%, 현미찹쌀 10%, 차조와 차수수·통밀·통보리·율무·기장중 3가지 이상을 섞은 것 30%정도, 여기에 팥과 콩을 10%정도 섞어서 지은것이라면 더 효과가 있다.

– 전기밥솥은 밥이 다된 후 버튼을 한번 더 누릅니다.

전기밥솥으로 밥을 했을때 밥이 다된 후 취사버튼을 다시 누르면 밥솥주변의 습기가 사라지고 밥이 더 차진다. 오래된 전기밥솥을 사용하는 경우 활용하면 효과를 확실하게 볼 수 있습니다.

◎ 암을 이기는 한국인들의 보약음식 만들기

1) 암을 이기는 보약음식 궁합재료

– 발아현미, 물

① 발아현미를 식구 수에 맞게 계량컵으로 계량한다(1컵=1인분)
② 물을 붓고 쌀눈이 떨어지지 않게 살살 저은 뒤, 물을 버리고 새로 물을 부어 다시 깨끗이 헹군다.
③ 솥에 발아현미를 담고 그 양에 맞게 활성현미에 물을 눈금까지 물을 채웁니다. 활성현미 메뉴는 취사시간이 약 3시간정도 걸리므로 밥 먹을 시간을 계산해서 미리 준비한다.
④ 열판의 물기 및 이물질을 제거한 후 솥을 밥솥에 넣고 뚜껑을 닫습니다.
⑤ 메뉴의 활성현미 모드를 선택하여 취사한다.

※ 알아야 할 요리 point

압력밥솥의 경우 보통 현미밥을 지을 때처럼 현미를 불리지 않고 현미를 그대로 사용해도 고슬고슬한 밥을 지을 수 있는 것이 장점입니다. 먹어보면 발아현미의 싹이 그대로 살아있고 일반적으로 거칠거칠하다고 생각하는 현미밥의 이미지와는 다르게 고슬고슬하고 맛이 좋았다. 또한 쌀알이 한알한알 익은 듯한 차진 맛을 느낄 수 있어 처음 먹는 사람도 부담없이 먹을 수 있을 듯 합니다.

◎ 일반 전기밥솥으로 현미밥 만들기

현미밥 기능이 따로 내장되어 있지 않은 일반밥솥으로 현미밥을 할 경우 일단 현미를 충분히 불리는 것이 현미밥 맛을 좌우하는 열쇠. 현미 외에 잡곡밥또는 일반 백미로 밥을 할때에도 물에 씻어 불린 후 취사버튼을 눌러야 차지고 구수한 밥맛을 제대로 느낄 수 있습니다.
① 발아현미를 식구 수에 맞게 계량합니다
② 물을 붓고 쌀눈이 떨어지지 않게 살살 저은 뒤, 물을 버리고 새로 물을 부어 다시 깨끗이 헹군다.
③ 발아현미의 1.5배 가량의 물을 넣고 3시간 정도 불립니다.
④ 솥에 불린 발아현미를 담고 현미밥과 같은 양의 물을 붓는다.
⑤뚜껑을 닫고 취사버튼을 누릅니다.

※ 알아야 할 요리 point
일반 점기밥솥에 할 경우 충분히 불린 다음 사용해야 현미밥이 까슬까슬하지 않고 부드러워진다. 따라서 현미를 충분히 불린 후 조리하는 것이 포인트입니다.
현미밥에 견과류를 섞어 먹거나 죽으로 만들어 먹기
현미밥에 견과류를 넣어 만든 주먹밥은 다양한 영양소를 섭취할 수 있는 간편식, 또 마르고 딱딱해진 현미밥은 죽으로 만들어 채소 샐러드와 함께 먹습니다.

◎ 돌솥으로 현미밥 만들기

직화로 조리하는 돌솥 역시 일반 밥솥처럼 현미를 충분히 불려야 제 맛이 납니다. 또 돌솥 뚜껑이 솥에 완전히 밀착되지 않으면 압력이 덜하게 돼 밥맛이 떨어지지만 뚜껑이 제대로 닫혔을 때는 구수한 맛이 일품입니다. 마지막에 눌어붙은 누룽지 또한 별미 입니다.

① 발아현미를 계량한 다음 물을 붓소 쌀눈이 떨어지지 않게 조심조심 저은 뒤, 물을 버리고 새로 물을 부어 다시 깨끗이 헹군다.
② 발아현미에 물을 넣고 3시간정도 물립니다.
③ 돌솥에 불린 발아현미를 담고 밥량의 1.5배정도의 물을 붓습니다.
④ 뚜껑을 닫고 돌솥을 달구기 위해 센 불을 가열하다가 넘칠 때쯤 중불이나 약불로 줄입니다.
⑤ 5분정도 지나 물이 잦아들기 시작하면 최대한 약불로 줄여 뜸을 들입니다.

돌솥으로 밥을 할 경우 뚜껑이 솥에 정확히 밀착되지 않으면 수증기가 쉽게 날아가고, 중간에 끓어서 넘치는 경우도 있으므로 밥물의 양은 약간 많이 잡는 것이 좋다. 먹어보면 우선 밥물을 맞추기도 힘들고 또한 밥이 익을때까지 신경을 써야하니, 여간 까다로운 것이 아닙니다.
특히, 발아현미의 경우 싹을 틔우기 위해서는 적정한 온도가 유지되어야 함인데 돌솥 특유의 구수함과 오랫동안 따뜻함을 유지한다는 점은 있지만, 발아현미밥의 맛을 제대로 느낄 수는 없습니다.

▶ 콩의 발효과정에서 항암물질이 증가합니다.

2. 된장

우리 식탁의 메인메뉴는 바로 된장국이나 된장찌개인데, 이것은 암 예방식품으로 으뜸이다. 옛날부터 된장은 해독이나 해열에 널리 이용되어 왔는데, 민간약은 독벌레나 벌에 쏘였거나 뱀에 물렸을때 독을 풀어주고 화상과 상처도 치료했습니다.
콩 자체에 항암성분이 들어있지만, 발효과정을 거쳐 만들어진 된장에 항암물질이 더 많이 들어있다. 콩에는 제니스틴이 많이 들어있는데, 발효가 되면서 제니스틴, 다시말해 제니스틴 분자에서 당이 떨어지면 아글리콘이란 화학물질로 변합니다.
제니스테인은 식물 에스트로겐인데, 골다공증과 폐경기증후군 예방를 비롯해 유방암, 전립선암, 폐당 등을 예방해줍니다.

더구나 암의 초기단계, 진행단계 등에도 예방효과가 있습니다.

또한 콩에는 17%의 지방이 들어있기 때문에 발효과정에서 유리지방산인 니로레산이 생성되는데, 이 물질은 암 예방과 항암효과를 증진시켜준다. 더구나 된장 발효중에 생성되는 갈색 색소 역시 발암물질을 제거해 주는 효과가 있습니다.

콩에는 40%의 단백질이 있는데, 이 단백질은 발효가 되면서 분해되어 펩타이드이란 아미노산이 생성됩니다. 이 물질은 항산화효과와 암 예방을 비롯해 항암효과에 매우 좋다. 발효의 주균인 바실러스균도 발효과정에서 색소 항암물질을 만들어 낸다.

이밖에 콩에 들어있는 트립신인히비터, 비타민E, 레시틴, 피티산, 콩사포닌, 베타시토스테롤 등도 암 예방 효능이 있습니다.

된장으로 된 요리는 해마다 명절 끝엔 기름진 명절음식과 과식으로 소화불량을 호소하는 사람들이 많다. 이때 속을 다스리는데 효과적인 음식은 바로 된장이다. 된장은 식이섬유가 풍부해 장의 연동운동을 촉진하고 장의 유해균 등 갖가지 독소를 제거해 주기 때문입니다. 이 뿐만 아니라 된장은 항암효과에다 피를 맑게 해 고혈압, 동맥경화 등의 혈관질환 예방에도 도움이 된다. 또 변비 개선과 다이어트에도 효과적 입니다.

◎ 암을 이기는 한국인들의 보약음식 만들기

1) 된장 돈가스

- 암을 이기는 보약음식과 궁합재료
돼지고기 안심 400g, 양배추 1/4개, 오이.당근 반개씩, 붉은 양배추잎 3장, 치커리 조금, 식용유 2컵, 된장 2큰술, 물엿 1큰술
① 돼지고기는 돈가스용으로 준비, 앞뒤로 칼집을 잘게 넣습니다.
② 여기에 양파즙 5큰술, 청주 2큰술, 소금, 후춧가루를 뿌려 밑간을 한다.
③ 된장 2큰술에다 물역 1큰술을 섞은 후 양념한 돼지고기에 발라 잠시 그대로 둡니다.
④ 된장 바른 돈가스에 밀가루, 달걀물, 빵가루 순으로 튀김옷을 입힌다.
⑤ 끓는 기름에 튀김옷을 입힌 돈가스를 넣어 바삭하게 튀긴 후 건져 기름기를 뺍니다.
⑥ 튀긴 돈가스를 먹기좋은 크기로 썰어 접시에 담고 손질한 야채를 곁들인 후 된장소스를 듬뿍 끼얹습니다.
⑦ 된장소스는 된장 2큰술에다 토마토케첩 5큰술, 설탕 1작은술, 물 1/4컵을 섞으면 됩니다.

2) 버섯된장 리소토

– 암을 이기는 보약음식의 궁합재료

쌀 2컵, 느타리버섯 60g, 양송이버섯 3개, 표고버섯 2개, 양파 1개, 실파 3뿌리, 된장 2큰술, 버터 1큰술, 생크림 4큰술, 물 5컵, 소금 조금

① 쌀은 뿌연 물이 나오지 않을때까지 여러번 씻은 다음 30분정도 불립니다.

② 느타리버섯은 가닥가닥 분리하고 양송이버섯은 껍질을 벗겨 세로로 저며 썰고, 표고버섯은 기둥을 뗀 후 갓만 저민다. 양파는 씻어서 잘게 다지고 실파는 다듬어 씻은 다음 썰어둔다.

③ 달군 팬에 버터를 두르고 손질한 양파를 넣어 볶습니다.

④ 씻어놓은 쌀을 3에 넣어 투명해지도록 볶다가 된장과 생크림을 넣어 섞는다.

⑤ 된장이 고루 풀리고 밥알이 익기시작하면 물을 붓고 은근히 끓입니다. 밥이 눋지 않도록 저어가며 끓인다.

⑥ 밥알이 부드럽게 익으면 소금으로 간을 맞춘 후 불에서 내려 그릇에 담습니다. 송송 썬 실파, 저민 표고버섯을 조금 얹으면 좋습니다.

색깔이 진할수록 암과 만성질환 예방에 좋다.

▶ 산성식품을 중화시켜 알칼리성 식품 대용으로 쓰입니다.

3. 녹황색 채소

채소나 과일의 색깔을 살펴보면 일반적으로 토마토, 수박, 딸기는 빨간색이고, 당근, 감, 오렌지, 귤, 복숭아는 주황색이고, 오이, 시금치, 근대, 아욱, 깻잎, 브로콜리, 양배추는 초록색이고, 양파, 무, 배, 버섯은 흰색이고, 포도, 가지, 블루베리는 검은색체를 띠고 있다.

녹황색 채소의 대표적인 효능은 담배로 인한 폐암발생을 억제하거나 예방해준다. 다시말해 우리 식탁에서 쉽게 먹을 수 있는 30여가지의 채소류에는 항돌연변이나 항암효과가 있습니다.

한마디로 채소에 함유되어 있는 식물화합물은 암을 비롯해 여러가지 만성질환을 예방해 주는 효능이 있는데, 녹황색이나 황색이 진한 채소일수록 효과가 좋다고 합니다.

황색을 나타내는 카로티노이드 색소는 당근의 베타카로틴, 시금치의 루테인, 토마토의 라이코펜 등이 함유되어 있습니다.

카로티노이드의 효능은 항산화작용으로 암을 예방하고 이와 함께 시각과 관련된 기능을 담당하고 있는 비타민A의 전구체이기도 합니다.

케일, 브로콜리 등에는 글루코스이놀레이트가 많이 함유되어 있습니다. 이것은 가수분해되어 생리활동이 높은 이소티오시아네이트, 인돌화합물 등으로 만들어져 항산화작용과 항돌연변이, 항발암 등에 좋습니다. 이밖에 페놀성분인 에러직산은 여러가지 발암과정에서 암으로의 진행을 억제해준다.

브로콜리에 들어있는 설파라판은 발암물질을 제거해주는 제2상 효소를 활성화시켜 발암물질이 침입해도 간에서 분해 제거시킵니다.

녹황색 채소에는 비타민C, E, 엽산, 셀레늄 등의 무기질도 많아 산성식품을 중화시켜 알칼리성 식품 대용으로 쓰입니다.

녹황색 채소 종류는 시금치, 풋고추, 부추, 쑥갓, 상추, 깻잎, 근대, 아욱, 피망, 늙은 호박, 당근 등이 있습니다.

암을 이기는 한국인들의 보약음식 만들기

1) 불고기 샐러드

– 암을 이기는 보약음식의 궁합재료

쇠고기, 양념장(간장, 설탕, 마늘, 후춧가루, 참기름), 상추, 치커리, 양파, 오이, 참나물, 간장쏘스(간장, 식초, 레몬즙, 양파, 설탕, 참기름, 후춧가루)

① 준비란 재료를 섞어 양념장을 만듭니다.

② 쇠고기를 썰어 양념장에 무친다.

③ 상추, 치커리는 씻어 뜯습니다.

④ 양파는 채 썰어 찬물에 헹구어 매운맛을 빼 건진다.

⑤ 참나물은 줄기를 잘라내고 얇게 씻습니다.

⑥ 오이는 반으로 갈라서 얇게 썹니다.

⑦ 고기를 한장씩 펴서 달구어진 팬에 굽습니다.

2) 닭고기 샐러드

– 암을 이기는 보약음식과 궁합재료
닭가슴살, 대파, 마늘, 생강, 양상추, 오이, 샐러리, 계란, 양파, 마요네즈, 설탕, 소금

암을 이기는 보약음식 만들기
① 닭살은 끓는 물에 대파, 마늘, 생강을 넣고 삶아서 잘게 찢습니다.
② 오이와 샐러리는 손가락 길이로 채를 썬다.
③ 양파는 채 썰어 소금에 절인 후 물에 헹궈 꼭 짠다.
④ 달걀은 삶아서 흰자는 채 썰고, 노른자는 고운 가루로 만듭니다.
⑤ 볼에 재료를 넣고 마요네즈, 소금, 후춧가루를 넣고 버무린다.
⑥ 그릇에 양상추를 깔고, 버무린 샐러드를 담은 뒤 달걀노른자 가루를 뿌립니다.

3) 과일 샐러드

– 암을 이기는 보약음식과 궁합재료
사과, 오렌지, 키위, 바나나, 딸기, 마요네즈, 설탕, 생크림
① 사과, 오렌지, 키위, 바나나를 알맞은 크기로 썹니다.
② 딸기는 꼭지를 떼고 반으로 자른다.
③ 마요네즈와 생크림, 설탕을 고루 섞어 소스를 만든다.
④ 접시에 재료를 섞어서 담고 소스를 얹습니다.

▶ 암세포의 증식을 억제합니다

4. 포도

포도씨와 껍질에 발암 차단물질인 레스베라트롤이 풍부하게 들어있습니다.

적포도주에는 수많은 생리활성 증진성분들이 포함되어 있는데, 이중에서 레스베라트롤이란 물질이 강력한 항산화와 암 예방에 효능이 있다. 레스베라트롤은 오디와 땅콩을 비롯해 많은 식물에서 발견되고 있습니다.

레스베라트롤은 포도껍질에 100g당 5~10㎎이 들어있다.

1997년 미국 시카고대학의 연구팀에서 레스베라트롤라가 암 예방과 항암작용을 한다고 최초로 발표했습니다. 실험에서 레스베라트롤이 발암 3단계인 개시, 촉진 및 진행단계 모두를 차단하는 강력한 발암작용이 있다는 것을 보여주었다. 이것은 포도의 강력한 항산화 작용과도 관계가 있습니다.

레스베라트롤의 암 예방효능을 보면 발암 원인이 되는 유해한 물질의 독성을 완화시켜 유전자 변형을 막아주고, 개시에서 진행의 단계로 접어든 비정상 세포들의 증식을 강하게 억제해줍니다.

최근 연구발표에 따르면 유방암, 전립선암, 대장암, 폐암 등을 비롯한 수많은 암세포에 레스베라트롤을 투입하면 세포자살을 촉진시키는 유전자들의 활성화가 되면서 암세포의 증식을 억제한다는 것입니다.

포도에 함유된 레스베라트롤은 암 과정의 개시, 촉진, 진행과 연관된 것들을 효과적으로 차단하기 때문에 화학적 암예방에 효과가 있다는 것이 증명되었습니다. 그래서 암의 발생을 조절할 수 있는 최고의 화학적 암 예방 물질로 꼽히고 있다.

암을 이기는 한국인들의 보약음식 만들기

1) 포도주스

1) 암을 이기는 보약음식과 궁합재료

포도 500g(캠밸, 얼리계통의 흑생포도), 사과 1개, 꿀 2큰술, 레몬 1/2개

① 포도는 싱싱한 것을 골라 알알이 떼어 물에 깨끗이 씻습니다.

② 사과는 껍질을 벗기고 6등분으로 썬다.

③ 레몬은 껍질을 벗긴 후 4등분으로 썬다.

④ 한꺼번에 1,2,3을 주서에 넣고 알맞에 갑니다. 포도씨를 배지않고 갈때는 주서의
  칼날이 손상되지 않도록 주의한다.

⑤ 식성에 따라 얼음이나 물, 그밖의 첨가물을 넣어 마셔도 좋습니다.

2) 포도녹말스프

1) 암을 이기는 보약음식과 궁합재료

포도즙 반컵, 물 3컵, 설탕 3큰술, 녹말물 적당량, 소금 소량

포도급과 설탕물을 섞어 냄비에 넣고 끓이다가 녹말물을 넣어 약간 되직하게 한 다음
소금을 넣어 간을합니다.

3) 포도식초

– 암을 이기는 보약음식과 궁합재료

포도(거봉종류), 소주

① 포도는 싱싱한 것을 골라 알알이 떼어 물에 깨끗이 씻습니다.

② 포도를 믹서에 넣고 간다.

③ 항아리에 ②와 소주를 붓고 포도주처럼 3개월동안 발효시킨다.

④ ③을 체로 거른 뒤 항아리에 담아 9개월동안 발효시킵니다. 이때 항아리 입구를
  망사로 씌우고 뚜껑을 열어둔다.

⑤ 체로 걸러 살균처리합니다.

4) 포도에이드

– 암을 이기는 보약음식의 궁합재료

포도 400g(캠벨, 얼리계통의 흑색포도), 설탕 5큰술, 얼음물 4컵

① 포도는 싱싱한 것을 골라 알알이 떼어 물에 깨끗이 씻습니다.

② 포도와 준비한 설탕, 얼음물 등을 믹서에 넣고 2~3분 간다.

③ ②를 체로 걸러 찌꺼기를 제거한 다음 마신다.

5) 포도크레이프

– 암을 이기는 보약음식과 궁합재료

포도즙 1컵, 설탕 5큰술, 밀가루 2컵, 우유 1컵, 버터 녹인것 4큰술, 달걀 4개, 소금 소량

① 포도즙과 설탕을 끓여 시럽을 만듭니다.
② 넓은 볼에 달걀, 우유, 버터 녹인것, 소금을 넣고 잘 섞은 뒤 밀가루를 넣어 묽고 고운 반죽을 한 다음, 기름칠한 팬에서 얇은 밀전병을 부친다.
③ 접시에 밀전병을 1/4로 접어 2~3장 겹쳐서 담은 뒤 포도시럽을 끼얹어 냅니다.

◎ 포도쉐이크(우유음료)

1) 암을 이기는 보약음식의 궁합재료

포도즙 1컵, 물 1컵, 설탕 2큰술, 아이스크림 1컵, 얼음 적당량

모든 재료를 믹서에 넣어 간 뒤, 차게 식힌 유리잔에 담아냅니다.

◎ 포도셔벗(얼음과자)

1) 암을 이기는 보약음식과 궁합재료

포도즙 1컵, 물 2컵, 꿀 6큰술, 달걀흰자 1개

① 달걀흰자는 거품기로 흐르지 않을 정도로 거품을 냅니다.
② 넓은 볼에 포도즙과 물, 꿀을 넣어 거품기로 섞어주고, 흰자거품을 넣어 다시한번 섞어준 뒤, 냉동실에 얼린다.(얼리는 도중 여러번 섞어주면 부드럽게 업니다)

6) 포도요리의 기본이 되는 포도즙 만들기

– 암을 이기는 보약음식의 궁합재료

포도 4kg, 물 1리터

① 포도를 알알이 따서 깨끗이 씻은 다음 물기를 뺍니다.

② 씻은 포도를 밑이 넓은 냄비에 담은 뒤 불을 켜고 감자 으깨는 기구나 컵 밑면을 이용해 눌러 대충 터뜨려줍니다.

③ 포도가 끓기 시작하면 물을 넣고 5~10분간 더 끓여 충분히 물러 터지게 한 뒤 체에 놓고 국물을 내리면 됩니다.

▶ 김치발효에서 생성되는 유산균은 대장암 예방에 단연 으뜸입니다.

5. 김치

배추는 김치의 주재료로서 우리의 구미를 돋우고, 저장할 수 있어서 사철동안 맛을 볼 수 있는 식품입니다.

배추는 장기간 저장해도 영양손실이 거의 없어 싱싱한 자연식으로 섭취할 수 있고, 섬유질이 많아 변비를 예방한다. 배추의 성분은 수분이 대부분이고 단백질, 지방, 탄수화물, 칼슘, 인 등과 비타민A, B1, B2, C가 풍부하여 소화를 돕습니다.

김치는 배추가 주원료이지만 마늘, 생강, 파, 무, 고추 등의 항암식품들이 첨가되어 만들어지는 것입니다. 다시 말해 김치에 사용되는 모든 재료가 항암식품인데, 김치가 숙성되는 과정에서 나타나는 유산균 발효로 김칫국물 1㎖당 약 1억마리의 유산균이 들어있으며, 이와함께 항암발효물질들이 동시에 생성됩니다.

암 예방에 가장 효과적인 김치는 적당하게 익었을때인데, 김치 유산균들은 대장까지 내려가 작용을 하기 때문에 대장암 예방에 특히 좋습니다. 예를 들면 식단이 서구화로 변화하기 전에 주 반찬으로 김치를 즐겨 먹은 시기의 한국인의 병력을 살펴보면 대장암 발생이 극히 적습니다.

김치가 암 예방에 효과가 있다는 것은 아메스 실험, SOS실험, 세포 발암계 실험, 초파리 실험, 쥐를 이용한 항암실험과 암세포 전이실험 등으로 증명되었습니다.

김치에 함유되어 있는 항암물질은 배추에서 유래된 이소티오시아네트, 인돌 3-카비놀, 베타시토스테롤, 비타민C 등이고, 그밖에는 항황화합물 카로티노이드, 후라보노이드, 비타민E, 셀레늄, 식이섬유소, 불포화지방산, 유산균 등이 있습니다.

그렇지만 김치를 어떻게 만드느냐에 따라서 암예방효과가 극대화될 수 있습니다.

예를 들면 소금은 정제염보다 간수를 뺀 천일염이 좋지만, 이것보다 구운 소금, 죽염(1회)으로 김치를 담그면 효과가 더 좋습니다.

항암효과를 높이려면 일반 배추보다 유기농 배추가 좋고, 겨우살이 추출물 등으로 양념에 첨가해 5℃의 저온에서 발효시키면 효과적입니다.

암을 이기는 한국인들의 보약음식 만들기

1) 김치잡채

– 암을 이기는 보약음식과 궁합재료

김치 5줄기, 돼지고기 100g, 당근 50g, 양파 1/2개, 잔파 5뿌리, 느타리버섯 3송이, 간장, 잘다진마늘 1작은술, 깨소금, 소금, 후추, 식용유, 참기름, 실고추

① 김치는 줄기부분으로만 물에 헹구어 씻습니다.

② 돼지고기는 살코기 부분으로 결대로 넓게 포를 뜬 후 채 썬다.

③ 돼지고기 채에 간장, 다진마늘, 후추, 깨소금을 넣어 양념을 한다.

④ 당근·양파는 채 썰고, 잔파는 5~6㎝길이로 썹니다.

⑤ 느타리버섯은 끓는 물에 살짝 데쳐 씻은 후, 물기를 짠 다음 가늘게 찢어 놓습니다.

⑥ 오목한 팬에 기름을 넣고 양념한 돼지고기를 볶다가 고기가 익었으면 양파, 당근을 넣어 볶습니다.

⑦ ⑥에 느타리버섯, 김치를 넣어 볶다가 잔파를 넣고 소금, 후추를 넣어 간을 맞춥니다.

◎ 김치수제비

– 암을 이기는 보약음식의 궁합재료

김치 200g, 감자 1개, 양파 1/2개, 풋고추 2개, 대파 1뿌리, 멸치 20g, 다시마 (10㎝) 2토막, 다진마늘 1큰술, 국간장, 약간 밀가루 3컵, 달걀 1개, 식용유 1작은술, 물, 소금 약간, 간장 3큰술, 잘게다진 파, 마늘 약간씩, 깨소금 1큰술, 고춧가루, 참기름 약간

① 멸치와 다시마로 맑은 장국을 만듭니다.

   (냄비에 물을 붓고 멸치, 다시마를 넣어 끓기 시작하면 7~8분 정도 끓인 후, 불을 끄고 20분쯤 두었다가 체에 걸러 장국을 만든다.)

② 김치는 속을 털어낸 후 물기를 짠 다음 송송 썰어놓습니다.

③ 감자, 양파는 껍질을 벗긴 후 한입 먹기 좋게 썰고, 풋고추와 대파는 같은 크기로 어슷

썰기한다. 풋고추는 찬물에 행궈 씨를 털어놓습니다..

④ 밀가루에 달걀, 식용유, 소금, 물을 넣고 날가루가 없을정도로 적당히 치댄 후 비닐봉지나 랩에 싸서 냉장고에 넣어둡니다.

⑤ 장국에 김치를 넣고 끓인 후 야채를 넣고 끓이다가 미리 냉장고에 넣어두었던 반죽을 꺼내 수제비를 하나씩 떼서 넣는다. 이때 손에 물 묻혀가면서 반죽을 얇게 펴 넣어야 맛있습니다. 수제비를 떼 넣은 다음 풋고추와 대파, 다진마늘을 넣고 국간장으로 간을 맞춘다.

⑥ 간장에 고춧가루, 다진파, 다진마늘, 깨소금, 참기름을 넣어 양념장을 만들어 수제비에 곁들여 식성에 맞게 간을 맞춰 먹습니다.

2) 김치돈까스

– 암을 이기는 보약음식 궁합재료

배추김치 200g, 돼지고기 등심 500g, 계란 2개, 깻잎 20장, 양파 1개, 밀가루, 빵가루, 소금, 후추, 식용유, 꼬쟁이

① 돼지고기 등심은 1㎝정도 두께로 썰어 한쪽 끝을 붙여놓고 반을 갈라 칼끝으로 힘줄을 끊어주고 살짝 두드려 소금, 후추를 뿌린다.

② 김치와 양파는 곱게 다져 식용유를 두르고 볶아내어 서로 잘 엉기도록 계란을 버무린다.

③ 손질한 돼지고기에 밀가루를 솔솔 뿌린 후 깻잎을 놓고 볶은 김치를 올린 후, 반으로 접어 꼬챙이로 꿰어 밀가루, 계란물, 빵가루 순으로 묻혀 170℃의 식용유에서 노릇하게 튀겨낸다(튀김기름에 약간의 돼지기름을 넣으면 훨씬 구수한 맛이 납니다.)

3) 김치튀김밥

– 암을 이기는 보약음식의 궁합재료

배추김치 1포기, 밥 4공기, 깨소금 1큰술, 참기름 1큰술, 소금 약간, 밀가루, 계란,

빵가루, 식용유

　① 김치는 소를 털어내어 잘게 썬다.

　② 밥에 잘게 썬 김치를 넣고 깨소금, 참기름, 소금으로 양념하여 초밥틀에 찍어냅니다.

　③ ②의 밥에 밀가루, 계란물, 빵가루 순으로 옷을 입혀 180℃의 식용유에 튀겨낸다.

▶ 고추의 매운맛 내는 캅사이신은 위암을 억제해줍니다.

6. 고추

　고추의 성분을 보면 오렌지나 레몬보다 훨씬 많은 비타민C가 들어있고 당근과 비슷하게 비타민A가 풍부하게 들어있습니다.

　고추의 매운맛은 알칼로이드 화합물인 캅사이신 때문인데, 이것은 고추의 종류와 경작조건에 따라 함유량이 0.1~1%까지 차이가 난다. 특히 고추씨에 가장 많고 껍질에도 상당량이 함유되어 있습니다.

　최근의 연구결과는 캅사이신이 발암억제제 또는 항암제로 작용할 수 있다고 보고하고 있습니다.

　캅사이신은 항산화, 염증 억제작용을 나타냄으로써 조직의 산화적 손상을 막고 종양 촉진이나 진행을 억제할 수 있을 것으로 생각됩니다.

　대부분의 발암성 화학물질들은 우리 몸에 들어와 간에서 대사되어 반응성이 높은 중간체로 활성화된후 표적세포의 DNA를 공격함으로써 암화과정을 개시하는데, 캅사이신은 발암원 물질들의 대사활성화를 억제함으로써 발암과정을 억제하는 것입니다.

　캅사이신은 위에서 생성되는 대표적 발암물질인 나이트로소아민의 돌연변이성을 억제하는 한편, 암세포에 넣었을 경우 아폽토시스를 통한 암세포의 자살을 유도함으로써 항암작용을 나타내는 것으로 확인되었습니다.

　사람들은 지금까지 매운 음식을 섭취하면 위 점막이 손상되면서 만성위염이 되고 위암 발생률을 높인다고 알고 있다. 하지만 이와 반대로 고추를 섭취해도 위 점막이 손상되지 않으며, 도리어 위궤양의 발생을 억제한다는 연구발표도 있습니다.

◎ 암을 이기는 한국인들의 보약음식 만들기

1) 고추잡채요리

– 암을 이기는 보약음식과 궁합재료

암을 이기는 보약음식의 궁합재료

피망 3~4개, 양파 1개, 버섯류(없으면 생략), 돼지고기 100g, 잘게다진마늘, 간장, 소금, 고추기름, 꽃빵

① 모든 재료는 채로 썹니다.

② 피망을 두조각으로 잘라 씨를 떼어낸다. 피망이 얇으면 옆으로 썰고, 두꺼우면 씨 있는 자리부터 썬다. 두께는 2㎜

③ 양파는 1~2㎜ 두께로 썹니다.

④ 버섯류도 잘게 찢어 준비한다.

⑤ 돼지고기는 2~3㎜로 채로 썬다.

⑥ 꽃빵을 미리 앉혀둠. 약 십분정도 찝니다.

⑦ 채 썬 돼지고기를 프라이팬에 고기를 볶는다.

⑧ 돼지고기를 팬에 넣고 반쯤 익을무렵, 마늘을 넣고 살짝 볶는다.
  (고추기름을 사용안할 것이면 간장 2/3숟갈을 이때 넣습니다)

⑨ 양파를 넣고 몇번 저은 후, 나머지 피망 등을 넣고 볶는다.
  (만약 팽이버섯이라면 거의 마지막에 넣는다)

⑩ 재료를 다 넣고 볶으면서 소금 간을 맞춥니다. 간장을 넣었으면 감안하여 간을 맞춤. 고추기름을 사용하려면 완성직전에 넣는다.

2) 고추된장 장아찌

– 암을 이기는 보약음식과 궁합재료

풋고추 300g, 된장 적당량

① 고추의 꼭지는 절대로 떼지 않습니다.

② 손질한 고추는 소금물에 헹궈 건진다.

③ 바늘이나 뾰족한 이쑤시개를 이용하여 꼭지 바늘구멍 2~3군데를 내어 간이 잘 스며들도록 합니다.

④ 소금물을 준비하여 그릇에 담은 후 고추 위에 푹 잠길때까지 부어주어 2~3일정도

삭힌다.

⑤ 삭힌 고추를 된장에 박아 된장맛이 배면 꺼내어 먹습니다. 단 된장에 넣을때 망에 담아 담그면 꺼낼때 된장을 털어내지 않아 편리하지만 빠른 시간에 장아찌를 담그고자 하면 하나씩 넣어주는 것이 좋습니다.

⑥ 된장 장아찌는 묵은 된장으로 쓰는 것이 좋으며, 너무 짜지않아야 장아찌의 맛이 좋습니다.

▶ **율무에는 항암효과인 β-모노올레인이 쌀, 보리, 밀보다 20배가 더 어있습니다.**

7. 율무

율무를 다른 말로 율무쌀이라고도 하는데, 예로부터 허약체질의 보양식으로 율무죽이나 율무차 등을 만들어 적었습니다.

율무의 한의학적 약리효과는 해열, 진정, 진통, 암세포 억제 등을 비롯해 비와 폐의 기허를 보하고, 무사마귀를 치료한다. 또한 피부건강, 여드름, 기미 등도 치료합니다.

율무는 당질 64.9%, 단백질 15.1%, 지질 6.4%, 섬유소 2.8%, 회분 2.0%, 수분 8.8% 등을 비롯해 칼슘도 147㎎/100g이 함유되어 있습니다.

율무의 약리학적에서 코익솔은 경련방지, 혈압강하, 체온하강, 장관운동 억제, 진정, 진통, 해열작용을 한다.

코익산 A, B, C와 함께 율무 다당류는 혈당을 감소시키고, 6-벤조사지노이드는 항염증작용을 합니다.

아세톤 추출액인 코익세노라이드는 주요 함암활성 물질로 쥐의 복수암 생성실험에서 억제현상을 보였다. 또한 α모노리놀레인도 종양생성을 억제하는 효과가 있었습니다.

곡류 중 현미, 수수, 기장, 조 역시 암예방에 효과가 있다고 하지만, 쌀, 보리, 밀, 율무 등을 각각 이용한 실험에서 결장암세포와 골육암세포에서 율무가 2~3배 정도의 항암효과가 있었습니다.

이에 따라 밥이나 콩을 넣은 현미밥에 율무를 첨가해서 먹으면 효능이 배가 된다는 사실을 잊지말아야 한다.

1) 율무차

– 암을 이기는 보약음식과 궁합재료

① 율무 20~25g과 600㎖의 물을 함께 차관에 넣고 보리차 끓이듯이 약한 불로 끓인다.
② 껍질을 벗긴 율무를 재료로 쓸때에는 10~15g정도를 사용하는 것이 적당하다(껍질 벗긴 율무도 볶아서 사용합니다)
③ 율무를 천으로 만든 자루에 넣어 끓이거나 포장된 율무차를 사용하면 편리하다.

▶ 생토마토보다 조리로 가공해서 섭취하면 효과가 더 좋습니다.

8. 토마토

토마토에는 다른 식품보다 영양소가 풍부하고 항산화 영양소인 비타민C와 A의 전구체인 카로테노이드가 많이 들어있는 식품입니다. 다시말해 토마토와 토마토 가공식품에는 카로테노이드의 일종인 라이코펜 함량이 매우 많이 들어있다.

라이코펜은 베타카로틴보다 활성산소를 제거해 주는 효능이 2배인데, 이것은 암의 발생을 억제시켜 줍니다.

체내에서 산소를 태워 에너지를 만드는 대사과정이나 외부에서 침입한 이물질을 망아주는 면역기능을 통해 활성산소가 생성되고, 이 활성산소는 체내의 항산화효소나 항산화물질에 의해 제거됩니다. 이것이 원활하게 이뤄지지 않으면 세포에 손상이 나타나면서 암이 발생되는 것입니다.

라이코펜은 토마토 페이스트에 100g당 55.45mg으로 가장 많이 들어있고 그 다음으로 토마토소스나 토마토케첩→토마토퓨레→스파게티소스→토마토주스→토마토 순입니다.

그러나 라이코펜은 카로테노이드중 잘 알려진 이러한 항산화 능력으로 인해 암의 발생을 억제하는데 관여하는 것으로 보입니다.

체내에서는 산소 소모를 통해 에너지를 만들어내는 대사과정이나 외부에서 침입한 이물질을 제거하는 면역기능을 수행하면서 활성산소를 생성하게 되고, 이렇게 생성된 활성산소는 체내의 항산화효소 또는 항산화 물질에 의해 제거되게 됩니다.

그러나 이러한 체내 항산화 방어체계가 원활하지 못한 경우에 세포 손상이 발생하게 되는데 이 조직이 암 발생으로 이어질 수 있습니다.

최근에 발표된 논문에서는 하루 1회 토마토소스 파스타를 3주간 섭취하게 한 결과 혈중 임파구 및 전립선 조직의 산화손상이 감소하는 것이 관찰돼 라이코펜은 단기보충에 의해서도 그 효과를 볼 수 있음이 증명되었습니다.

이외에도 라이코펜은 암세포의 고사와 세포주기 조절을 통한 항암효능도 있는 것으로 보입니다.

특히 토마토를 날 것으로 먹는 것보다 식품으로 조리나 가공했을 때 행물학적 활성이 훨씬 높게 나타납니다. 더구나 물에 잘 녹지않고 기름에 녹는 지용성이기 때문에 기름과 함께 조리하면 체내에서의 흡수가 쉽다.

암을 이기는 한국인들의 보약음식 만들기

1) 토마토 라이스

– 암을 이기는 보약음식과 궁합재료

불린쌀 2컵, 물 2컵, 올리브 오일 2큰술, 체썬 마늘 1큰술, 토마토 4개, 당근, 옥수수(통조림도 괜찮음), 파 약간, 소금

① 끓는 물에 소금을 약간 넣고 요리조리 둥글려서 꺼내어 껍질을 벗겨서 다져놓는다.

② 쌀은 불려놓고, 토마토 다져서 준비하고, 당근, 옥수수, 파는 잘게 다져 놓습니다.

③ 마늘을 편으로 썰어 올리브 오일 두른 냄비에 향이 나도록 볶고

④ 물에 불린 쌀을 넣고 끈기가 느껴질 때까지 볶다가 물을 붓고, 다진 토마토를 넣고 뚜껑을 열어 놓은 채 끓입니다.(약간 센불)

⑤ 10분쯤 끓이다가 불을 줄이고 야채 다져준비한 것을 넣고 다시 끓인다.

2) 토마토 스파게티

– 암을 이기는 보약음식과 궁합재료

소금, 후추, 올리브 오일, 마늘 2쪽, 양파 ¼쪽, 토마토, 케일 기호에 따라 고추장, 고추, 베이컨, 파프리카, 양송이 추가

① 먼저 스파게티 면을 끓는 물에 소금을 넣고 삶습니다.

② 약 8분간~1인분은 50원짜리 동전 넓이만큼 잡아주면 된다.

③ 마늘은 적당히 다지고 양파는 길게 썰어서 소금, 후추, 올리브 오일과 프라이팬에 넣고 볶습니다.(양파가 투명해질때까지)

④ 방울토마토를 8등분 정도 해서 케첩이랑 섞어서 넣고, 기호에 따라 고추장을 아주 조금 넣으면 깔끔한 맛이 나고, 약간 많이 넣으면 떡볶이 맛이 난다.

⑤ 토마토가 익으면 삶아놓은 면을 넣고 2~3분 더 볶습니다.

⑥ 완성한 다음 그 위에 모차렐라 치즈를 뿌려도 맛있다.

4) 토마토 꼬치

– 암을 이기는 보약음식과 궁합재료

방울토마토, 햄, 양파, 삶은 계란 노른자, 감자, 마요네즈 3작은술

① 토마토를 반 잘라서 속을 빼어놓습니다.

② 달걀을 삶아서 노른자만 분리해서 으깨어 놓는다.

③ 햄, 양파, 감자를 아주 잘게 썰어 프라이팬에 같이 볶습니다.

④ 으깨어 놓은 달걀노른자와 볶은 햄, 양파, 감자를 섞습니다.

⑤ 섞은 재료에 마요네즈 3 작은술을 넣는다.

⑥ 반 잘라 속을 밴 토마토에 재료를 꾹꾹 눌러 채워 넣는다.

⑦ 프라이팬에 약간 뜨거워질 정도로 굽는다.

⑧ 완성된 음식을 꼬지에 끼웁니다.

▶ 유방암과 전립선암 예방에 좋은 이소플라본이 많이 들어있습니다.

9. 콩

암의 치료와 예방에 대한 식이요법에는 콩으로 만든 식품 섭취가 으뜸입니다. 그래서 사람들은 콩을 최고의 건강식품으로 인식하는 것이다.

미국 학술지에 따르면 콩은 다른 암보다 유방암과 전립선암을 예방하고 치료해 주는데 매우 효과적이라는 발표가 있습니다.

콩에 함유되어 있는 대표적 유효성분은 이소플라본이다. 이 성분에는 제니스틴, 다이드제인, 글리이세틴 등이 있는데, 이것들은 콩 속에서 당과 결합한 상태로 존재하고 있습니다.

이 물질들은 인체에 섭취되면 장내 미생물들로 인해 당이 제거된 다음 장에서 흡수가 됩니다. 이 중에서 특수한 생리작용을 하는 이소플라본이란 물질이 있는데, 이 물질의 생리적 작용이란 세포내의 신호전달 체제를 담당하는 단백질인 산화효소를 저해시키는 작용을 말합니다.

이와 같은 이소플라본중 암세포를 억제시키는 능력이 뛰어난 것은 제니스틴인데, 이 물질은 에스트로겐과 화학구조가 매우 흡사합니다.

전립선 암세포로 암을 유발시킨 동물실험에게 제니스틴을 투여한 결과 암세포의 크기가 현저하게 줄어들었습니다. 이와 같은 효능은 세포분열 단계를 억제하는 능력이 있기 때문이다. 더 정확하게 설명하면 세포주기를 관장하는 특수단백질을 조절해 G2/M이라는 세포주기의 중간단계를 억제합니다.

이밖에 제니스틴은 아폽토시스라는 암세포 사멸과정을 촉진시켰고 암세포의 혈관생성 인자나 암세포 전이인자들의 작용도 억제시켰습니다.

따라서, 이소플라본의 섭취를 하기 위해서는 가능한 콩을 많이 먹으면 항암효과를 얻을 수가 있습니다.

◎ 암을 이기는 한국인들의 보약음식 만들기

1) 콩 스테이크

1) 암을 이기는 보약음식과 궁합재료

불린 흰콩 1컵, 양파 1/2개. 달걀 고구마 각 1개, 불린 쌀가루 1/3컵, 빵가루 3큰술, 식용유, 소금, 후추, 올리브오일 2큰술, 다진 양송이 1큰술, 밀가루 2큰술, 토마토케첩 3큰술, 다시마 육수 2컵, 소금 후추 조금

① 불린 콩 1컵을 냄비에서 살짝 삶습니다. 콩껍질은 벗겨내고 믹서에서 알갱이가 적당히 씹일 정도로 간다. 쌀은 불려서 믹서에 곱게 간다.

② 양파를 적당히 다진다.

③ 고구마는 삶아서 껍질을 벗긴 후 으깹니다.

④ 오목한 그릇에 ①,②,③과 통밀가루, 빵가루, 달걀, 소금, 후루를 넣어 치댄 뒤, 둥글납작하게 빚습니다.

⑤ 프라이팬이 뜨거워지면 식용유를 넉넉히 두른 후 빚어 놓은 콩 스테이크를 은은히 불로 지켜낸다. 프라이팬에 올리브 오일을 두르고 밀가루를 볶다가 케첩을 넣고 충분히 볶은 다음 다시마 물을 부어 소스를 만듭니다.

⑥ 노릇노릇하게 구워지면 접시에 담고 적당량의 소스를 뿌리고 야채로 장식한다.

2) 콩전

– 암을 이기는 보약음식과 궁합재료

불린 노란콩(메주콩) 1½컵, 불린쌀·밀가루 ¼컵씩, 물 ½컵, 부추 50g, 잔새우 80g, 소금 ½작은 술, 잘게다진 양파 3큰술, 다진 청·홍고추 1큰술씩, 식용유 적당량

① 콩은 씻어서 찬물에 담가 하룻밤 불린 다음 양손바닥으로 싹싹 비벼가면서 껍질을 벗겨 씻습니다.

② 부추는 잘게 썰어준다. 잔새우는 껍질을 벗기고 옅은 소금물에 슬쩍 씻어낸 다음 대충 다집니다.

③ 블렌더에 불린 노란콩과 쌀, 물 1컵을 넣고 작은 알갱이가 소금물에 보일 정도로 갈아줍니다.

④ 볼에 부추, 다진 새우, 다진 양파, 다진 청•홍고추, 밀가루를 섞은 후 가볍게 섞어줍니다.

⑤ 부치기 바로전에 소금을 넣고 달군 팬에 식용유를 두르고 노릇노릇하게 부쳐냅니다.

※ 알아야 할 요리 point

간 콩을 양념과 섞을 때 너무 막 휘저으며 섞으면 콩이 삭습니다.

루, 달걀물, 빵가루 순으로 옷을 입혀 180℃의 식용유에 튀겨냅니다.

유방암과 대장암 발생억제효과에 뛰어나며, 쉽게 섭취할 수 있는 재료입니다.

들깨에 들어있는 푸라보노이드는 발암물질에 의한 돌연변이성을 억제해 줍니다.

10. 들깨와 들깻잎

들깨에는 지방 40%, 단백질 16%, 당질 20%, 식이섬유 18%가 들어있습니다. 또한 구성 지방산은 리놀렌산 54%, 리놀레산 13%, 올레산 19%가 함유되어 있다.

들깨기름에는 페리라알데하이드, 리모넨, 페리라케톤 등이 0.3~0.8%가 들어있으며, 들깨에는 독특한 향이 들어있습니다. 들기름의 주성분은 리놀렌산인데, 이것은 리놀레산과 함께 인체에 반드시 필요한 필수지방산이다. 이것이 부족하면 성장장애, 불임, 피부질환 등이 나타납니다.

리놀렌산은 오메가 3지방산인데, 항돌연변이 효과와 암세포 증식을 억제해준다. 특히 유방암과 대장암의 발생을 억제시키고, 시신경에도 영향을 주며 학습능력을 증진시켜 치매를 예방해 줍니다.

들깨가루에는 불용성 식이섬유소가 많이 들어있기 때문에 발암물질을 만나면 결합으로 제거시키고, 들깨에 들어있는 푸라보노이드는 발암물질에 의한 돌연변이성을 억제해 줍니다.

들기름은 고도불포화지방산이기 때문에 산화작용으로 쉽게 산패를 일으킬 수 있다. 들기름을 냉장고에 보관하면 한달까지 먹을 수 있고 종자로는 실온에 저장해도 매우 안전합니다.

들깻잎은 고기나 생선회 등을 먹을 때 감초로 빠지지 않는 채소다. 그것은 고기에 함량이 부족한 비타민A와 C, 칼슘 등을 공급해 주고 또한 쇠고기에 많이 들어있는 포화지방산과 콜레스테롤까지 제거해줍니다.

특히, 엽록소가 많아 항산화작용, 돌연변이 억제 및 항암작용에 좋다. 이밖에 암예방에 좋은 파이톨과 안토시아닌 등 푸라보노이드 색소가 많이 함유되어 있습니다.

◎ 암을 이기는 한국인들의 보약음식 만들기

1) 들깨수제비

– 암을 이기는 보약음식과 궁합재료
반죽 : 밀가루(중력분) 3컵, 날콩가루 3큰술, 물 300cc, 소금 1/2작은술
국물 : 멸치육수 10컵(멸치 30g, 다시마 10㎝ 1조각), 생들깨 2컵
야채 : 양파, 느타리버섯, 화박, 감자 적정량
① 생들깨는 깨끗이 씻어 체에 받힙니다.
② 반죽재료를 섞어 반죽을 한다.(많이 치대지 말고 뭉쳐질 정도만 반죽을 한다. 뭉쳐지면 비닐봉투에 싸서 냉장고에 넣어 2~3시간 이상 숙성시키면 반죽이 쫄깃해집니다.)
③ 멸치육수를 준비한다.
④ 씻어놓은 생들깨는 멸치육수를 2컵정도 넣고 믹서에 갈아준다.
⑤ 체에 걸러 들깨국물을 걸러냅니다.
　※ 이때 남은 멸치육수를 계속 부어주면서 맑아질때까지 걸러준다.
⑥ 야채를 준비한다.
⑦ 준비한 들깨국물에 양파, 감자를 먼저 넣고 끓여줍니다.
⑧ 국물이 끓으면 반죽을 떼어 넣는다. 느타리버섯, 호박도 중간에 넣는다.(센불에 끓여야 반죽이 쫀득하다.)
⑨ 충분히 끓으면 파를 넣으면 됩니다.

2) 깻잎장아찌, 깻잎김치 만들기

– 암을 이기는 보약음식과 궁합재료

깻잎 50장정도, 당근 약간, 양파 1개, 풋고추 3개, 홍고추 3개, 간장 5숫가락, 매실액 1숫가락, 맑은 젓국 1숫가락, 설탕 1/2숫가락, 다진마늘 1/2숫가락, 들기름 1숫가락(또는 참기름가능), 갈아놓은 깨 1숫가락

① 깻잎을 깨끗이 씻어 물에 10분정도 담가놓습니다.

② 당근, 풋고추, 홍고추, 양파를 손질해 둔다.

　당근은 채 썰고, 양파는 다져주고, 고추는 반으로 잘라 씨를 털어내고 채썰어줍니다.

③ 준비된 양념들과 함께 잘 버무려준다.

　양념장을 만드실때 물을 조금 넣어 묽게 하여도 되고, 설탕, 간장의 양은 입맛에 따라 조절해주면 됩니다.

④ 깨끗이 씻은 깻잎을 한장 한장 양념을 발라서 재어놓은 다음 깻잎숨이 죽은 다음 먹으면 됩니다.

3) 깻잎생채

– 암을 이기는 보약음식과 궁합재료

깻잎 2장, 양파 1/2개, 생채 양념(고춧가루 1/2작은술, 소금 1/2 작은술, 설탕 조금, 깨소금 2작은술, 참기름 1작은술)

① 깻잎은 흐르는 물에 깨끗이 씻어 건져 물기를 뺍니다.

② 양파는 곱게 채 썬뒤 헹궈 매운맛을 뺀다.

③ 물기 뺀 깻잎을 가지런히 모아 반으로 자른 후 0.5㎝폭으로 썬다.

④ 분량의 재료로 양념장을 만들어 양파와 깻잎을 넣고 살살 버무려 그릇에 담아냅니다.

4) 깻잎나물

– 암을 이기는 보약음식과 궁합재료

깻잎 60장, 다진 쇠고기 30g, 홍고추 1개, 대파 1/4뿌리, 고기양념(간장, 참기름 1작은술씩, 설탕 · 다진 파 · 다진 마늘 1/2작은술씩, 깨소금 2작은술, 후춧가루 조금), 나물 양념(국간장 1큰술, 다진 마늘 1작은술, 들기름 · 깨소금 2자은술씩, 설탕 약간)

① 깻잎을 흐르는 물에 깨끗이 씻어 건져 물기를 뺍니다.

② 다진 쇠고기는 키친타월로 눌러 핏물을 뺀 뒤 분량의 양념으로 무친다.

③ 깻잎을 가지런히 모아 반으로 잘라 끓는 소금물에 넣어 살짝 데친후 찬물에 여러번 씻어 건집니다.

④ 대파는 어슷어슷하게 채 썰고, 홍고추는 반 잘라 씨를 빼고, 곱게 채 썰어 분량의 나물양념을 넣고, 물기 꼭 짠 깻잎을 넣어 간이 배게 주무 릅니다.

⑤ 기름 두른 팬에 양념한 고기를 볶다가 익으면 양념한 깻잎을 넣고 재빨리 볶아낸다.

5) 깻잎전

– 암을 이기는 보약음식의 궁합재료

깻잎 12장, 소(쇠고기 50g, 두부 30g, 다진 파 · 깨소금 · 참기름 1작은술, 다진마늘 · 소금 · 설탕 1/2작은술씩, 후춧가루 약간), 계란 2개, 밀가루 · 식용유 적당량씩

① 깻잎을 흐르는 물에 깨끗이 씻어 건져 물기를 뺍니다.

② 쇠고기는 살코기로 준비하여 곱게 다져 키친타월로 눌러 핏물을 빼고, 두부는 곱게 으깨서 물기를 살짝 짭니다.

③ 분량의 재료로 양념을 만들어 고기와 두부를 넣고 간이 배게 주무른다.

④ 달걀을 깨서 흰자, 노른자로 나누어 각각 소금을 조금씩 넣고 고루 풀어놓습니다.

⑤ 깻잎 한 면에 밀가루를 고루고루 발라 털고 양념한 소를 얇게 펴서 넣은 다음 반으로 접고 밀가루 옷과 달걀 물을 입힌다. 기름 두른 팬에 넣고 흰색과 노란색으로 지져냅니다.

▶ 유방암, 대장암, 난소암, 위암, 방광암 등에 항암효과가 있습니다.

11. 미나리

날 거이나 소금물에 데쳐서 먹으면 식물성 색소물질이 암세포의 사멸을 유도 합니다.

일반적으로 독특한 향과 맛이 있는 미나리는 알칼리성 식품으로 피를 청결하게 해주는데, 비타민A, C, 칼슘, 철분 등의 무기질이 풍부합니다.

또한 머리를 맑게 해주고 대장과 소장의 신진대사를 촉진시켜준다. 더구나 고열을 내려주고 류머티즘에 효능이 있으며, 여러가지 병증에 효능이 있다. 그리고 혈압을 내려주기 때문에 고혈압 환자들이 즐겨 섭취하는 식품입니다. 변비와 독을 제거해주는 작용도 있다.

미나리의 성분은 단백질, 지방, 다른 무기질과 함께 플라보노이드라는 식물성 색소물질인 퀘르세틴은 항산화 불질로 세포의 산화를 보호하면서 항염증, 항암에 효능이 있습니다.

예를 들면 유방암, 대장암, 난소암, 위암, 방광암 등에 항암효과가 있다.

캠프페롤은 단백질의 인산화를 가소시켜 대장암의 세포증식을 억제해줍니다.. 예를들면 대장암, 유방암, 폐암, 전립선암 등의 세포를 사멸해 세포증식을 억제해주는 역할을 합니다.

예로부터 미나리는 달고 독성이 없고 독특한 향기때문에 다양한 요리에 첨가하는 재료로 애용되었습니다.

특히, 끓는 소금물에 데친 카로티노이드와 플라보노이드의 색소 함량변화를 조사한 결과 퀘르세틴과 캠프페롤이 60% 증가했다고 한다. 그렇기 때문에 미나리를 끓는 소금물에 살짝 데쳐 섭취하는 것이 효능이 더 좋습니다.

◎ 암을 이기는 한국인들의 보약음식 만들기

1) 미나리무침

– 암을 이기는 보약음식과 궁합재료

주재료 : 미나리 300g

무침장 : 진간장 1큰술, 다진 파 1작은술, 다진 마늘 1작은술, 설탕 1작은술, 깨소금 1작은술, 참기름 1큰술, 소금 조금

① 미나리는 뿌리를 자르고 깨끗이 씻어 물기를 제거한 뒤 끓는 소금물에 넣고 살짝 데쳐 헹군다.(끓는 물에 소금을 약간 넣고 넣었다가 바로 건집니다.)

② 헹군 미나리는 물기를 꼭 짜고 5㎝정도의 길이로 썰어준다.

③ 볼에 무침장을 미리 섞어둔다.

④ 미나리를 넣고 살살 무칩니다.

2) 미나리김치

– 암을 이기는 보약음식과 궁합재료

미나리 5단(1.5kg), 소금 2/3컵, 물 3컵, 당근 1/4개(50g), 마늘 2통, 생강 반톨, 고춧가루 2/3컵, 통깨 3큰술, 실고추 약간, 멸치젓국 1컵

① 미나리는 단을 풀지말고 뿌리를 자른 후 손에 쥐고 칼끝으로 살살 앞을 끊듯이 쳐서 다듬습니다.

② 넉넉히 흐르는 물에 줄기쪽을 양손으로 모아 잡고 비비면서 말끔히 씻습니다. 물 3컵에 소금을 풀어 잘 녹인 후 미나리를 절인다. 지나치게 절이면 줄기가 질겨진다.

③ 당근은 어슷하게 2㎜두께로 썰어 채 썹니다.

④ 마늘과 생강은 껍질을 벗겨 절구에 찧는다.

⑤ 고춧가루는 멸치젓국에 부어 불린다.

⑥ 실고추는 3㎝길이로 자릅니다.

⑦ 미나리를 얼른 씻어 건져 10㎝길이로 자르고 멸치젓국에 불린 고춧가루와 다진 양념, 통깨, 실고추를 넣어 잘 섞습니다.

⑧ 젓국 양념에 미나리와 당근 채를 넣고 가만가만 섞어 단지에 눌러 담는다.

3) 오징어 미나리 초무침

– 암을 이기는 보약음식과 궁합재료

미나리 200g, 오징어 1마리, 고추장 2큰술, 고춧가루 2큰술, 매실엑기스 2큰술, 식초 2큰술, 잘게 다진마늘 1/2큰술, 다진 파 1큰술, 참기름 1/2큰술, 깨

① 오징어는 껍질을 벗기고 세로로 잔 칼집을 넣고 전체 3등분하여 2㎝간격으로 포를

뜨듯이 썰어서 데쳐냅니다.

② 미나리는 연하게 탄 식초물에 담가 거머리를 퇴치하고, 잎 부분은 떼어내고 끓는 물에 데친다.

③ 양념장을 만들어 오징어+미나리를 넣고 조물조물 무쳐준다. 홍고추나 풋고추가 있으면 썰어 함께 넣고 무쳐주면 됩니다.

▶ 사포닌 성분이 함유되어 강한 항염증작용으로 암 예방효능에 뛰어납니다

12. 도라지

한의학에서는 가을이나 봄철에 도라지의 뿌리껍질을 벗기거나 그대로 말린 것을 길경(桔梗)이라 하며, 다양한 처방전에 널리 활용됩니다.

특히, 한방에서는 배농, 거담, 편도선염, 최유, 진해, 화농성 종기, 천식 및 폐결핵의 거담제로서, 그리고 늑막염 등에도 효과가 있는 것으로 알려져 있습니다.

도라지의 주요 약리성분은 트리테페노이드(Triterpenoid)계 사포닌으로 밝혀졌으며 기관지 분비를 항진시켜 가래를 식히는 효능이 있습니다.

또한 이 물질들은 곰팡이의 독소생성을 감소시키며, 동물실험에서 살균작용을 촉진한 것으로 나타났습니다. 더구나 이눌린 성분은 생쥐를 이용한 항암실험에서 강한 항활성까지 보여주었습니다.

도라지 효소중 텔로미어는 인간의 수명을 조절해 주며, 아울러 강력한 활성화로

세포분열이 지속적으로 일어나도 텔로미어의 길이는 변치 않습니다. 그렇기 때문에 텔로머레이즈 효소활성의 선택적 저해제 개발은 항암제 개발의 목표이기도 합니다.

그렇지만, 지금까지 도라지의 항암작용에 대한 정확한 것이 없기 때문에 연구에 대한 시간이 더 필요합니다.

◎ 암을 이기는 한국인들의 보약음식 만들기

1) 통도라지 강정

– 암을 이기는 보약음식과 궁합재료
주재료 : 통도라지 300g
부재료 : 물 한컵, 올리고당 소금 약간, 간장 1티스푼, 검은깨 조금
① 통도라지를 껍질을 벗긴다.(큰 것은 반으로 잘라 먹기좋은 크기로 만듭니다.)
② 소금을 조금 넣고 물을 끓인 후 도라지를 데친다.(쓴맛이 없어진다.)
③ 데친 도라지를 체에 받쳐 놓는다.
④ 물, 간장을 끓입니다. 끓기 시작하면 체에 받쳐놓은 도라지와 올리고당을 넣고 중불에서 졸입니다.

※ 알아야 할 요리 point
물과 간장을 졸일때 생강가루를 조금 넣어주면 아린 맛을 없앨 수 있습니다.

2) 햇도라지 김치

– 암을 이기는 보약음식과 궁합재료
생도라지 3kg : 말린것과 삶은 것이 흔하지만, 제철인 봄에는 싱싱한 생도라지를 쉽게 구할 수 있다. 껍질을 벗기고 5~6㎝정도 크기로 찢습니다.
무 0.5kg : 다듬어 곱게 채 썬다.
오이 0.5kg를 씨 없고 속살이 단단한 오이를 납작하고 어슷하게 썹니다.
다진 마늘 2/3컵, 다진 생강 1/3컵, 김치용 고춧가루 1/3컵, 고운 고춧가루 2/3컵, 설탕 1/2컵, 굵은 파 2컵 : 3~4㎝길이로 채 썹니다.
소금은 천일염을 사용하여 우거지용 배춧잎을 준비한다.
① 도라지에 한줌의 소금을 문질러 비빈 다음 30분 정도 둡니다. 무·오이도 함께

숨죽인다.

② 도라지 • 무 • 오이를 가볍게 짜서 소쿠리에 건진다. 소금물은 받아둡니다.

③ 넓은 그릇에 마늘, 생강, 고춧가루, 설탕을 넣어 고루 섞은 다음, 도라지, 무, 오이를 붓고 파를 뿌려 버무립니다.

④ 병이나 항아리에 도라지를 차곡차곡 다져 담고, 받아둔 소금물로 양념 그릇을 헹궈 위에 붓습니다.

⑤ 고추장을 넣습니다.

⑥ 말린 도라지, 껍질 벗겨 삶은 도라지 등은 즉석 조리용으로는 편리하나, 도라지 김치로 담가 계절의 풍미로 즐기기에는 향과 맛에서 뒤떨어집니다.

⑦ 우거지로 덮고 눌림을 한 후, 뚜껑을 덮어 찬곳에 둡니다.

※ 알아야 할 요리 point

즉석에서먹을때는 식초, 설탕, 혹은 고추장을 넣습니다.
말린 도라지, 껍질벗겨 삶은 도라지 등은 즉석
 조리용으로 편리하나, 도라지를 김치로 담가
 계절의 풍미로 즐기에는 향과 맛에서 뒤떨어집니다.

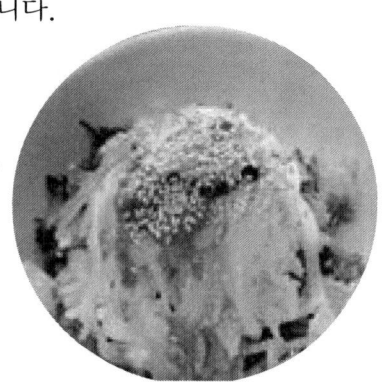

3) 통도라지 무침

– 암을 이기는 보약음식과 궁합재료

통도라지 100g, 소금 1작은술, 설탕, 식초, 물엿, 마늘, 고춧가루, 실파, 통깨 조금

① 3㎝정도 썹니다.

② 소금, 설탕, 식초에 주물러 놓은 다음 헹구지 말고 짜서 준비한다.

③ 고춧가루, 마늘 넣고 고추장 약간 간을 한 다음 마지막으로 물엿을 첨가합니다.

④ 통깨, 파는 약간만 고명으로 얹는다.

⑤ 상추를 한장 깔아서 젓가락으로 살짝 집어서 올려놓습니다.

⑥ 도라지 무침의 제 맛은 새콤달콤한 것이 제 맛입니다.

4) 도라지 오이생채

– 암을 이기는 보약음식과 궁합재료

도라지 200g, 오이 1/2개, 고춧가루, 식초 1½큰술, 다진 파, 깨소금 1큰술, 다진 마늘 1/2큰술, 소금 조금

① 도라지는 통도라지를 구입해 껍질을 벗기고 알맞은 굵기로 갈라놓습니다.

② 손질한 도라지는 소금을 넣고 바락바락 문지른다.

③ 떫은 맛이 가신 도라지를 물에 헹궈 물기를 꼭 짭니다.

④ 오이는 소금으로 문질러 씻은 뒤 길게 반으로 갈라 썬다.

⑤ ④의 오이는 소금에 살짝 절였다가 물에 헹구어 물기를 짭니다.

⑥ 준비한 양념 재료들을 한데 섞어 양념장을 만든다.

⑦ 손질한 도라지와 오이를 ④에 넣어 골고루 무칩니다.

5) 도라지 생채

– 암을 이기는 보약음식과 궁합재료

주재료 : 도라지 200g, 초고추장

부재료 : 다진 파 1큰술, 잘게다진 마늘 1작은술, 고추장·식초 2큰술씩, 고춧가루, 설탕 1큰술씩, 깨소금 1/3작은술

① 도라지는 가늘게 찢어서 소금물에 조물조물 주무 릅니다.

② 초고추장(파, 마늘, 고추장, 고춧가루, 설탕, 식초, 깨)을 만든다.

③ 소금에 빨은 도라지를 씻어 꼭 짠다.

④ ③에 양념장을 넣고 버무립니다.

⑤ 완성된 것을 그릇에 담고 깨소금을 위에 뿌린다.

육류 섭취로 발생하는 대장암과 유방암 예방에 효과적입니다.

▶ 육류 섭취로 발생하는 대장암과 유방암 예방에 효과적입니다.

13. 배

과거 우리조상들은 과일중에서도 식이섬유가 풍부하고 혈압을 낮추는 칼륨이 많은 배를 가을철 과일의 왕으로 꼽을 정도이다. 성질이 달고 서늘한 과일인 배는 과일중 가장 깨끗하고 담백한 맛을 자랑한다.

사과나 포도 등 다른 과일에 비해 수분함량이 85~88%로 많으며 유기산, 비타민B와 C, 섬유소 등이 풍부합니다.

배에는 주독을 풀어주는 다당류인 아스파라긴산이 많이 들어있다. 아스파라긴산은 콩나물에도 풍부한 성분입니다. 간장의 활동을 촉진시켜 체내의 알코올 성분을 빨리 해독시켜 주독을 일찍 풀고 갈증도 없애 숙취 해소에 효과적이다. 이로인해 '배를 생산하는 마을사람들은 술리 세다'는 이야기가 있을 정도 입니다.

과식하거나 특히, 고기를 먹었을때 후식으로 배를 먹으면 좋다. 배에는 소화를 돕는 인벨타제·옥시다제와 같은 효소가 들어있어 후식으로 그만입니다. 특히, 알칼리성 식품인 배는 산성식품인 쇠고기·육회·불고기·삼겹살 등 육류와 찰떡궁합 입니다. 배에 함유된 단백질 분해효소는 고기의 육질을 부드럽게 해 육회나 불고기를 잴 때 넣습니다.

배는 고혈압 예방에도 좋다. 배에 들어있는 칼륨성분이 고혈압을 유발하는 체내 잔류 나트륨을 배출시켜서 우리 몸의 혈압을 조절해 줍니다. 다른 과일에 비해서 칼륨함량이 높은데 100g당 사과의 두배에 해당하는 171mg의 칼륨이 들어있습니다.

또 펙틴이라는 물에 녹는 수용성 식이섬유소가 100g당 200~600mg수준으로 매우 풍부하다. 이는 혈압조절 효과와 혈액중 콜레스테롤 수치를 낮추는 작용을 하는 것으로 알려져 있습니다.

무엇보다 가장 돋보이는 배의 효능은 기침~가래~천식 등의 기관지 질환 예방과 치료에 많은 도움을 주는 것입니다. 이는 기관지염·가래·기침 등을 다스리는데 효과가 있는 루데올린성분이 배 1kg당 2~4.5mg 들어있기 때문입니다. 요즘과 같은 환절기에는 감기나 천식으로 고생하는 경우가 종종 있는데 이럴 때, 배즙을 먹으면 도움이 됩니다.

배의 성분중 당분이 10~13%인데, 이중 대변을 묽게 해주는 소르비톨 성분이 배 1개에 15~25mg/g이 들어있습니다. 유시간은 0.2%, 비타민C는 배 100g에 3~6mg, 무기물로는 마그네슘 칼륨이 각 75%, 인이 25%가 들어있습니다. 유리아미노산은 배 100g당 150mg, 식이섬유는 배 100g당 1~2g, 플라보노이드류 중 퀘르세틴은 말린 배 1kg에 20~45mg이

들어있습니다.

배의 85~88%가 수분이기 때문에 다이어트식품으로 매우 좋다. 또한 식이섬유가 많기 깨문에 육류섭취로 바뀐 서양식 식생활로 발병되는 대장암, 유방암을 비롯해 비만관련 암 발생율도 줄여줍니다. 생배를 섭취해도 항산화 효과가 있다.

그러나 아직까지 배의 어떤 성분이 탄화수소의 대사산물대사와 배설에 영향을 끼치는지는 정확하게 알지 못합니다.

그렇지만 불고기를 좋아하는 우리나라 사람들이 습관적으로 섭취해 온 배는 암 예방에 좋은 것만은 틀림이 없습니다.

◎ 암을 이기는 한국인들의 보약음식 만들기

1) 배컵생채

-암을 이기는 보약음식의 궁합재료
배 1개, 쇠고기(사태) 200g, 대추 5개, 미나리 10줄기, 대파 1개, 쪽마늘 3쪽, 잣 1작은술, 단촛물(식초 4큰술, 설탕 2큰술, 물 4큰술)
① 사태는 핏물을 빼고 통파, 통마늘을 넣고 삶아 건져내 저며 썹니다.
② 배는 반으로 갈라 속을 파내 그릇으로 이용하고 도려낸 속은 얇게 저며 썬다.
③ 대추는 씨를 발라 채 썰고, 미나리는 다듬어 2cm길이로 썹니다.
④ 단촛물은 반으로 나누어 그릇에 각각 담고 하나는 고춧가루로 붉은 물을 들인다.
⑤ 단촛물에 배 썬 것을 반씩 나누어 각각 담가둡니다.
⑥ 배를 각각 건져 대추, 잣, 미나리, 편육과 섞고, 두개의 배 그릇에 채워 담아낸다.

2) 배식혜

– 암을 이기는 보약음식 궁합재료
엿기름 4컵, 찹쌀 5컵, 물 30컵, 설탕 3컵, 배 4개, 대추, 잣
① 엿기름 가루는 따뜻한 물 8컵에 한시간정도 담가 정확히 우려낸 뒤 체에 받쳐 건더기를 짜내고 국물만 받아 앙금을 가라앉혀둔다.
② 찹쌀을 물에 담가 푹 불린 뒤 밥을 지어 전기밥통에 담고 엿기름의 맑은 윗물만 부어 50~60도에서 5시간쯤 삭힙니다.

③ 밥알이 삭아서 떠오르면 잠시 끓인 후 밥알을 건져 찬물에 헹궈 그릇에 따로 담아둡니다.

④ 밥을 건진 식혜물에 물 7컵을 더 부은 뒤 설탕과 배 저민 것을 넣어 단맛을 맞추어 끓입니다.

⑤ 다 끓여 식힌 식혜물을 그릇에 덜어내어 밥알, 잣, 대추채와 배를 꼭모양으로 썬 배를 띄워냅니다.

3) 배수정과

– 암을 이기는 보약음식의 궁합재료

계피 20g, 생강 50g, 물 10컵, 배 1개, 설탕 1, 잣 1큰술

① 생강의 껍질을 벗겨서 얇게 저밉니다. 물을 부어 은근한 불에서 서서히 끓여서 고운 체에 거른다. 께피는 깨끗이 씻어서 찬물을 부어서 끓입니다.

② 작은 배는 길이로 6~8등분하여 껍질을 벗기고 꽃모양으로 떠서 설탕물에 담가둡니다.

③ 달인 생강물과 계피물을 섞고 배를 넣고 설탕으로 맛을 맞춘 다음 서서히 끓입니다.

④ 배가 충분히 무르게 익히면 그대로 식혀서 차게하여 화채그릇에 담고 잣을 서너알씩 띄워 대접합니다.

4) 배숙

– 암을 이기는 보약음식의 궁합재료

배 1개, 생강 2쪽, 통후추 1큰술, 설탕 1컵, 잣 약간

① 생강은 껍질을 벗겨서 얄팍하게 저민 후 물 4컵을 붓고 끓입니다.

② 배는 큰 것을 8쪽, 작은것은 6쪽정도로 나눈 다음 속을 파낸다.

쪽을 낸 배는 반으로 갈라 삼각형이 되게 한 다음 가장자리를 돌려 깍아 다듬고 연한 설탕물에 담가둡니다.

③ 통후추를 깨끗이 손질하고, 잣도 마른 헝겊으로 닦아놓는다.

④ 준비된 배의 등쪽에 통후추를 3개씩

나란히 박습니다.

⑤ 생강 삶은 물이 팔팔 끓고 생강의 향이 우러나면 깨끗한 배보자기에 받쳐 한번 거른 다음 통후추 박은 배와 설탕을 넣어 끓입니다.

⑥ 국물이 끓기 시작하면 은근한 불에 배가 투명해질때까지 끓인다.

⑦ 완성된 배숙을 차게 식혀서 화채그릇에 담고 잣을 띄웁니다.

▶ 다양한 위장 장애와 위염을 억제해 암을 예방 합니다.

14. 홍삼

홍삼은 전분 등의 탄수화물이 60~70%로 많이 들어있지만, 다른 식물체에서 볼 수 없는 특이성분인 사포닌(Ginsenoside), 폴리아세틸렌(Polyacetylene), 항산화성 방향족 화합물, 간장 보호작용을 하는 고미신(Gomisin-N-A), 인슐린 유사작용을 하는 산성펩티드 등이 들어있습니다.

사포닌(Saponin)은 배당체라 부르는 화합물의 일종으로 물 또는 알코올에 잘 녹으며 지속적으로 거품을 일으키는 용혈작용 혹은 해독작용 등이 있는 화합물의 총칭입니다.

사포닌 성분은 주로 식물에 광범위하게 분포되어 있으나(약 750여종의 식물에 함유), 일부 해양동물인 해삼, 불가사리 등에도 함유되고 있으며, 화학구조를 간단히 정의를하면 당부분'suger'(glycone)와 비당부분'non-suger'(aglycone 또는 genin이라고도 함)d,fh 구성되어 있는 배당체이다.

특히, 사포닌의 비당부분(aglycone)을 Sapogenin이라고 부릅니다. 또한 사포닌은 비당부분(aglycone)의 골격구조에 따라 담마란(Dammarane)계와 올레아난(Oleanane)계의 2가지로 크게 분류된다.

통계를 보면 우리나라 사람들에게 가장 흔하게 발병하는 것이 위암입니다. 위암의 발생은 만성 위축성 위염이나 심한 만성위염이 원인이 되어 발병하게 된다.

그렇기 때문에 가장 좋은 예방은 정기검진이나 위장장애증세가 있으면 반드시 정밀검사를 받아야 합니다.

위염환자에 대한 임상실험 효과는 좀 더 과학적인 규명과 많은 사람을 대상으로 약효를 실험한 것에 대한 확실한 조사결과가 나오지 않았기 때문이라 생각됩니다.

특히, 헬리코박터팔로리의 감염으로 위염이 발생되었을때 홍삼을 섭취하면 효과를 볼 수 있습니다.

◎ 암을 이기는 한국인들의 보약음식 만들기

1) 홍삼 절편

① 수삼을 취히여 뇌두와 미삼 등을 제거합니다.
② 몸통만 남은 수삼을 칼로 썰어준다(두께는 대략 3~5㎜정도가 적당)
③ 썬 수삼을 찜통에 삶거나 아니면 끓는 물에 넣어 익힌다.(수삼을 찐다면 더 좋다. 인삼의 고유성분이 외부로 유출이 덜 될 수 있습니다.)
④ 다 익은 임삼을 물과 꿀을 3:1비율로 섞어준다. 그 다음 열을 가한다.
⑤ 어느정도 졸인 다음 꿀만 넣어 비슷한 시간으로 졸여준다.
  *졸일때의 온도가 제일 중요합니다. 너무 고온이면 삼이 풀어질 수가 있으니 60~80도가 적당하다.
⑥ 다 끝낸 다음 꿀을 제외한 임삼을 취하여 건조합니다.

※ 건조를 하는 일이 좀 까다롭고 가정에서는 힘든 부분이지만 잘 말려주어야 한다.

2) 홍삼 집에서 쉽게 달이는 법

– 암을 이기는 보약음식의 궁합재료
차로 마실때 : 홍삼 100g, 물 1500㎖(찻잔 약7~8잔)
약으로 복용할 때 : 홍삼 100g, 물 900㎖(찻잔 약4~5잔)
① 유리그릇 또는 도자기 용기에 넣고 끓입니다. 철 소재나 코팅된 용기는 홍삼을 달이는 동안 화학반응을 일으켜 약효가 떨어지기 때문에 피하는 것이 좋다.
② 4시간 끓인다. 온도는 95도가 넘지않도록 약한 불에서 달여야 합니다. 온도가 높으면 홍삼의 좋은 성분이 파괴될 수 있으므로 약한 불로 4시간이상 달여야 하는데, 끓이는 중간과정에서 잠시 불을 끄는 것도 한 방법이 될 수 있습니다.
③ 이렇게 4시간 정도 달인 홍삼액은 뚜껑이 있는 유리용기에 담아내는 것이 좋고 3차까지 달여먹을 수 있다. 한번 달여낸 홍삼은 잘라서 재탕하면 홍삼 안의 좋은 성분이

충분히 우러나와 더욱 좋습니다. 이때 약으로는 3회, 차로 마실때는 5회까지 가능하다.
　④ 이렇게 세번 달인 액은 냉장고에 보관하여 마시면 됩니다.

3) 홍삼대추차

– 암을 이기는 보약음식의 궁합재료
홍삼 2뿌리, 영지 우린 물 1컵, 대추 20개, 물 ①5리터
① 영지를 우린 물에 재료를 넣고 끓입니다.

4) 홍삼말이찜

– 암을 이기는 보약음식의 궁합재료
쇠고기(우둔살), 쇠고기(우둔살) 200g(다짐용), 홍삼 3뿌리, 대추 3개, 호두 5개, 은행 3알, 밤 3개, 생강즙, 잘게다진마늘, 소금, 후추, 참기름, 밀가루, 식용유 약간씩
*파인애플 쏘스, (재파인애플 통조림 국물 2/3컵, 포도주스 1/3컵, 소금 1작은술. 식초 2큰술, 녹말물 3큰술, 설탕 2큰술, 흰 후추 약간)
① 쇠고기는 얇게 썰어 양념하여 재어놓습니다.
② ①의 고기에 다진 고기를 넣고 가운데에 홍삼을 넣고 돌돌 말아 실로 촘촘히 묶는다.
③ 프라이팬에 기름을 두른 후 고기를 갈색으로 지집니다. 색이 나면 은행, 호두, 대추, 밤 등을 넣고 중불로 낮추어 뚜껑을 덮어 서서히 속까지 익힌다.
④ 소스를 뿌려 다시한번 더 끓인 후 불에서 내립니다.

5) 홍삼꿀정과

– 암을 이기는 보약음식의 궁합재료
홍삼 100g, 매실 농축액 100g, 꿀 1큰술
① 홍삼을 우묵한 팬에 넣고 물을 조금 넣어서 약한 불에서 한시간 끓입니다.
② 홍삼이 물컹해지면 매실과 꿀 1큰술을 넣고 물기가 없어질 때까지 조린다.

6) 홍삼곶감말이

– 암을 이기는 보약음식의 궁합재료
*홍삼 곶감말이 – 홍삼 5뿌리, 곶감 5개, 잣가루 5큰술
*홍삼 약편 – 멥쌀가루 5컵, 소금 1/2큰술, 설탕 홍삼가루 1큰술, (막걸리 1/4컵, 홍삼
우린 물의 양은– 떡의 수분을 조절합니다)
① 홍삼을 물에 끓이다가 물러지면 떡을 할때 사용하고 홍삼은 면포로 물기를
   제거합니다.
② 곶감은 2등분하여 속의 씨를 제거하고 잣가루를 뿌린 다음 홍삼을 넣고 돌돌 말아
   먹기좋은 크기로 자릅니다.
녹기 직전에 버무립니다.

▶ **녹차의 성분인 카테킨이 각종 암의 억제와 고혈압에 효과가 있습니다.**

15. 녹차

1976년 마이클 스폰이 최초로 학회를 통해 '암예방'이란 논문을 발표하면서 사람들이
암예방에 대한 관심을 갖게 된 것입니다.

이에 따라 지금까지 녹차를 비롯한 다양한 식품들을 대상으로 암예방효과에 관한 영구가 진행되고 있습니다.

녹차임에 대량으로 들어있는 카테킨은 폴리페놀의 하나인데, 이것은 유전독성과 돌연변이 예방, 암의 촉진과정과 연관된 종양인자의 활성화 감소, 간 해독, 활성산고 제거, 항산화작용 등의 역할을 합니다.

특히, 카테킨중 하나인 EGOG성분은 폐암, 간암, 위암, 대장암, 유방암, 식도암 등의 암 발생과 진행을 억제해준다는 보고서도 있습니다.

또한 녹차는 공업화의 발달로 축적되는 중금속과 암과 연관이 있는 환경변이원성 중금속인 카드뮴까지 체외로 배출시켜줍니다.

이밖에 고혈압, 당뇨, 비만 등 각종 성인병을 예방해주는 건강식품인 것입니다.

암을 이기는 한국인들의 보약음식 만들기

1) 연근말차 찹쌀찜

− 암을 이기는 보약음식의 궁합재료

연근, 찹쌀, 말차(녹차가루), 소금

① 껍질을 벗긴 연근을 적당한 크기로 자릅니다.

   연근을 꽃모양으로 다듬으면 보기 좋다(겉에 칼집을 낸다.)

② 물에 불린 찹쌀을 말차가루와 섞는다.

③ 연근의 구멍에 말차와 섞은 찹쌀을 넣습니다.

④ 찜통에 찐다.

⑤ 연근이 식으면 먹기좋은 크기로 잘라 그릇에 담는다.

2) 고구마 경단

− 암을 이기는 보약음식의 궁합재료

고구마, 꿀, 말차(녹차가루)

① 고구마를 찐다. 밤고구마를 사용합니다.

② 찐 고구마 껍질을 벗긴다. 고구마 껍질을 뜨거울때 벗겨야 잘 벗겨진다.

③ 고구마를 체에 한번 거른다. 고구마를 체에 내려야 끈기가 덜 생겨 반죽하기에 좋습니다.

④ 고구마에 녹차가루를 넣고 반죽해서 모양을 내어 빚는다.

이쑤시게로 위를 한번 눌러, 꽃모양을 만들거나 다식판을 이용하여 모양을 만들어도 됩니다.

3) 녹차죽

– 암을 이기는 보약음식의 궁합재료

우유1컵, 랍쌀가루 1/2컵, 가루차 1티스푼, 소금이나 꿀 약간

① 찹쌀은 4시간정도 물에 불렸다가 건져서 그늘에 말린 후 가루로 빻아놓습니다.

② 바닥이 두꺼운 냄비에 쌀가루를 살짝 볶는다. 고소한 맛을 내기 위해서 가루를 볶지않고 끓여도 된다.

③ 냄비에 쌀가루를 넣고 준비한 물을 붓고 저어가며 은근한 불에 끓입니다.

④ 쌀가루가 퍼졌다 싶으면 우유와 차가루를 넣고 혼합이 되게 고루 저어준다.

⑤ 불을 끈 다음 뚜껑을 닫고 뜸이 들도록 둔다.

⑥ 소금간을 합니다.

⑦ 단 것을 좋아하는 어린이들은 꿀을 타주면 좋습니다.

날 것보다 가공식품으로 섭취하면 전립선암, 유방암 예방에 좋습니다.

▶ 에탄올 추출물 칼콘은 여성호르몬 갱년기 여성질환의 예방과 치료에 대한 대체요법에도 사용된다.

16. 감초

날 것보다 가공식품으로 섭취하면 전립선암과 유방암 예방에 좋습니다.

예로부터 감초는 한약처방에서 모든 약재의 독성을 제거해주는 것으로 사용되고 있다. 감초는 글리시리직산, 글리시리헤티민산, 리쿼리틴, 이솔리쿼리틴 등 정류된 성분으로 사용되고 있습니다. 또한 땀이나 여드름에도 효과가 좋고 염증을 진정시키는 소염작용까지 합니다.

감초가 지닌 노락샌은 플라보노이드라는 성분으로 전립선암과 유방암 예방에 효과가 있는데, 이 성분은 일부 과일이나 야채에도 함유되어 있지만 감초와는 달리 약효가 없습니다.

감초는 물을 끓여서 우려낸 것보다 에탄올, 헥산, 클로로포름, 메탄올, 에틸아세테이트 등을 이용해서 나온 추출물이 유방암 예방에 훨씬 효능이 있습니다.

감초에서 암을 억제하는 성분은 거의가 플라보노이드지만 비플라보노이드계인 칼콘 성분 역시 항암효과에 뛰어납니다. 이 칼콘은 벤잘아세토페논의 황색색소군으로 열을 가해도 손상이 없기때문에 발암촉진물질을 손상시켜 암세포 증식을 억제시켜줍니다.

에탄올 추출물 칼콘은 여성호르몬 에스트로겐과 유사하기 때문에 유방암 세포만을 골라 사멸시키고, 갱년기 여성질환의 예방과 치료에 대한 대체요법에도 사용됩니다.

그렇지만 건강에 좋다고 지나치게 섭취하면 오히려 역효과가 있다. 그 이유는 감초를 과다섭취하면 부작용이 있다는 보고가 있기때문입니다.

◎ 암을 이기는 한국인들의 보약음식 만들기

1) 감초차

– 암을 이기는 보약음식의 궁합재료
감초뿌리 100g, 물 6컵, 볶은 현미, 검정콩, 꿀

① 감초뿌리를 깨끗이 씻은 후 그늘에서 말린 뒤, 바람이 잘 통하는 곳에 보관합니다.

② 말린 감초 100g을 깨끗이 씻어 물기를 제거한다.

③ 주전자에 물기를 제거한 감초와 물 6컵을 넣고 끓입니다. 이때 각자의 취향에 맞게 검은콩이나 볶은 현미를 넣고 끓여도 좋다.

④ 물이 끓고나면 불을 줄여 약한 불로 2시간이상 달여줍니다.

⑤ 달여진 감초 건더기를 걸러낸 후 마시면 된다.

2) 감초 건강탕

– 암을 이기는 보약음식의 궁합재료
생강 10(포)g, 감초 6g을 물로 달여서 복용합니다.

▶ **항암작용이 있는 48개 식품 중 마늘이 1위입니다.**

17. 마늘

마늘을 생으로 다지거나 장아찌로 섭취해도 효능을 볼 수 있다.

마늘은 기능성 식품으로 건강을 유지하는데 있어서 최고의 선물입니다. 최근 미국 타임지가 선정한 10가지 건강식품중에 하나로 포함되었고, 미국 국립암연구소가 발표한 항암작용이 있는 48개식품중에 마늘이 1위를 차지했다.

특히, 마늘은 심장마비와 뇌졸증을 예방하는데 효능이 있습니다. 즉, 콜레스테롤 합성효소를 억제하고 콜레스테롤 수치를 낮춰주며 피를 맑게 해주는 역할을 한다.

마늘을 포함한 부추, 양파, 파 등을 많이 섭취하면 위암발생률이 줄어들고, 마늘을 많이 섭취하는 사람들에겐 대장암 발생률이 적습니다. 또한 발암물질의 대사를 막아주고 해독하는 효소가 많아 독성을 줄이며 DNA의 손상까지 예방해준다. 더구나 암세포 증식을 억제하고 면역작용을 증가시키며 항산화작용으로 항암작용까지 갖추고 있습니다.

마늘의 성분 중 알리신은 항균작용이 있기때문에 박테리아와 곰팡이의 증식을 억제한다. 그래서 1,2차 세계대전 당시 항생제로 널리 사용되었습니다.

또한 면역작용을 증가시켜 병원균의 침입을 막아 알레르기 작용을 완화하기 때문에 건강식품으로 으뜸입니다. 즉, 면역세포중 B림프세포를 증가시켜 항체를 많이 생산하고 T림프세포와 대식세포를 늘려 세균이나 암세포를 죽이는 것이다. 다시말해 자연적인 살인세포를 증가시켜 암세포를 죽이기 때문에 에이즈 환자에게도 효과가 있습니다.

예로부터 마늘을 많이 섭취하면 장수를 누릴 수 있고 스트레스 해소와 함께 기억력을 회복시켜 치매발병을 줄이는 효과가 있다고 했습니다. 최근엔 마늘을 많이 섭취하면 정력강화에 효과가 있다는 보고서까지 나왔다. 이것은 남성호르몬을 증가시키고 정자수를 늘이는 효과가 있기때문입니다.

마늘을 영양가 있게 섭취하려면 껍질을 벗기고 효소가 활성화되어 알리신과 설파이드가 생성되는 10분후가 가장 적당합니다.

◎ 암을 이기는 한국인들의 보약음식 만들기

1) 마늘전

– 암을 이기는 보약음식의 궁합재료
주재료 – 마늘 20쪽
데치기 – 물 2컵, 소금 1/2작은술
부재료 – 퍼슬리 약간, 콩기름 적당량, 계란 2개, 밀가루 적당량
재료손질
① 마늘을 소금물(물 2컵에 소금 1/2작은술)에 살짝 데칩니다.
   (투명해지는 정도)
② 데친 마늘을 반으로 잘라 꼬치에 꿴다.

※ 마늘을 데쳐 아린 맛을 제거하십시요!

① 마늘 꼬치에 푼 달걀과 밀가루를 바른 후에 콩기름을 두르고 노릇하게 지진다.
② 지질때 파슬리 가루를 뿌립니다.
③ 고추장과 곁들여 낸다.
 *달걀에는 소금 간을 하지 않는다. 소금 간을 하면 달걀옷이 잘 붙지않기
   때문입니다.

2) 마늘꿀탕

– 암을 이기는 보약음식의 궁합재료
마늘 20쪽, 꿀 8큰술
① 마늘은 껍질을 벗기고 씻어 물기를 뺍니다.
② 찜통을 마늘에 30분 찐후 방망이로 곱게 으깬다.
③ 으깬 마늘에 꿀을 넣고 약불에서 10분동안 끓인다.
④ 병에 담아놓고 숟가락으로 떠먹거나 뜨거운 물에 타서 마십니다.

3) 마늘장아찌

– 암을 이기는 보약음식의 궁합재료

마늘은 알이 단단하고 고른 6쪽 마늘을 택한다. 겉껍질을 벗긴다.

① 겉껍질을 벗긴 쪽마늘의 뿌리와 대공부분을 자릅니다.

② 마늘을 깨끗이 씻어 소쿠리에 건져놓는다.

③ 항아리에 마늘을 차곡차곡 담습니다.

④ 식초 4컵정도에 마늘이 잠길 정도의 물을 부어 희석시킨 후, 마늘이 푹 잠길정도로 부어 4~5일 정도 시원한 곳에 보관하여 삭혀 마늘의 매운 맛을 없앤다.

⑤ 4~5일정도 지난 뒤에 식초를 따라 내어서 물기를 뺍니다. 분량의 진간장에 설탕, 식초를 넣고 팔팔 끓으면 바로 식혀 절임간장을 만든다.

⑥ 물기를 밴 식힌 마늘을 항아리나 병에 차곡차곡 담고 식힌 절임간장을 푹 잠길정도로 붓고 뚜껑을 닫아 밀봉을 시켜서 시원한 장소에 10일정도 보관합니다.

⑦ 10일정도 지난 후 간장을 따라내어 끓인다. 간장이 끓으면 식혀서 단지에 다시 붓는다. 이런 과정을 3~4회 반복하여 한달 정도 지나면 먹을 수 있습니다.

⑧ 잘 삭은 마늘장아찌를 조금씩 꺼내 가로로 잘라 그릇에 담고, 절임간장을 자작하게 부어냅니다.

4) 초마늘

① 마늘의 껍질을 깝니다.

② 주둥이가 넓은 유리병에 마늘을 넣고 마늘이 잠기도록 식초를 붓는다.

③ 유리병을 꼭 담아 냉장고에 열흘정도 보관한다.

④ 매운 맛이 배어나온 유리병의 식초를 버리고 다시 새 식초로 부어 넣습니다.

⑤ 식사때마다 1~2쪽씩 먹는다.

5) 마늘햄 야채볶음

– 암을 이기는 보약음식의 궁합재료

스팸 150g, 양파 4/1개, 데친 브로콜리 40g, 풋고추, 붉은고추 1개씩, 소금, 후춧가루, 참기름 조금

마늘 콩기름 재료 : 콩기름 2큰술, 채 썬 마늘 3쪽 분량, 부순 통후추 1작은술, 다진 양파

2큰술, 소금, 후춧가루 조금

① 재료를 섞어 마늘 콩기름을 만든 뒤 하루이상 둡니다.

② 스팸은 2×2㎝, 크기 0.5㎝두께로 썬다.

③ 양파는 2㎝크기로 네모지게 썰고 브로콜리는 스팸과 비슷한 크기로 저민다.

④ 풋고추와 붉은고추는 반으로 갈라 씨를 털고 송송 썹니다.

⑤ 펜에 마늘 콩기름을 두르고 스팸과 양파를 넣고 볶은 뒤 청주를 뿌린다.

⑥ 5번에 풋고추, 붉은고추, 브로콜리 순으로 넣고 조금씩 볶은 뒤 소금, 후춧가루로 간하고 참기름을 약간 두릅니다.

6) 구운 새우마늘 볶음면

– 암을 이기는 보약음식의 궁합재료

새우(중하) 4마리, 우동국수 200g, 양파 2/1개, 다진마늘 2큰술, 다진 생강 3/1작은술, 굴소스 1큰술, 후추 조금, 백포도주 1큰술

마늘소스 : 잘게다진마늘 2큰술, 청주 2/1컵, 닭육수 1컵

곁들임 채소 : 비트 50g, 무순 10g, 깻잎 5장, 당근 50g

① 새우는 소금물에 흔들어 씻은후 등의 내장을 제거하고 수렴을 손질하여 놓습니다.

② 양파는 가늘게 채 썰어놓고 비트와 깻잎, 당근도 가늘게 채 썰어 찬물에 담가 싱싱하게 준비합니다.

③ 마늘소스를 만든다. 펜에 기름을 두르고 다진마늘을 넣어 볶다가 닭육수와 청주를 넣어 중불에 끓여서 소스를 만든다.

④ 우동국수는 뜨거운 물에 데쳐둡니다.

⑤ 팬에 버터를 두르고 새우를 굽는다. 굽는 도중에 백포도주를 뿌려 국수를 넣어 볶는다.

⑥ 펜에 버터를 두르고 다진 마늘과 생강, 양파를 넣어 볶다가 데친 국수를 넣어 볶습니다.

⑦ 접시에 볶은 우동국수를 담고 구운 새우를 곁에 담는다. 싱싱하게 준비한 채소는 물기를 걷어 볶음국수 위에 얹어 장식합니다.

7) 마늘 장어요리

– 암을 이기는 보약음식의 궁합재료

장어 1마리, 마늘 7쪽, 통깨, 송송 썬 실파 약간, 생강 초절임 적당량

구이양념 재료 : 간장, 설탕, 청주 1큰술, 고추장 2큰술, 고운 고추가루 1작은술, 생강즙 2/1큰술

① 마늘은 뿌리부분을 잘라내고 반대방향으로 얇고 둥글게 저밉니다.

② 적당량의 재료를 고루 저어가며 섞어, 구이양념을 만든다.

③ 장어는 손질한 것으로 준비하여 6㎝길이로 자른 뒤 1㎝폭으로 칼집을 넣고 칼끝으로 지근지근 두들겨 구이양념을 반만 발라둡니다.

④ 호일을 깐 석쇠를 불에 올려 장어를 놓고 다시 구이양념을 골고루 발라서 저민 마늘을 뿌려 굽습니다.

※ 장어는 핏물을 빼고 누린내를 없앤 후 양념장을 바르고 마늘을 얹어 석쇠에 구워먹으면 입안에서 살살 녹습니다.

8) 마늘 시금치 샐러드

– 암을 이기는 보약음식의 궁합재료

시금치 150g, 양송이 70g, 호두 50g, 방울토마토 150g

소스재료 : 올리브오일 2큰술, 레몬즙(식초) 1큰술, 잘게다진마늘 1큰술, 소금 1작은술, 후우 약간

① 시금치는 적당한 줄기만 두고 자른 후 씻어서 물기를 잘 뺍니다.

② 양송이와 방울토마토는 모양대로 얇게 저며 썬다.

③ 호두는 분량의 절반을 그대로 두고 남은 절반분량을 곱게 으깹니다.

④ 팬에 식용유와 올리브를 붓고, 센불로 기름이 달구어지면 호두를 넣어 재빨리 저으면서 호두기름을 만든다.

⑤ 식힌 호두기름에 레몬즙, 다진마늘을 잘 섞은 다음, 소금, 후추로 간을 합니다.

⑥ 채소와 소스를 따로 내어서 먹는다.

▶ 대장암 예방과 성인병에도 효능이 높습니다.

18. 유산균

우리나라 암 사망 원인가운데 대장암이 1-.6%를 차지하는데, 이것은 식생활 문화의 서구화로 육류의 섭취가 많기 때문입니다. 이에 따라 식단문화가 과거로 돌아오지 않으면 대장암으로 사망하는 인구가 점점 늘어날 것으로 내다보고 있습니다.

1858년 프랑스 사람 루이 파스퇴르에 의해 유산균이 처음 발견되었다. 우리나라의 대표적인 유산균 발효식품은 김치인데, 김치를 많이 섭취하면 종양생성이 억제된다는 보고서까지 나왔습니다.

사람의 장내 세균과 대장암과의 상관관계를 연구한 결과 대장 내에서 유산을 생성하는 락토바실러스균이 많으면 많을수록 대장암 발생률이 낮다고 합니다.

대장 내에 존재하고 있는 유산균의 수를 증가시키기 위해서는 유산균을 직접 섭취하거나 김치나 유산균이 포함된 식품을 섭취하면 해결됩니다. 이렇게 되면 대장 속 분변 중에 암을 유발시키는 베타-글루쿠로니데이즈의 활성을 낮추어 대장암이 예방됩니다.

이밖에 유산균은 면역기능의 증강과 장내 콜레스테롤의 흡수를 억제해 심혈관 질환을 예방해 줍니다.

◎ 유산균을 먹는 방법

- 살아있는 유산균이 좋습니다.

요구르트는 우유 등의 유제품에 유산균을 넣은 뒤; 적절한 온도로 배양해 발효시킨 것이다. 요구르트는 유산균에 의한 발효과정에서 유산을 내면서 맛이 시어지는 것이 특징입니다.

요구르트의 가장 큰 효과는 정정작용인데 요구르트를 먹으면 요구르트에 들어있는 유산 등 생리적 물질들이 장의 연동운동을 촉진시켜 장 운동을 활발히 함으로써 변비증상을 개선시키며, 또한 우유나 병원성 세균에 의한 설사를 예방합니다.

특정 유산균에 따라 효능에 조금씩 차이가 있는데 알레르기 감소, 충치억제, 면역증강 등 다양한 효과를 얻을 수 있다.

– 식후에 꾸준히 먹는것이 좋습니다.

예전에는 요구르트를 식전에 먹으면 위산이 유산균을 죽인다고 해서 피했으나 최근에는 위산에 강한 유산균을 쓰기때문에 사실 먹는시간은 큰 관계가 없습니다. 요구르트는 먹는 시간이나 양보다는 매일 꾸준히 먹는 것이 가장 중요하다. 사람마다 차이는 있지만 먹는 양은 보통 하루에 한병 정도면 효과를 볼 수 있다고 합니다.

또 아침식사 대용으로 먹을 경우엔 시리얼이나 빵 등과 같이 섭취하는 것이 영양적으로도 아주 좋습니다.

– 마시는 드링크에 배양액 성분 많습니다.

요구르트는 유성분 함량에 따라 발효유와 농후발효유로 나뉘며, 음용형태에 따라 액상발효유, 떠먹는 호상발효유, 마시는 드링크 발효유로 나뉩니다.

굳이 따지자면 식이섬유나 올리고당 등 여러가지 기능성 성분도 첨가되어 있는 드링크 제품이 가장 크게 효과를 볼 수 있습니다. 또한 판매하는 회사마다 조금씩 다른 유산균을 사용하므로 이왕이면 효능이 과학적으로 입증된 유산균을 사용한 것이 더 믿음직스럽다.

– 과일과 함께 먹으면 더 효과적 입니다.

요구르트는 가열하지 않으면 요리에 활용해도 영양이 파괴되지 않습니다. 샐러드나 시리얼을 먹을때 곁들이면 훌륭한 한끼 식사로 대신할 수 있다.

보통 외국에서는 플레인 요구르트에 과일이나 시리얼 등을 넣어 아침식사에 곁들여 먹는 경우도 많습니다.

또한 요구르트를 얼려 아이스크림처럼 만든 제품도 유산균이 살아있으므로 효과가 있으며, 단순히 유산균을 첨가해 만든 제품보다는 직접 배양해서 얼린 제품이 더 효과적이다.

집에서 요구르트를 만들 경우에는 최대한 위생적으로 만들어야 합니다. 기호에 따라 과일을 넣으면 맛은 물론 영양도 상승작용을 한다.

▶ 껍질부분을 섭취하면 위암, 전립선암, 유방암 발생을 억제해줍니다.

19. 양파

양파의 성분에는 알킬시스테인설폭사이드 계열의 화합물질이 있습니다. 이것은 알리나제 효소가 물리적인 힘을 발휘해 강한 양을 지닌 메틸시스테인설폭사이드 등으로 전환됩니다.

양파에 함유된 주요 생리활성 물질은 유기황화합 물질과 플라보노이드화합물질이 있다. 껍질에는 퀘세틴이라는 노란색 계열의 플라보노이드를 다량으로 함유하고 있습니다. 즉 샐러드 재료인 자주색 양파에는 플라보노이드 중 안토시아닌이 많이 들어있다. 이에 따라 양파를 많이 섭취하면 위암, 전립선암, 유방암 등을 예방해 감소시킵니다.

유기황화합물질은 발암물질의 무독화를 촉진하는 효소의 활성을 높여주기 때문에 DNA변이과정을 차단해줍니다. 또한 암세포 유전자의 발현을 조절해주고, 비정상적인 세포의 고사를 유도하며, 세포분열 주기를 정상적으로 회복시켜 주는 유전자를 조절해줍니다.

양파의 대표적인 성분은 플라보노이드로 알려진 퀘세틴인데, 이 물질은 우수한 항산화력을 가지고 있어 세포의 산화손상을 억제해줍니다.

체내에서 생성된 반응성 산소종들은 세포의 돌연변이를 일으키고 세포의 정상적인 기능을 방해하기 때문에 암조직이 생성됩니다. 이때 퀘세틴과 같은 항산화물질들이 산소종의 생성을 억제해 암화과정을 차단해주는 것이다.

그렇지만 항산화 물질을 과다섭취하면, 스스로 반응성 산소종으로 전환되기 때문에 유의해야 합니다.

◎ 암을 한국인들의 보약음식 만들기

1) 양파 와사비 간장절임

– 암을 이기는 보약음식의 궁합재료
양파, 와사비, 진간장, 국간장, 물

① 양파는 다듬은 후 1/2로 자릅니다. 그리고 한쪽 방향으로 길게 썬다.

　(보통 양파의 경우 1/2정도로 두끼에서 세끼정도 먹는다.)

② 진간장 2 : 국간장 1 : 물 0.5정도의 비율로 간장그릇에 양파가 살짝 올라올 정도로 맞춥니다. 다음엔 와사비를 기호에 맞게 넣고 간장을 섞는다. 그리고 양파를 얹고 간장을 몇번 끼얹어준 후 먹는다.

2) 버섯 양파볶음

– 암을 이기는 보약음식의 궁합재료

양파, 표구버섯, 팽이버섯, 당근, 진간장, 물

① 표고버섯을 물에 불립니다.

② 팽이버섯은 뿌리부분을 약간 다듬고 씻어만 둡니다.

③ 물에 불린 표고버섯은 볶기 좋게 알맞은 크기로 자른다.

④ 팽이버섯은 대여섯개씩 떼어둡니다.

⑤ 양파는 다듬은 후 집어먹기 좋게 약간 크게(중국집에서 나오는 양파정도 크기로) 2/3정도 준비하고, 잘게 썰어서 1/3정도 준비합니다.

⑥ 당근은 깍둑썰기로 작게 잘라준다.

⑦ 냄비에 물 5순가락 정도 넣고, 맨 먼저 당근과 약간 크게 썬 양파를 볶는다.

⑧ 센불로 3분정도 볶다가 표고버섯과 잘게 썬 양파를 넣습니다.

⑨ 다시 센불로 3분정도 볶다가 마지막으로 팽이버섯을 넣는다. 그리고 물이 너무 없어 타겠다 싶을때 진간장 두 순가락과 물 세순가락을 골고루 뿌려줍니다.

⑩ 마지막으로 중간불에 다 익을만큼 볶은 후 먹는다.

⑪ ① 기호에 따라 후추나 고춧가루 넣어서 먹어도 좋습니다.

3) 양파구이

– 암을 이기는 보약음식의 궁합재료

양파, 후추, 소금, 물

① 양파를 씻은 후 반으로 자릅니다.

② 큼직하고 두껍게 썰되 원형모양이 흐트러지지 않게 썬다.

③ 넓은면이 밑으로 가게 프라이팬에 올립니다.

④ 센불에 익히기보다는 중간불로 서서히 익히는게 좋다.

⑤ 중간중간에 타지않게 물을 뿌려준다.

⑥ 뒤집어가면서 노릇노릇하게 익을때까지 굽습니다. 약간 태워서 먹으면 풍미가 뛰어나다. 그리고 간에 맞게 후추와 소금을 넣습니다.

4) 양파 양송이 탕수

– 암을 이기는 보약음식의 궁합재료

양파 1개, 양송이 5개, 당근 1/4, 피망 1/4개, 식용유 2큰술, 탕수소스(물 1/2컵, 녹말물 3큰술, 토마토케첩 3큰술, 잘게다진마늘·설탕 1작은술, 소금 약간)

① 양파를 잘 손질해 한입 크기로 네모지게 썰고 양송이는 껍질을 벗겨 반으로 자릅니다.

② 당근은 얄팍하게 저며 꽃모양틀로 찍어내고, 피망은 세모나게 자른다.

③ 달군 팬에 식용유를 두르고 양파와 양송이, 당근, 피망을 넣어 달달 볶은 다음 접시에 담습니다.

④ ③의 팬에 물을 붓고 한소끔 끓이다가 녹말물과 나머지 소스재료를 넣어 보글보글 듬뿍 끼얹어 냅니다.

⑤ ③에 탕수소르를 듬뿍 끼얹어 낸다.

5) 양파수프

– 암을 이기는 보약음식의 궁합재료

양파 2개, 바게트 빵 2쪽, 모차렐라 치즈 80g, 물 3컵, 치킨스톡 1/3개, 실파 1/2대, 소금·후추 조금, 버터 2큰술

① 양파를 손질해 굵게 채 썰어 버터를 두른 팬에 넣고 갈색이 나도록 볶습니다.

② 냄비에 물을 담고 치킨스톡을 넣고 끓여 육수를 만든다. 치킨스톡은 수입식품 코너에서 살 수 있으며, 각설탕만한 크기로 낱개포장되어 있습니다.

③ ②의 육수레 볶은 양파를 넣어 끓이다가 후추로 간한 뒤 그릇에 담습니다.

④ 양파스프 위에 바게트빵을 올리고 모차렐라 치즈를 넓적하게 잘라얹은 뒤, 전자레인지에서 '강'으로 1분정도 익히고 오븐토스터에 넣고 치즈가 녹을 정도만큼 구워낸다.

▶ 풍부한 섬유질로 발암물질을 체외로 배출시켜 암을 억제해줍니다

20. 미역

해조류 미역은 무기질, 비타민, 섬유질 등이 다량으로 들어있는 알칼리성 식품이며 다당류도 다량으로 함유되어 있다.

다양한 생리활성 작용이 있는 미역의 다당류는 20~30%가 갈긴산 형태로 존재하고 있으며, 황산성이 함유된 산성 퓨코이딘도 다량 들어있습니다.

체내의 노폐물인 대변에는 암을 유발하는 물질이 들어있기 때문에 변을 참으면 참을수록 건강에 좋지않습니다.

이에 따라 미역에 다량으로 들어있는 섬유질은 체내의 발암물질을 흡착하여 체외로 빠르게 배출하는 효능을 가지고 있습니다.

미역에서 추출되는 퓨코이딘은 체내의 면역력을 높여 다양한 종양세포의 성장을 억제하는 것으로 알려져 있습니다.

또한 미역귀에서 추출한 물질이 암세포 억제효과와 혈액암바이러스 증식을 억케시킨다는 보고가 있기도 합니다.

더구나 다량으로 들어있는 베타카로틴은 암발생의 원인인 활성산소를 제거해 세포의 손상을 차단하여 암세포 증식을 억제해줍니다.

◎ 암을 이기는 한국인들의 보약음식 만들기

1) 미역냉국

- 암을 이기는 보약음식의 궁합재료
마른 미역 불린 것 2컵, 오이 1개, 다진 마늘 2작은술, 간장 1큰술, 고춧가루 2 작은술, 참기름 1작은술, 깨소금 1작은술, 다시마 20㎝, 물 4컵, 간장 2큰술, 설탕2큰술, 식초 4큰술, 얼음.
① 마른미역은 물에 넣어 30분정도 불린 다음 살짝 데쳐 짧게 썰어놓고 오이는 길이로 반 갈라 어슷어슷하게 썹니다.
② 다시마는 깨끗이 닦아 적당량의 물을 붓고 팔팔 국물이 우러나면 건져내 식힌 다음

간장, 식초, 설탕으로 간을 맞추어 차게 둡니다.

③ 썰은 미역은 간장, 마늘, 고추가루, 깨소금, 참기름을 넣어 무친다.

④ ③을 그릇에 담고 어슷 썬 오이를 얹은 뒤 차게 식혀 둔 국물을 붓고 얼음을 띄워냅니다.

2) 미역홍합국

– 암을 이기는 보약음식의 궁합재료

불린 미역 1컵, 홍합 100g, 마늘 2쪽, 물 4컵, 국시장국 4큰술, 참기름

① 불린 미역은 깨끗이 씻은 후 먹기좋게 썹니다.

② 홍합은 지저분한 수염을 떼어내고 연한 소금물에 씻어 전진다.

③ 냄비에 참기름을 두르고 ①의 미역을 넣어 한소끔 복은 후 적당량의 물을 넣습니다.

④ ③이 끓으면 홍합을 넣고 거품을 걷어낸 후 국시장국 4큰술을 넣는다.

⑤ ④에 마늘을 다져넣고 부족한 간은 소금으로 맞춥니다.

3) 콩나물 미역냉채

– 암을 이기는 보약음식의 궁합재료

콩나물 150g, 마른미역 30g, 당근 1/2개, 무순 1팩, 소금 약간, 들깨 소스 적당한량

무침장 : 간장 · 설탕 1큰술, 탄산수 2큰술, 참기름 1/2큰술

① 콩나물은 물에 씻어 끓는 물에 소금을 약간 넣고 데쳐 물기를 빼놓습니다.

② 마른 미역은 물에 담가 불린 다음 손으로 문질러 씻고 짧게 잘라놓는다.

③ 분량의 재료로 무침장을 만들어 반은 콩나물에 넣어 무치고, 반은 미역에 넣어 무칩니다.

④ 당근은 채 썰고 무순은 밑동을 자른 후 각각 찬물에 담갔다 건져 물기를 뺀다.

⑤ 콩나물과 미역, 당근, 무순을 보기좋게 담고 준비해둔 들깨소스를 뿌려냅니다.

발암물질 흡착방해와 돌연변이 저해물질이 풍부해 암예방에 좋습니다.

▶ 발암물질 흡착 방해와 돌연변이 저해물질이 풍부해 암예방에 좋습니다.

21. 다시마

예로부터 다시마가 천연 조미료로 애용되어 왔는데, 단백질인 글루탐산과 아스파탐산이 다량으로 들어있습니다.

다시마에는 다당류인 알긴산과 셀룰로오스, 수용성인 퓨코이딘, 요오드, 칼륨, 나트륨, 칼슘, 마그네슘 등의 무기질과 철, 아얀, 구리, 셀레늄 등도 들어있습니다.

이처럼 좋은 식품임에도 불가하고 식습관으로 발달되지 못한 이유는 부드러운 미역과는 달리 단단하고 양적으로 적었기때문이다. 그렇지만 최근들어 일본의 원자로 사고로 인한 요오드의 발표로 다시마가 인기를 누리고 있습니다.

지금까지 다시마의 항암효과에 대한 연구에서 다량으로 들어 있는 알긴산 등의 섬유질이 식품조리, 가공, 저장중에서 나타나는 발암원을 흡착시켜 암발생을 억제한다는 보고서가 발표되었습니다. 또한 알긴산은 돌연변이성 물질의 돌연변이 성능을 저해하여 암발생을 저하시킨다는 연구결과도 있습니다.

그렇지만, 다시마를 비롯한 해조류를 지속적으로 섭취하면 칼슘과 철의 흡수율을 저하시키기 때문에 유의해야 합니다.

■ 암을 이기는 한국인들의 보약음식 만들기

1) 무다시마탕

– 암을 이기는 보약음식의 궁합재료
무 1개, 다시마 10㎝, 표고버섯 5개, 소금 약간, 후추 약간
① 무 2㎝두께로 썰어 껍질을 벗깁니다.
② 다시마-두툼한 냄비에 물 5컵을 붓고 깨끗한 행주로 잘 닦아 물송에 20분간 담가둡니다.
③ 표고버섯-미지근한 물에 불리는데, 그 불린 물은 버리지 말고 다시마를 담은 냄비에 넣습니다.
④ 무를 다시마속에 넣고 끓이며, 거품은 걷어냅니다.
⑤ 1시간쯤 뒤에 표고버섯을 넣은 후 물이 전부 줄어들지 않게 조심해서 약한 불로

끓인다.

⑥ 약 2시간쯤 끓이다가 소금과 후추를 넣고 간을 합니다.

2) 다시마 어묵조림

– 암을 이기는 보약음식의 궁합재료

다시마 20㎝, 어묵 100g, 미나리 20줄기

조림장 재료들

간장 1큰술, 설탕 2/3큰술, 미료 술 3큰술, 물 3큰술, 생강즙 1작은술

① 다시마는 끓는 물에 데쳐 길이 8㎝, 넓이 5㎝로 자릅니다.

② 어묵은 끓는 물에 데쳐 냉수로 헹군다.

③ 미나리는 깨끗하게 다금어 끓는 물에 데친다.

④ 준비한 다시마를 김밥위에 얹고 준비한 어묵을 돌돌 말아서 미나리장을 만듭니다.

⑤ 간장에 설탕, 조미료 술, 생강 즙, 물을 분량대로 넣고 잘 섞어 조림장을 만든다.

⑥ 냄비에 조림장을 넣어 끓이다가 어묵말이를 넣고 조려서 마무리합니다.

⑦ 기름에 튀겨 만든 어묵은 그대로 조리하면 기름이 너무 많이 베어나서 다른 재료가 제 맛을 내지 못하므로 끓는 물을 끼얹거나 살짝 데쳐서 기름을 빼서 준비합니다.

3) 다시마말이 조림

– 암을 이기는 보약음식의 궁합재료

돼지고기 300g, 파 1대, 생강 2쪽, 다시마 1조각

조림장 재료들

간장 2큰술, 설탕 1큰술, 참기름 1큰술, 청주 1큰술, 마늘 3쪽, 마른고추 1개

① 돼지고기는 살코기로 준비하여 넓고 얇게 뜨고, 파는 다듬어서 3㎝길이로 자른 다음 채로 썬다.

② 생강은 껍질을 벗겨 얇게 저민 다음 채로 썰고 생강은 껍질을 벗겨 얇게 저민 다음 채로 썹니다.

③ 다시마는 물에 충분히 불리고 마른 고추는 꼭지를 자르고 씨를 털어낸 다음 3㎝크기로 자릅니다.

④ 돼지고기 뜬 것을 넓게 펴고 채 썬 파, 생강 채를 얹고 돌돌 만다.

⑤ 불린 다시마를 꺼내 물기를 걷어낸 후 고기길이보다 1㎝정도 짧게 자른다. 다시마로 고기를 말아 가운데를 묶고 매듭을 짓습니다.
⑥ 준비해둔 조림장 재료를 섞어서 한번 끓인다.
⑦ ④번에 말아놓은 고기를 윤기나게 졸여냅니다.

4) 다시마 잔치국수

① 다시마에 멸치 넣고 육수끓여 소금 간을 한 국물을 만듭니다.
② 소면을 삶아 찬물에 헹구고, 양파, 당근, 애호박을 볶아 고명거리를 만든다.
③ 소면에 육수를 붓고 고명을 얹어먹으면 됩니다.

5) 다시마밥

① 다시마를 살짝 불려 잘게 채 칩니다.
② 다시마 불린 물을 넣고 밥을 짓고 뜸을 들이기 전 단계에서 채 친 다시마를 밥 위에 얹은 후 뜸을 들인다. 간장, 파, 마늘, 참기름으로 만든 양념장을 넣고 비벼먹습니다.

6) 다시마쌈

육수를 내고 남은 다시마를 버리지 않고 한입 크기로 잘라서 간장, 파, 마늘, 참기름, 고춧가루 약간을 양념장을 곁들여 밥을 싸 먹는다.
노화예방, 심장병, 백내장 등을 비롯해 암예방에 효과적입니다.

▶ 노화예방, 심장병, 백내장 등을 비롯해 암예방에 효과적입니다.

22. 브로콜리

브로콜리는 미국에서도 인정한 최고의 암 예방식품입니다.

현대의학으로도 퇴치가 어려운 무서운 병인 암.

한번 걸리면 완치가 수비지 않아 예방이 최선입니다. 모든 종류의 암을 한가지로 예방할 수 있는 채소는 찾기 힘들지만, 전문가들은 암예방에 가장 효과적인 채소로 브로콜리를 손꼽는다. 브로콜리는 미국 국립암연구소에서 최고의 암예방식품으로 선정된 채소입니다.

최근의 연구결과에 따르면 브로콜리 등 십자화과 채소를 꾸준히 섭취한 사람들의 암발생률이 현저히 낮았고, 특히, 전립선암과 대장암 예방에 큰 효능을 보였다고 합니다. 이는 브로콜리를 포함한 십자화과 식물에 존재하는 미로시네이스라는 효소가 활성화되어 항암물질을 만들기때문입니다. 이 항암물질은 체내에서 설포라판이라는 물질로 가수분해되는데, 특히, 유방암의 세포증식을 막으며, 폐암과 대장암 예방효과도 높습니다.

이와 함께 빈혈을 예방할 수 있다는 것도 브로콜리의 빼놓을 수 없는 장점이다. 브로콜리는 철분 함량이 100g중 19mg으로 채소가운데 단연 으뜸이다. 철분 흡수를 돕는 비타민C의 함량도 높아 철분 부족으로 생기는 빈혈에 효과가 큽니다.

브로콜리는 양배추의 일종으로 날 것이나 조리 후 섭취나 관계없이 영양가 높은 녹색 야채입니다. 브로콜리의 성분은 비타민C가 레몬의 약 2배이며, 비타민A, B1, B2, 칼슘, 인, 칼륨 등의 미네랄 성분도 많이 들어있어 성인병 예방에도 좋은 채소로 알려져있습니다.

보편적으로 야채를 꾸준히 섭취하면 다양한 암을 예방하는데, 그중에서도 전립선암과 대장암을 예방합니다.

브로콜리를 매주 2번이상 섭취하는 사람은 매달 1번이하 섭취하는 사람보다 백내장에 걸리는 확률이 20%이상 낮았습니다. 또한 브로콜리는 칼슘의 흡수를 도와주는 비타민C가 풍부해 골다공증 예방에도 효과가 있다.

◎ 암을 이기는 한국인들의 보약음식 만들기

1) 브로콜리 먹는 방법과 효능

브로콜리의 제철은 겨울부터 이른 봄으로 봉오리가 봉긋봉긋하고 작으며 단단한 것으로 녹색이 진한 것을 선택하면 연하고 단맛이 있는 브로콜리를 고를 수 있습니다.

브로콜리는 녹색채소 중에서도 영양가가 가장 높으며 생것은 칼슘 64㎎, 인 195㎎, 철 1.5㎎ 비타민 중 카로틴 766㎍, B2 0.26㎎, C는 98㎎ 함유되어 있다. 비타민C, 카로틴, 철분 등은 배추나 양배추보다 월등히 높습니다.

① 불고기나 영념갈비구이에 브로콜리 쉽게 먹기

불고기를 구울 때, 미리 데쳐놓은 브로콜리를 불판 한쪽에 놓고 함께 굽습니다. 브로콜리는 쇠고기 요리와 잘 어울리며 의외로 한국식 고기양념과 딱이다. 고기요리가 훨씬 풍성해집니다.

② 멋있고 맛있는 맥주 안주로 브로콜리 쉽게 먹기

브로콜리를 살짝 데쳐 접시에 놓고 그 위에 슬라이스 치즈를 길게 잘라 얹습니다. 전자레인지에 1~2분만 돌리면 끝. 고소하고 폼나는 술안주가 됩니다.

③ 변비 없애는 브로콜리 미음

브로콜리를 한번 데친 후 곱게 다져 미음을 쓸것. 브로콜리 이유식은 배변을 좋게 하고 엽산이 많아 초기 이유식으로 좋은 음식입니다.

④ 불고기나 영념갈비구이에 브로콜리 쉽게 먹기

마른새우는 보통 마늘종과 같이 볶는게 정석이지만 브로콜리랑 볶아도 맛있습니다. 이때는 양념을 너무 세지 않게 하고 오일과 소금간만 해서 볶아야 고소하다.

암을 이기는 한국인들의 보약음식 만들기

2) 브로콜리 샐러드 Ⅰ

- 암을 이기는 보약음식의 궁합재료

브로콜리 300g, 양파 1/2개, 베이컨 4장, 피클 드레싱

① 브로콜리는 소금물에 살짝 데쳐 먹기좋은 크기로 자릅니다.

② 양파는 얇게 썰고 베이컨은 바짝 구워 기름기를 빼낸 후 3㎝길이로 자른다.

③ 데친 브로콜리와 양파, 베이컨 구운 것을 피클드레싱에 버무립니다.

3) 브로콜리 샐러드 II

– 암을 이기는 보약음식의 궁합재료

브로콜리 100g, 컬러플라워 50g, 소금, 맛살 30g, 흰 후추, 마요네즈 1큰술, 귤 1개.

① 브로콜리, 컬리플라워는 끓는 물에 소금을 넣고 데친 후 먹기좋은 크기로 썹니다.

② 맛살도 한입 크기로 썰어두고, 귤은 반을 자른 후 납작하게 썰어 놓는다.

③ 브로콜리, 컬러플라워, 맛살을 소금, 후추, 마요네즈로 버무려 샐러드를 만듭니다.

④ 접시에 반달로 썬 귤을 돌려담고 가운데에 샐러드를 보기좋게 담아낸다.

4) 브로콜리 사과치즈 샐러드

– 암을 이기는 보약음식의 궁합재료

사과1개, 브로콜리 50g, 양배추 50g, 호상요구르트, 레몬 1/3개, 건포도

소스재료 : 소금 소량, 치즈 2장

① 사과는 껍질째 깨끗하게 씻어서 1cm 주사위모양으로 썰어줍니다.

② 브로콜리는 살짝 데칩니다.

③ 양배추는 알맞은 즙과 재렴, 후춧가루를 넣어 잘 섞어줍니다.

④ 접시에 건포도, 사과, 양배추, 브로콜리, 치주 썬 것과 요거트를 혼합해서 버무려 냅니다.

5) 새우 브로콜리 샐러드

– 암을 이기는 보약음식의 궁합재료

새우 200g, 브로콜리 200g

소스-마요네즈 1컵, 백포도주 2큰술, 신선 레몬쥬스 1큰술, 양파 1/2개, 후추, 소금, 설탕

① 브로콜리를 먹기좋은 크기로 잘라서 끓는 물에 소금, 식용유를 넣고 데쳐서 찬물에 담가둡니다.

② 새우는 찬물에서부터 넣어 끓인 후 끓기 직전에 빼서 껍질과 내장을 깨끗히 제거하여 반으로 저민다.

③ 마요네즈 1컵, 백포도주 2큰술, 레몬주스 1큰술, 양파 1/2개, 후추, 설탕을 섞어

소스를 만듭니다.

④ 새우를 접시에 두르고 브로콜리를 산처럼 쌓아 만듭니다.

6) 브로콜리 바이트

– 암을 이기는 보약음식의 궁합재료

브로콜리 300g, 베이컨 200g, 치즈 5장, 양파 1½개, 빵가루 1컵, 마늘 5쪽, 소금, 후추, 식용유.

쏘스-양겨자 3큰술, 꿀 1큰술, 마요네즈 2큰술

① 브로콜리는 끓는 물에 데쳐 잘게 다집니다.

② 베이컨은 구워 잘게 다진다.

③ 치즈는 잘게 썰고 양파와 마늘은 잘게 다져놓습니다.

④ 손질한 브로콜리, 베이컨, 치즈에 빵가루를 넣고 잘 섞은 다음 소금과 후춧가루를 넣어 간을 하고 완자처럼 동그랗게 빚어놓습니다.

⑤ 180도정도의 기름에 약 3분정도 튀겨낸다.

⑥ 양겨자 3큰술, 꿀 1큰술, 마요네즈 2큰술을 넣고 허니머스티드 소스를 만듭니다.

7) 브로콜리 오징어 초회

– 암을 이기는 보약음식의 궁합재료

브로콜리 250g, 오징어 1마리(청주 1/2큰술), 소금 조금, 초고추장(고추장 3큰술, 식초 · 레몬즙 2큰술, 고추냉이 · 깨소금 1작은술, 설탕 1½큰술, 생강즙 1/2큰술.

① 브로콜리는 한입크기로 송이를 떼어 끓는 물에 소금을 넣고 데친다음 찬물에 헹구어 물기를 뺍니다.

② 오징어는 통으로 준비하여 껍질을 벗기고
둥글게 자른다. 끓는 물에 넣어 데친다.
데칠때 청주를 넣어주면 비릿한 맛이 없어서
좋습니다.

③ 볼에 분량의 재료를 넣고 섞어 초고추장을
만든다.

④ 그릇에 브로콜리와 오징어를 담고 초고추장을
곁들여 냅니다.

▶ 여성들의 폐경기 증후군, 유방암 예방에 효과적이다

23. 청국장

콩의 발효과정에서 생성되는 항암효과로 암세포 성장을 억제시켜줍니다.

청국장을 마드는 방법은 일반 된장과는 달리 소금을 첨가하지 않고 순수 콩만 40℃에서 2~3일 발효시키면 된다. 이렇게 만들어진 청국장을 특유한 맛과 냄새를 동반하고 글루탐산 등의 종합물질인 끈끈적한 점액질이 생성됩니다. 특이한 냄새는 부틸산,바레릭산, 암모니아 때문이다.

콩에는 항산화 및 항암효과와 골다공증을 비롯해 심혈관 질환을 예방해주는 이소푸라본이란 물질인 제니스틴과 다이드진이 들어있습니다. 다시말해 청국장이 발효되는 과정에서 제니스틴의 당이 떨어져 나가 므들어지는 것이 바로 제니스틴이다. 이것은 여성호르몬인 에스트로겐과 구조가 비슷해 여성들의 폐경기 증후군 유방암 예방에 효과적입니다.

또한 제니스틴은 전립선 암세포의 성장을 억제하면서 암세포의 자살을 유도하고 유전자의 발현을 억제하기 때문에 전체적으로 암세포 성장을 막아줍니다.

제니스테인은 제니스틴보다 훨씬 암예방 효과가 크기때문에 콩을 발효해서 먹으면 되는데, 이것이 바로 청국장인 것입니다.

특히, 청국장은 혈전을 용해시켜 뇌졸증과 심장병 예방을 비롯해 노화방지에도 좋은 효과가 있다. 이밖에 소화를 돕고 정장작용과 함께 변비를 치료해 피부를 곱게 해주며, 콜레스테롤을 제거해줍니다.

◎ 암을 이기는 한국인들의 보약음식 만들기

1) 김장김치 청국장 찌개

– 암을 이기는 보약음식의 궁합재료
쇠고기, 두부, 배추김치(무), 청국장, 잘게다진마늘, 배파, 고추

① 쇠고기는 얇게 저며 썰고 알맞게 익은 김치는 송송 썹니다.

② 두부는 큼직하게 대파와 고추(씨를 빼고)는 어슷 썬다.

③ 쇠고기를 뚝배기에 넣고 쌀뜨물을 부어 장국을 끓인다.

④ 팔팔 끓으면 청국장을 풀어넣고 끓입니다.

⑤ 한소큼 끓으면 먼저 김치를 넣고 물러지도록 끓이다가 야채를 넣는다.

2) 청국장찌개

– 암을 이기는 보약음식의 궁합재료

정국장, 팽이버섯, 양송이, 느타리, 호박, 두부 대파, 풋고추, 홍고추, 다진 마늘, 쌀뜸물

① 팽이버섯은 밑동을 자르고 느타리버섯은 끓는 물에 데쳐 쭉쭉 찢어놓고, 양송이는 보기좋게 썹니다.

② 호박과 두부는 도톰하게, 대파와 고추는 고추씨를 빼고 어슷하게 썰어놓는다.

③ 쌀뜨물에 청국장을 넣고 덩어리가 지지 않게 잘 풀어 끓인다.

④ 끓어오르면 썰어놓은 야채를 넣고 한소큼 더 끓입니다.

⑤ 보글보글 끓으면 간을 보고 싱거우면 소금으로 마무리해서 낸다.

3) 우거지 청국장 끓이기

– 암을 이기는 보약음식의 궁합재료

청국장, 우거지, 대파, 풋고추, 홍고추, 다진 마늘, 쌀뜸물, 참기름

① 우거지는 물에 푹 담가 한나절 정도 불려서 삶아놓습니다.

② 우거지는 먹기좋은 크기로 잘라 참기름을 넣고 무쳐둔다.

③ 홍고추, 풋고추(씨를 빼고), 대파는
어슷 썰고, 두부는 도톰하게 썬다.

④ 뚝배기에 우거지를 먼저 넣고 볶다가
쌀뜸물을 넣고 끓입니다.

⑤ 끓어오르면 청국장을 풀고 두부, 고추,
대파, 다진마늘을 넣고 한소큼 끓인다.
하루 1/2개 섭취해도 대장암과 폐암이
예방됩니다.

▶ 하루 1/2개 섭취해도 대장암과 폐암이 예방됩니다.

24. 고구마

최근 연구에서 남성들을 대상으로 폐암에 걸린 사람과 걸리지 않은 사람을 비교했을때 폐암 예방에 적합한 식품으로 고구마, 호박, 당근 등으로 나타났습니다.

이것은 항암, 항산화 인자인 베타카로틴(비타민A의 전구체)과 글루타치온이 풍부하기 때문입니다. 이것을 근거로 미국 국립암연구소는 고구마, 호박, 당근 등을 섞어 하루에 1/2컵 정도만 먹어도, 전혀 먹지않는 사람보다 폐암에 걸릴 확률이 반으로 감소한다고 발표했습니다.

고구마에는 비타민B1, B2, C, 비타민C(100g당 25㎎)는 조리과정에서도 70~80%가 파괴되지 않는다.

이런 영양소는 고구마의 껍질에 많기 때문에 껍질째 먹는 것이 훨씬 좋습니다.

고구마에서 나오는 액체는 얄라핀 성분인데, 섬유소와 함께 변비 해소에 효과가 있기 때문에 요구르트, 청국장 등과 함께 부작용이 없는 변비치료식품으로 불리고 있습니다.

고혈압 환자에게 하루 소금 섭취량을 6g이하로 권장하고 있지만, 우리식탁을 통해 섭취되는 양이 하루에 12g이상이나 됩니다.

고구마 100g중 칼륨이 460㎎이나 들어있기 때문에 남는 염분을 소변과 함께 배출시키기 때문에 혈압강도에도 효과가 있습니다.

또한 철분 역시 풍부하게 들어있기 때문에 편식이나 다이어트 중에 발생되는 철분 결핍성에 따르는 빈혈을 해소하는데도 좋습니다.

적당한 크기의 고구마 1개에서 나오는 열량은 170㎉정도인데(100g당 약 130㎉), 다른 음식보다 섬유질이 풍부해서 포만감과 함께 변비 해소와 피부미용에도 효과가 있습니다.

품질이 좋은 고구마는 껍질이 얇으면서 선명한 색깔을 띠고, 상처가 없으면서 단단한 것이 좋다.

하지만 잔뿌리가 많이 달린 고구마는 질긴 것이 대부분입니다.

다시말해 껍질색이 진하고 속살이 누럴수록 베타카로틴이 많은데, 이런 고구마를 1개만 섭취해도 하루 필요한 베타카로틴의 섭취량이 2배가 된다.

◎ 암을 이기는 한국인들의 보약음식 만들기

1) 고구마 맛탕

– 암을 이기는 보약음식의 궁합재료

고구마(5개), 물엿(작은접시 반 정도), 설탕

① 먼저 고구마를 한입 크기로 썰어줍니다.

② 프라이팬에 기름을 두루고 고구마를 튀겨준다.

③ 고구마가 살짝 타면 꺼내서 다른 접시에 옮겨둡니다.

④ 냄비에 물엿을 넣고 물엿보다 조금 더 많이 물을 넣어준다(달게 먹고 싶을땐 설탕을 많이 넣는다.)

⑤ 중간 불을 켜고 소스가 끓으면 튀겨낸 고구마를 넣어줍니다.

⑥ 골고루 저어주고 소스가 졸여지면 접시에 담아준다.

⑦ 맛탕위에 검은깨나 참깨를 뿌려줍니다.

2) 물엿없이 고구마, 감자맛탕 만들기

– 암을 이기는 보약음식의 궁합재료

설탕(꿀), 감자나 고구마, 식용유, 프라이팬

① 감자(고구마)를 한입에 들어갈 수 있도록 굵지않게 썹니다.

② 다진 감자(고구마)를 물에 5분간 담가논다.

③ 5분간 담가놓은 감자(고구마) 물기를 뺀다. 그리고 프라이팬에 식용유를 두른 후 감자나 고구마를 볶습니다. 감자(고구마)가 조금 덜 익을때까지(너무 안익거나 너무 익으면 안된다)

④ 그 다음 자기가 원하는 만큼 설탕을 붓는다 (꿀이나 설탕중에 하나만 있어도 됨.) 설탕이 있으면 설탕으로만 볶고, 꿀이 있으면 꿀로만 볶습니다.

⑥ 감자(고구마)가 다 익을때까지 볶는다.

3) 고구마구이

– 암을 이기는 보약음식의 궁합재료

고구마 2개(소), 버터 1큰술, 계란 노른자 1개, 우유 ①5큰술, 연유 ①5큰술, 계피가루와 소금 조금

① 고구마는 푹 쪄서 가장자리 0.5㎝ 남기고 파냅니다.
② 파낸 속은 뜨거울때 계란노른자, 버터, 연유 등의 재료들 넣고 골고루 섞어 곱게 으깨듯 섞는다.
③ 고구마를 뜨거울때 채에 내려 나머지 재료와 가볍게 섞으면 한결 좋습니다.

※ 알아야 할 요리 point

연유가 없다면 꿀로 대체, 약간의 우유를 추가, 꿀이 없다면 설탕으로 합니다.

피부암 예방에 효과적인 커큐민은 카레와 겨자의 성분입니다.

▶ 베타카로틴이 풍부해 폐암·유방암 예방에 좋고, 천연 살충제 팔카리놀도 함유되어 있습니다.

25. 커큐민

커큐민은 카레, 겨자 등에 사용되나 천연색소 성분으로 고대로부터 향신료나 염증과 피부질환의 민간치료제로 애용되고 있습니다.

커큐민은 인도와 주변 영대 및 아열대 지방에서 재배되는 심황의 뿌리에 커큐미노이드라는 노란색의 폴리페놀 색소화합물이 0.5~⑥5%가 들어있는데, 그 주성분을 말합니다.

커큐민의 효능은 강한 항산화 기능이 있으며, 구조적으로 페놀계의 항산화제에 속합니다.

이에 따라 영국 존 백스터 교수연구팀은 커큐민과 같은 향신료를 많이 사용하는 인도에서는 식도계의 암 발병율이 매우 낮다는 자료에서 착안해서 밝힌것입니다.

연구결과 커큐민은 암세포의 계속성장을 저해시켜 식도암과 관련된 단백질의 발현을 차단시켜주는 것으로 밝혀졌습니다. 이와 함께 피부암을 비롯해 다른 종류의 종양세포의 사멸을 유도한다는 것도 알아냈습니다.

이밖에 알츠하이머의 병의 진행을 지연시키고 염증유발 단백질인 인터루킨8 등의 발현도 억제해줍니다. 또한 세포독성이 없는 농도에서 혈관이 만들어지는 것을 막기때문에 암세포의 영양공급을 차단시키고, 암세포가 죽도록 유도하는 것도 밝혀냈습니다.

무엇보다 중요한 것은 운동을 통해 신체적, 정신적인 스트레스를 해소하는 것이 암예방에 가장 좋습니다.

이와 함께 커큐민 등이 포함된 식품의 섭취를 늘리면서 균형잡힌 식생활로 전환하는 것이 건강을 지키는 방법입니다.

◎ 암을 이기는 한국인들의 보약음식 만들기

1) 흰살 생선국

– 암을 이기는 보약음식 만들기

대구살 200g, 대파 1/2뿌리, 계란흰자위 1개, 생강 1/2쪽, 작약 20g, 강황 20g, 신약가루 1큰술

① 작약, 강황, 계지에 물을 붓고 끓인 다음에 대구살을 넓적하게 썰어서 소금, 술에 재어둔다.
② 밤가루와 신양가루를 섞어 대구살에 무치고 달걀 흰자위를 넣어 끓는 물에 익혀냅니다.

2) 강황차

– 암을 이기는 보약음식 만들기

생강황(울금)의 껍질을 벗겨 잘게 썬 후 꿀이나 설탕을 적당히 타서 끓여 마십니다.

3) 강황주

– 암을 이기는 보약음식의 궁합재료

소주 ①0리터, 울금 500~600g, 설탈 25~30g

생강황(울금)의 껍질을 벗겨 소주와 설탕을 섞어 3개월 이상 숙성후 마시면 좋다.

4) 식수로 음용

– 암을 이기는 보약음식의 궁합재료

물 ① 8리터, 울금 30~40g

생강황(울금)의 껍질을 벗겨 잘게잘게 썰어 물에 넣고 끓인 후 식수 대용으로 마시면 좋다.

▶ 케일주스는 담배로 발생되는 간암, 폐암 예방에 탁월한 효과가 있습니다.

26. 케일

한때 '녹즙의 선구자'처럼 알려진 케일은 몸에좋은 녹색 채소의 대명사, 브로콜리, 콜리플라워도 모두 케일을 개량해 만든 채소다. 케일의 효과중 특히, 두드러지는 점은 항암효과입니다. 그중에서도 케일즙은 간암 예방에 탁월한 효능을 보인다. 케일은 간의 전발암물질이 최종 발암물질로 전환되는 것을 억제할 뿐만 아니라, 이미 생긴 발암물질을 해독시키기도 한다.

퇴근 후 술자리가 잦은 직장인이라면 매일아침 케일즙을 챙겨봅시다. 이와함께 케일은 담배의 돌연변이 또는 발암물질로부터 유발되는 폐암을 억제하는 효능도 있으니 술·담배에서 벗어나지 못하는 직장인에게는 일석이조!

케일 외에 신선초와 돌미나리도 간에 좋은 채소로 손꼽힙니다.
비타민a, b12, c와 게르마늄이 풍부한 신선초는 체내에 쌓인 독성을 해독하는 기능이 있어 간기능 향상과 노화방지에 도움이 된다. 돌미나리는 간에서 알코올 분해대사를 도와 숙취를 해소하고 숙취로 인한 두통을 없애는 효과가 있습니다.

케일의 성분은 비타민, 무기질, 클로로필, 식이섬유소 등이 많으며, 비타민C는 100g당 83~146mg으로 귤보다 3배이상 많고 베타카로틴 역시 함유량이 많습니다.
이 중에서 클로로필은 함유량이 많다고 알려진 시금치(127mg/100g)보다 많은 187mg/100g이고, 칼슘은 320mg/100g으로 우유의 105mg/100g보다 3배나 많습니다.
또한, 식이섬유는 건조물 당 32~36%정도이고, 이소티오시아네이트, 인돌-3-카비놀(13C), 항암플라보노이드인 컬세틴, 켐페롤 등도 다른 채소보다 많이 들어있습니다.

케일주스는 NNK, 벤조파이렌, phIP등 담배의 돌연변이와 발암물질로부터 유발되는 폐암발생을 억제해줍니다. 펜에틸이소티오시아네이트는 간의 전발암물질을 최종 발암물질로의 전환을 억제하고, 간에서 발암물질을 해독시키는 퀴논 리덕테이스와 GST의 활성을 높여 발암물질을 제거한다.

◎ 암을 이기는 한국인들의 보약음식 만들기

1) 케일생즙

– 암을 이기는 보약음식의 궁합재료
케일 300g
① 싱싱한 잎을 골라 물에 깨끗이 씻습니다.
② 적당한 크기로 썰어 주스기나 절구에 넣어 짓찧는다.
③ 비위에 거슬리면 꿀이나 우유를 넣어 마신다. 혹은 다른 재료와 섞어 만듭니다.

2) 케일 사과주스

– 암을 이기는 보약음식의 궁합재료

양배추 1/4개, 사과 1/2개, 케일 100g

① 싱싱한 잎을 골라 물에 깨끗이 씻습니다.

② 적당한 크기로 썰어 주스기나 절구에 넣어 짓찧는다.

③ 비위에 거슬리면 꿀이나 우유를 약간 넣어 마십니다.

3) 무, 셀러리, 케일, 시금치, 양배추, 레몬주스

① 싱싱한 잎을 골라 물에 깨끗이 씻습니다.

② 적당한 크기로 썰어 주스기나 절구에 넣어 짓찧는다.

③ 비위에 거슬리면 꿀이나 우유를 약간 넣어 마신다.

   혹은 다른 재료와 섞어 만듭니다.

4) 케일녹즙

– 암을 이기는 보약음식의 궁합재료

케일 100~150g, 당근 1개

① 싱줄기를 반으로 꺽어 실 같은 껍질을 벗기고 헹굽니다.

② 당근을 잘게 썰어 넣고 즙을 만든다.

베타카로틴이 풍부해 폐암 · 유방암 예방에 좋고, 천연 살충제 팔카리놀도 함유되어 있습니다.

▶ 성인병과 관련된 활성산소종에 대한 강력한 항산화작용이 있다.

27. 당근

당근의 성분은 풍부한 식이섬유, 베타카로틴, 비타민B, C, 소량의 철분, 칼슘, 인 등이다. 이 중에서 케타카로틴은 혈중농도와 암발병에 효과가 있다. 그렇기 때문에 식품을 통해 많이 섭취하면 폐암과 유방암 예방에 좋습니다.

당근의 베타카로틴의 함량은 생당근 100g당 1⑧3mg이 함유되어 있는데, 이 물질을 포함한 카로티노이드는 암세포의 성장을 억제하는 성질을 가지고 있기때문에 악성종양 형태 세포로의 변형을 강하게 억제합니다.

이밖에 당근의 효능은 성인병과 관련된 활성산소종에 대한 강력한 항산화작용이 있다. 당근의 억제효과는 베타카로틴에 의한 것이라기보다는 천연 살충성분인 팔카리놀이 함유되어 있습니다.

영국 뉴캐슬 어펀타인대학과 덴마크 남덴마크대학 및 덴마크 농한연구소의 공동연구진은 당근에 들어있는 천연 살충성분인 팔카리놀이 베타카로틴보다 암 억제효과가 더 강하다고 발표하기도 했습니다.

연구진은 암 이전단계의 종양을 가진 쥐를 실험했는데, 생당근을 먹인 쥐와 팔카리놀을 먹인 쥐 모두에게 암 진행률이 1/3로 감소하는 것을 밝혀냈다. 이에 따라 하루에 당근 1개를 다른 야채와 함께 먹으면 좋다는 결론이 나왔습니다.

◎ 암을 이기는 한국인들의 보약음식 만들기

1) 당근샐러드

– 암을 이기는 보약음식 궁합재료
당근 1개, 양파 1/2개, 소금 약간, 빈스 3줄기, 건포도 2큰술, 프렌치 드레싱
① 당근은 4cm길이로 곱게 채 썰어 찬물에 담갔다가 건져 물기를 닦습니다.
② 양파는 채 썰어 소금에 살짝 절인 후 물에 씻어 꼭 짠다.
③ 빈스는 끓는 물에 소금을 넣고 데친 후 어슷 썹니다.
④ 3큰술 분량의 샐러유, 식초, 양파간 것, 소금, 후추, 다진 파슬리를 섞어 프렌치 드레싱을 만든다.

⑤ 샐러드 볼에 당근과 양파, 건포도를 섞어 담고 준비한 드레싱을 뿌립니다.

2) 당근 쇠고기 볶음

– 암을 이기는 보약음식의 궁합재료

당근 1개, 쇠끼 150g, 양파 1/3개, 식파 2대, 올리브 오일 2큰술, 참기름 ①2큰술, 청주 1큰술, 소금 · 후춧가루 조금

① 당근은 껍질째 씻어 3~4㎝ 폭으로 저며 썹니다.
② 쇠고기는 기름기 없는 부위로 준비해 당근과 비슷한 크기로 썬다. 참기름과 청주, 소금으로 밑양념하여 잠시 재어둡니다.
③ 양파는 굵직하게 채 썰고, 실파는 당근과 비슷한 길이로 썬다.
④ 달군 팬에 올리브 오일을 두르고 쇠고기를 넣어 볶다가, 당근과 양파를 넣어 살캉거릴 정도로 볶는다. 마지막에 실파를 넣고 소금, 후춧가루로 간을 합니다.

3) 당근 건강 핫케이크

– 암을 이기는 보약음식의 궁합재료

당근 1개, 우리밀가루 1컵, 베이킹파우더 1작은술, 달걀 1개, 설탕 2큰술, 소금 조금, 식용유 1큰술, 당근시럽(당근 1/4개, 설탕 · 물 3큰술씩)

① 당근은 껍질째 씻어 강판에 아주곱게 간다.
② 밀가루를 넣은 그릇에 담고 곱게 간 당근과 베이킹파우더, 달걀, 설탕, 소금을 넣어 고루 섞는다.
③ 달군 팬에 기름을 두르고 ②의 반죽을 한국자씩 떠넣어 도톰하게 부칩니다.
④ 당근시럽에 넣을 당근을 동그랗고 납작하게 저며 썰어 설탕, 물과 함께 걸쭉해질 때까지 끓인다.
⑤ 그릇에 ③의 핫케이크를 담고, 당근시럽을 뿌린다.

4) 당근스프

– 암을 이기는 보약음식의 궁합재료

당근 1개, 쌀 1/2컵, 샐러리 1대, 브로콜리 10g, 버터 2큰술, 우유2컵, 물 1컵, 소금 약간

① 당근은 껍질째 씻어 큼직하게 썰고, 쌀은 물에 잠시 담가 불린다.

셀러리는 겉껍질을 벗기고 큼직하게 썹니다.

② 끓는 물에 소금을 약간 넣고 브로콜리를 살짝 데친다.

③ 냄비에 버터를 두르고 당근과 쌀, 셀러리를 넣어 달달 볶습니다.

④ ③을 믹서에 담고 우유를 1컵만 부어 20초정도 곱게 간다.

⑤ ④를 냄비에 담고 남은 우유와 물을 부어 중간 불에서 주걱으로 저어가며 끓이다가 소금으로 간을 맞춥니다.

⑥ 그릇에 수프를 담고 데친 브로콜리와 당근을 저며 썰어 얹는다.

5) 당근 야채푸딩

– 암을 이기는 보약음식의 궁합재료

당근 2/3개, 양배추 잎 4장, 양파 1/4개, 브로콜리 50g, 달걀 2개, 우유 1/3컵, 소금 · 후춧가루 약간, 당근 소스(당근 1/4개, 우유 1/2컵, 밀가루 2큰술, 버터 1큰술, 소금 약간)

① 당근과 양배추 잎, 양파는 손질해 작고 네모지게 썹니다.

② 브로콜리는 작은 송이로 떼어 끓는 물에 소금을 약간 넣고 파르스름하게 데친 뒤 건져서 찬물에 헹굽니다.

③ 손질한 야채를 한데 담고 달걀과 우유를 넣어 고루 섞은 뒤 소금과 후춧가루를 넣어 간을 합니다.

④ 동그란 틀이나 오목한 그릇에 ③을 채워 담아 한 김 오른 찜통에 그릇째 찌거나 중탕합니다.

⑤ 소스용 당근은 곱게 갈아 냄비에 담고 우유과 밀가루, 버터, 소금을 넣어 거품기로 고루 저어가며 끓여 당근소스를 만듭니다.

⑥ 푸딩을 그릇에 담고 소스를 얹어낸다.

성인병과 관련된 활성산소종에 대한 강력한 항산화작용이 있다.

28. 생강

생강은 요리에서 빠질 수 없는 양념재료인데, 위해물질을 제거해주는 항균, 살균작용을 함과 동시에 식욕과 소화작용에 효능이 있습니다. 혈액순환을 원활하게 하여 체온을 조절해준다. 또한 수천년동안 동양의학에서 염증과 치료로 사용되어 왔습니다.

미국 미네소타대학 연구소는 생강의 매운 성분인 6-진저 롤이 강한 항산화와 항염증작용을 한다고 밝혔습니다.

매운맛은 유방암 예방에 효과가 있으며, 이것은 플라보노이드가 함유된 흰색 채소에 속하기 때문에 갱년기 여성에게 좋습니다.

이밖에 쇼가올 성분은 항산화 작용을 하기 때문에 신경계 종양세포의 성장을 억제시킨다. 이것 역시 매운맛을 내는 주성분이기도 하다. 생강을 편으로 만들어 먹으면 메스꺼움을 예방하고 소화를 도와줍니다.

◎ 암을 이기는 한국인들의 보약음식 만들기

1) 생강차

생강 100g에 감초 10개를 넣어 달인 후 아침저녁
으로 차 마시듯 먹으면 된다. 설탕이나 꿀을 넣는
것보다 자연적인 맛이 좋습니다.

2) 생강, 대추차

- 암을 이기는 보약음식의 궁합재료
생강 20g, 대추 16개
① 생강을 깨끗이 씻어 물기를 제거하고 껍질을 벗긴후 저민다.
② 대추를 깨끗이 씻어 물기를 제거한다.

③ 용기에 생강과 대추를 넣고 물 800㎖를 넣고 끓입니다.

④ 대추를 넣지않을 경우에는 물은 600㎖를 넣으면 끓인 후에 약간의 꿀을 넣는다.

⑤ 마시는 것은 계절에 따라 뜨겁게 또는 차갑게 마시며, 잣을 3~개 띄우면 운치가 있어 좋습니다.

3) 생강홍차 만들기

– 암을 이기는 보약음식의 궁합재료

생강을 깨끗이 강판에 갈아 둡니다.

(1회 생강 1~2티스푼 또는 생강즙 3㏄ 아니면 생각가루 1~2티스푼)

① 홍차 만들기

① 미네랄워터보다는 수돗물이 낫습니다.

② 수돗물을 틀어서 조금 흘려보낸 후 물을 받아 사용한다.

③ 찻잔은 미리 데워둡니다.(온도 유지가 중요)

④ 찻잎은 찻잔 하나에 찻숟가락 1개가 적당하다.

② 미리 데워둔 찻잔에 찻잎을 넣고 팔팔 끓은 물을 부은 후 3분정도 놓아둔다.

③ 착물에 준비해 둔 생강을 넣어서 마십니다.

4) 생강홍차 만들기

– 암을 이기는 보약음식 만들기

① 생선을 구울때도 위에 살짝 뿌리면 비린 냄새가 조금 덜하고 생 생강이 있으면 가늘게 채 쳐서 조금 올려 구우면 보기도 좋고 맛도 있다.

② 생선찌개를 할 때도 조금 넣어도 좋고, 돼지고기나 닭고기 같은 요리할 때도 약간 넣으면 냄새도 잡아주고 맛도 더 좋아 집니다.

* 가루생강은 분말이기 때문에 생강보다 아주 적게 써야 합니다.

▶ 당뇨와 간의 독성을 완화시켜 주는 베타글루칸과 키틴질이 있습니다

29. 버섯

버섯은 옛날부터 가장, 면역, 항균, 해독, 이뇨 등의 효능이 있기때문에 한방과 민간요법에서 애용되었습니다.

버섯은 단백질을 비롯해 민간요첩에서 애용되었다.

벗서은 단백질을 비롯해 비타민, 미네랄 등 인체에 유효한 미량 원소가 들어있습니다. 더구나 종류에 따라 페놀화합물, 단백다당체 등도 들어있어 암예방과 치료에 좋다. 버섯의 단백질중 글루타치온이 많은데, 이것은 유해산소를 제거하기 때문에 많은 질병에 효과가 있다.

버섯의 세포벽은 키틴질로 구성되어 있어 항종양과 면역 활성에 효능이 있습니다. 버섯의 다당체 중에 베타그루칸이 가장 많이 들어있는데, 이것은 항종양과 면역조절 역할을 한다. 이 물질은 체내의 지질대사 개선, 항당뇨, 간독성 완화 등에 효능이 뛰어납니다.

표고버섯 역시 암 치료와 예방에 좋은 식품이고, 한약재로 사용되는 영지버섯, 상황버섯, 아가리쿠스버섯, 동충하초 등도 마찬가지 입니다.

동충하초 역시 버섯의 한 종류로 최근 식용으로 많이 재배되어 쉽게 구입할 수 있는 재료중 하나입니다.

섭취방법은 베타글루칸을 포함한 다당체 성분들이 대부분 수용성이기 때문에 열에 강해서 달여먹으면 된다.

◎ 암을 이기는 한국인들의 보약음식 만들기

1) 느타리버섯 나물

– 암을 이기는 보약음식의 궁합재료
느타리버섯 100g, 쇠간장 2작은술)
① 느타리는 굵은 굵기로 찢어 데친 후에 물기를 꼭 짠 후에 참기름과 진간장으로 무쳐

놓는다.

② 쇠고기는 채 썰어 갖은 양념으로 볶다가 무쳐 놓은 느타리를 넣고 같이 볶아 느타리에 고기맛이 배도록 합니다.

③ 양파, 풋고추, 당근을 채 쳐서 소금을 뿌렸다가 꼭 짜서 식용유를 두른 팬에 각각 볶고 굵은 파도 채쳐서 볶습니다.

④ 느타리, 쇠고기, 볶은 채소를 한 데 섞고 재료를 넣은 후 가볍게 무쳐 맛있는 나물을 만듭니다.

⑤ 여기에 나물의 1/10정도의 당면을 끓는 물에 불려서 물기를 거둔 후 참기름, 진간증을 볶아넣어도 좋습니다.

2) 버섯덮밥

– 암을 이기는 보약음식의 궁합재료

느타리버섯 10개, 생표고버섯 4개, 쇠고기 150g(갖은 양념), 양파1/2개, 당근 1/3개, 굵은파 2대, 진간장, 설탕, 후추가루, 식물성 기름, 밥 4공기, 통깨

① 느타리버섯과 표고버섯은 끓는 물에 살짝 데친 후 찬물에 헹궈 굵게 찢습니다.

② 쇠고기는 불고기감으로 준비해 2~3㎝ 폭으로 썰어 갖은 양념을 한다.

③ 양파는 굵게 채 썰고, 굵은 파는 어슷 썹니다.

④ 냄비에 기름을 두르고 양파와 쇠고기를 볶다가 찢어 놓은 ①의 버섯을 넣고 함께 볶는다.

⑤ ④에 물을 자작하게 붓고 끓이면서 간장, 설탕, 후춧가루를 넣어 맛을 냅니다.

⑥ ⑤가 한소끔 끓어오르면 파를 넣고 달걀을 깨뜨려 넣은 후 뚜껑을 덮고 불을 끈 채 잠시 둔다.

⑦ 그릇에 밥을 6부정도 담고, ⑥을 떠담은 후 통깨를 뿌려냅니다.

3) 느타리버섯전

– 암을 이기는 보약음식의 궁합재료

느타리버섯 150g, 쇠고기 50g, 두부 20g, 붉은고추 1개, 풋고추 1개, 계란 1개, 밀가루 약간, 소금, 후추, 초장(간장 1큰술, 설탕 1큰술, 식초 1큰술)

① 느타리버섯을 끓는 물에 소금을 조금 넣고 데쳐서 물기를 짠 후 머리쪽을 펼친다.

② 쇠고기는 다져서 물기를 꼭 짠 두부를 넣고 소금, 후추를 넣어서 섞는다.

③ 고추는 반으로 갈라 씨를 제거하고 다집니다.

④ 달걀은 풀어놓는다.

⑤ ①의 버섯에 밀가루를 묻히고 ②의 고기를 넓게 펴서 얹은 후 달걀물을 입혀 기름 두른 팬에 놓고 다진 고추를 얹어서 앞뒤로 지져줍니다.

⑥ 초장을 만들어 곁들인다.

4) 느타리버섯구이

– 암을 이기는 보약음식의 궁합재료

느타리 250g, 고추장 양념(고추장 2큰술, 곱게다진 파 1/2큰술, 다진 마늘 2큰술, 설탕 1작은술, 참기름 1/2큰술, 깨소금)

① 느타리버섯을 굵은 것은 반으로 자릅니다.

② 프라이팬에 느타리버섯을 얹고 센불에서 구워 수분이 빠지도록 한다.

③ ②의 느타리에 고추장 양념을 발라가며 석쇠나 그릴에서 굽습니다.

④ 특기사항 : 쫄깃한 버섯의 풍미를 즐길 수 있는 요리, 석회에 구우면 더욱 맛이 좋다.

5) 팽이버섯전

– 암을 이기는 보약음식의 궁합재료

팽이버섯 180g, 계란 3개, 붉은 피망 1/2, 청피망 1/2, 밀가루 2, 소금, 후추는조금(계량스푼으로 15㎖)

① 팽이버섯은 깨끗이 씻어줍니다.

② 청피망, 피츠리카는 채썰어 준비하고 계란을 푼다.

③ 풀어놓은 계란에 버섯, 피망, 파프리카를 넣고 소금, 후추를 넣은 뒤 섞어준다.

④ 밀가루를 넣고 걸죽하게 반죽을 합니다.

⑤ 달궈진 팬에 기름을 두루고 먹기좋은 크기로 올린 뒤 노릇노릇하게 구어준다.

▶구강암 · 식도암 · 대장암 발생을 억제하는 야채로 으뜸 입니다.

30. 딸기

최근 딸기 종류인 복분자, 블랙베리, 딸기 등을 많이 섭취하면 암 예방에 도움이 된다는 연구기관의 발표가 있다.

동물실험에서 냉동으로 건조시킨 딸기 종류를 먹였는데, 그 결과 설치류의 구강암, 식도암, 대장암 등을 억제시켰으며, 추출물은 발암물질인 벤조피린에 의한 세포종양화를 억제시키는 효능이 있었다. 또한 건조시킨 블랙베리를 장기간 섭취해도 식도암을 예방한다는 연구결과가 있습니다. 이런 효능은 강한 항산화제가 작용하기 때문이다.

딸기중에 활성산소의 독성인 과산화수소 라디칼, 수산시 라디칼 등을 제거하는 효과가 뛰어납니다.

복분자도 항암효과와 건강증진에 도움이 되는 식품인데, 복분자는 차나 술로 음용되고 있습니다. 건강증진은 식물성 화학물질인 파이토케미컬때문이다. 이 물질 중 폴리페놀류는 2차 대사산물로 지질과 단백질 산화의 손상을 막아준다. 예를들면 노화억제, 염증억제, 동맥경화예방, 혈전예방, 살균효과 등입니다.

이것은 폴리페놀류 중 블루베리나 블랙베리에 많이 들어있는 안토시아닌때문이다. 안토시아닌은 과일과 채소에 진한 색을 띠게 하는 색소로 암예방과 발암억제에 효과가 있다. 이밖에 시력향상, 심혈관 보호등에도 효능이 있습니다.

◎ 암을 이기는 한국인들의 보약음식 만들기

1) 딸기크림

– 암을 이기는 보약음식의 궁합재료
딸기 400g, 설탕 3큰술, 생크림 ½컵, 슈거 파우더 3큰술
① 딸기는 소금물에 깨끗이 씻어 소쿠리에 밭여둡니다. 딸기의 물기가 완전히 빠지면 꼭지를 뗀다.
② 꼭지 딴 딸기는 단맛을 더하기 위해 설탕을 솔솔 뿌려 설탕이 완전히 흡수될 때까지 재웁니다.
물기가 말끔히 닦고 차게 식힌 볼에 준비한 생크림을 붓고 거품기로 충분히 젓는다.

방향을 바꾸지 말고 한쪽 방향으로만 젓습니다.

④ 볼을 거꾸로 뒤집어도 흘러내리지 않을 정도로 거품이 나면 슈거파우더를 분량대로 넣어 다시한번 섞는다.

⑤ 설탕에 재운 딸기를 시원한 유리그릇에 담고 거품을 낸 크림을 듬뿍 얹어냅니다.

2) 딸기시럽

- 암을 이기는 보약음식의 궁합재료

딸기 꼭지 뗀 것 1파운드, 물 1/2컵, 설탕 1/2컵, 콘 시럽 1/3컵, 소금 약간, 레몬쥬스 2큰술

① 커다란 냄비를 중불에 올리고, 위의

재료들을 넣은 후 설탕이 녹을 때까지 잘 저어준다. 뚜껑을 덮지않은 상태에서 약 10분간 저어주면서 끓이는데 넘치지 않도록 불의 세기를 조절해 가며 끓입니다.

레몬주스를 넣은 뒤 체에 한번 거르고 뚜껑을 덮은 뒤 차게 식힌다. 다른 음식을 만들기 1주일 전쯤 만들어 놓으면 좋습니다.

3) 딸기 그라나타와 휩 크림

- 암을 이기는 보약음식의 궁합재료

딸기 꼭지 따서 슬라이스 한 것 1파운드, 설탕 3/4컵, 소금 약간, 찬물 1½컵, 레몬쥬스 1/4컵, 위핑크림 1컵

딸기와 설탕, 소금을 프로세서에 넣은후 간다. 찬물과 레몬주스를 넣고 프로세서에서 더 갈아준다. 체에 한번 거른 뒤 ×8×2인치의 베이킹팬에 넣는다. 포일로 덮은 뒤 냉동실에 넣습니다. 약간 설익었을때 포크로 긁어주면서 약 4시간동안 얼린다. 단단하게 얼은 딸기 그라나타를 포크 등을 사용해 긁어 얼음가루로 만든다. 차갑게 식힌 휘핑크림을 부드러운 거품이 생기도록 치댄 뒤 그릇에 조금씩 나눠 담고 딸기 그라나타를 조금씩 얹어서 서브합니다.

▶ 새싹채소는 생리활성물질이 많기 때문에 암예방에 효과가 있습니다.

31. 새싹채소

최근들어 다양한 새싹채소의 보급이 시작되면서 일반인들도 쉽게 접할 수 있는 식품입니다.

새싹채소는 종자를 발아시킨 다음 1주일정도 자란 채소의 어린 싹을 가리킵니다.

어린 싹은 성숙하 채소보다 영양성분이 3~4배나 높으며 종류에 따라 수십배이상 차이가 있습니다. 성분은 각종 비타민, 미네랄, 생리활성물질 등인데, 조금만 섭취해도 영양분을 충분하게 얻을 수 있다.

또한 암발생을 억제하고 치료에 도움을 주기때문에 환자들의 식이요법으로 많이 활용되고 있습니다. 예를들면 브로콜리를 섭취하면 항암활성과 면역력을 키울 수 있는데, 이것은 설포라팬이란 물질때문이다. 그렇기때문에 성숙한 브로콜리보다 어린 새싹을 섭취하는 것이 좋은데, 어린 새싹에는 설포라팬의 함량이 약 40배이상 들어있습니다.

메밀의 어린 새싹에는 항산화 활성이 높은 플라보노이드 화합물인 루틴이 다량 들어있다. 이것은 체내의 유해산소를 제거해 암발생과 성장을 억제시켜줍니다.

어린 새싹은 순무싹, 밀싹, 메밀싹, 브로콜리싹, 청경채싹, 보리싹, 케일싹, 녹두싹 등이 있다. 섭취방법은 샐러드, 비빔밥 등에 넣어 먹어도 되지만 많은 양을 섭취하기 위해서는 즙으로 만들어 먹는 것이 훨씬 좋습니다.

1) 새싹채소 요리법

항암성분이 풍부한 새싹의 대표적인 항암식품으로 꼽히는 브로콜리의 경우, 다 자란 브로콜리보다 새싹에 항암효과가 있는 설퍼라페인이 20배 많이 들어있습니다. 또 비타민A를 만드는 베타카로틴이 함유되어 있어 야맹증 예방에도 효과적이다.

육류와 같이 먹거나 샐러드로 먹으면 맛이 좋다. 특유의 향이 있어서 햄버거나 샌드위치에 넣어 먹으면 입맛을 돋굽니다.

2) 간장을 보호해주는 순무싹

무를 개량한 순무는 잎과 뿌리가 모두 맛이 좋습니다. 순무싹의 녹색부분에는 항암성분이 많이 포함되어 있으며 비타민B가 많아 피부를 곱게 가꾸어주는 역할을 한다. 간장의 활동을 돕고 간염과 황달에도 효과가 있다. 해독과 소염작용을 해 목에 염증이 생겼을 때 먹으면 염증을 가라앉힙니다. 또한 칼슘성분이 많이 함유되어 있어 성장기 아이나 뼈가 약한 사람에게 좋다.

독특한 향이 있고 씹는 맛이 좋아 요리재료로 많이 쓰는데, 특히 국을 끓이면 국물맛이 좋습니다.

소화를 돕는 무순은 맛이 좋고 재배도 쉬워 예부터 요리에 많이 이용되었습니다. 일본과 중국요리에 많이 쓰이는데, 특히, 돼지고기 요리와 궁합이 잘 맞는다. 비타민이 풍부하고 소화를 돕는 작용을 해 된장으로 양념해 무치거나 토란조림, 스테이크 등에 곁들이면 좋습니다.

3) 항산화 물질이 풍부한 알팔파싹

우리나라에서는 낯설지만 서양에서 매우 인기있는 콩과 다년생 초본입니다. 콜레스테롤을 낮추는 효과가 있어 아르기닌, 리진, 스레오닌 등 항산화 물질과 비타민A, K, U 등 몸에 좋지만 평소 섭취하기 힘든 영양소가 풍부하며 에스트로겐이 들어있어 갱년기 여성들에게 좋습니다.

육류요리와 함께 먹으면 좋다. 식이섬유가 많아 장 건강에 좋고 피부미용과 다이어트에도 효과가 있습니다.

4) 변비치료에 효과적인 배추싹

시스틴이라는 아미노산이 포함되어 있어 피로회복에 도움을 줍니다. 비타민C와 소다, 염소, 유산 등이 함유되어 있어 위장을 건강하게 하고 머리를 맑게 해준다. 열을 내리고 갈증을 덜어주어 여름철에 특히 좋은 식품이다. 배변을 원활하게 해 변비를 치료하는 효과도 있습니다.

어느 음식에나 잘 어울기기 때문에 생즙이나 샐러드, 비빔밥, 냉면, 국수, 김밥 등에 다양하게 호라용할 수 있습니다.

5) 노화방지, 피부미용에 좋은 양배추싹

배추싹과 비슷하지만 잎이 두껍고 털이 없으며 흰빛이 돕니다.

비타민A, B, C, K가 들어있고 칼슘과 황, 염소, 셀레늄이 풍부하다. 황과 염소는 위와 창자를 청소하는 역할을 하며 셀레늄은 노화방지, 피부미용, 정력강화에 효과가 있다. 맛이 순해서 샐러드로 만들면 좋습니다.

배추싹처럼 김밥, 비빔밥, 냉면, 국수 등에 다양하게 이용할 수 있습니다.

6) 비타민이 풍부한 다채싹

비타민이라는 별칭으로 불릴만큼 각종 비타민이 풍부하게 들어있습니다. 맛은 담백하고 떫은 편이며, 시금치보다 2배 많은 카로틴이 함유되어 있어 비타민A 부족으로 생기는 야맹증을 예방합니다.

국, 무침, 조림, 볶음 등 어떤 요리에도 잘 어울리며 어패류나 고기 요리에 넣으면 맛이 더 좋아집니다.

7) 철분및 칼슘이 풍부한 설채싹

비타민A를 이루는 카로틴이 많이 들어있으며 피부를 보호하는 비타민B군과 철분, 칼슘이 풍부하게 함유되어 있어 갱년기 여성들에게 특히 좋다. 단단해 보이는 생김새와 달리 부드럽게 씹히며 단맛이 납니다.

어떤 요리에도 잘 어울리지만 데치는 요리나 볶는 요리에 이용하면 맛있습니다.

8) 당뇨에 효과적인 완두싹

중국에서는 옛날부터 고급 건강채소로 분류돼 중국요리에 빠지지 않고 등장한 재료입니다. 과거엔 완두콩 싹을 틔워 10㎝정도 자라면 잎을 따서 먹었으나 요즘은 더 어릴때 잘라먹는다. 비타민B, C 등이 풍부하고 인, 철, 칼슘, 식이섬유가 많이 들어있다. 당뇨에 효과가 있으며 정력강화에도 좋다.

생으로 먹어도 맛이 좋고, 햄버거, 샐러드, 볶음 요리에도 잘 어울립니다.

9) 콜레스테롤을 낮추는 메밀싹

메밀의 싹을 틔워 콩나물이나 숙주나물처럼 재배합니다. 아스파틴산, 글루탐산, 라이신 등 항산화물질이 다른 곡물이나 채소류에 비해 월등히 많이 들어있다. 풍부한 루틴이 콜레 스테롤을 낮추는 작용을 해 각종 혈관질환에 효과가 있으며 비만과 고혈압에도 좋습니다.

고기와 함께 먹으면 소화를 돕는다. 나물무침이나 국거리, 샐러드용으로 알맞다.

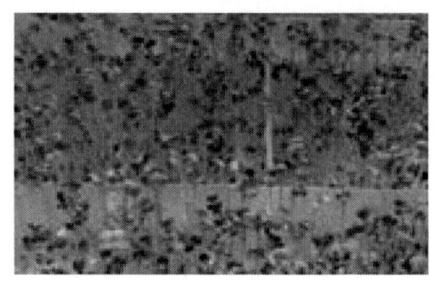

▶ 다양한 암세포에 대한 항암작용이 뛰어납니다.

32. 작두콩

다시말해 작두콩은 특정한 암에만 효능이 있는 것이 아니라 5종류의 암에 효능이 있는 것으로 밝혀졌습니다.

건조시킨 작두콩 성분은 100g을 기준으로 수분 1④9%, 단백질 2⑦1g, 지방 0.6g, 탄수화물 5③8g, 섬유질 1①6g, 화분 ③6g, 칼슘 9⑦9g, 마그네슘 70㎎, 구리 0.5g, 아연 2㎎, 망간 1㎎ 등입니다.

또한 다른 콩에는 들어있지 않는 비타민A, B, C도 많은데 이중 비타민B는 다른 콩보다 4~5배가 더 많다. 더구나 콘카나발린A라는 단백질은 해독작용, 항종양, 변형세포의 분열 억제작용, 독성억제작용 등으로 관장합니다. 비타민B3인 나이아신은 혈액순환촉진, 혈압강화효과, 콜레스테롤 저감효과 등이 있다.

암은 치료보다 발병을 억제하는 정신적 식이적 예방법을 사전에 인지하여 대처해야 합니다.

그렇기 때문에 채소, 곡류, 과실 등을 섭취할때 균형있게 먹어야 건강한 삶을 누릴 수가 있다. 한마디로 육식은 가능한 피해야 합니다.작두콩 추출물에서 나온 IC50은 암세포의 50%를 죽일 수 있는 효능을 가지고 있기 때문에 한국성인남성의 간암 예방치료에 매우 좋다.

섭취방법은 현미나 보리밥에 넣어 혼식하면 다양한 암을 예방할 수 있습니다.

◎ 암을 이기는 한국인들의 보약음식 만들기

1) 작두콩 차

① 작두콩 30알 정도를 약한 불로 10분간 볶습니다.
② 구수한 향이 나고 색이 나면 된다.
③ 물 1리터에 볶는 작두콩을 넣고 약한 불로 서서히
　 가열해서 물을 한대접 양으로 줄입니다.

2) 작두콩 대추차

암을 이기는 보약음식의 궁합재료
작두콩 20알, 대추 5알

– 암을 이기는 보약음식 만들기
① 물 1리터에 넣고 약 2시간동안 아주 약한 불로 달입니다.
② 물이 일반 컵으로 3잔 나오도록 달이면 된다.
③ 완성된 차는 차게 보관하고 따듯하게 마시면 좋습니다.

◎ 잡곡밥 짓기

– 암을 이기는 보약음식의 궁합재료
쌀 2컵, 현미 1/2컵, 수수 1/4컵, 차조 1/4컵, 검정콩(서리태)+작두콩 1/4컵, 물 3¼컵
① 쌀을 씻어 30분정도 물에 불린 후 체에 받쳐 물기를 뺍니다.
② 현미는 씻은 뒤 3시간 정도 물에 불리고 체에 받쳐 물기를 뺀다.
③ 검은콩과 작두콩은 잡티를 골라내고 씻어 하루저녁정도 물에 불린다음 체에 받쳐
　 물기를 뺍니다.
④ 수수는 여러번 박박 주물러 씻은 뒤 붉은 물을 우려낸다.
⑤ 차조는 낱알이 작으므로 씻겨나가지 않도록 조심하며 씻어 건진다.
⑥ 냄비에 쌀과 차조를 뺀 잡곡을 안치고 센불에서 끓입니다.
⑦ 밥물이 끓어오르면 차조를 얹고 중불에서 끓인다.
⑧ 쌀알이 잘 익어 퍼지면 불을 약하게 줄이고 보통 밥보다 더 충분히 뜸을 들인다.

▶ 셀레늄은 노인 건강과 암예방에 효과적인 물질입니다.

33. 셀레늄

셀레늄은 원소기호 34번으로 유황과 같은 주기율에 속하며, 작용은 유황과 비슷하지만 활성도가 높고 항산화, 항암, 면역증강 작용이 뛰어납니다.

더구나 생식기능 증강, 중금속 독성 등을 제거하고 에이즈, 사스의 바이러스 증식과 변종으로 나타나는 질병 예방을 비롯해 고혈압, 당뇨병 등에도 효능이 있다.

인체의 활성산소는 노화, 암, 동맥경화, 관절염, 당뇨, 치매 등 원인이 됩니다. 다시말해 나이가 먹을수록 활성산소에 대한 면역능력이 떨어지기 때문에 질병에 걸릴 호가률이 높다. 이에 따라 셀레늄을 섭취하면 면역기능이 향상되어 건강에 도움을 줍니다.

셀레늄의 성분은 항산화 효과가 뛰어난 글루타치온 프록시다제, 티오리독신 등이다. 1996년 12월 미국 클라크박사는 셀레늄식이요법을 통해 노인의 전체 암 발생률이 37%나 감소했고, 암사망률 또한 49%가 줄었다고 발표했습니다.

최근 들어 셀레늄은 변이된 유전자를 지닌 암세포의 사멸을 유도해 암발생을 억제하고, 암의 전이를 막아준다는 보고도 있다.

암 환자에 셀늄을 투여해 혈중 셀레늄 농도를 높여주면 화학요법과 방사선 요법 등의 부작용이 줄어들면서 암의 치료효과를 높인다는 연구결과도 있었습니다.

셀레늄의 역할은 대식세포의 활동을 증가시켜 세균을 죽이면서 B임파구에서 다량의 항체를 생산하고, 세포독성 T세포와 백혈구의 일종인 내츄럴 킬러 세포를 증가시켜 암세포를 죽입니다. 셀레늄의 섭취는 곡류, 채소, 류, 어패류 등에서 취할 수 있는데, 이중에서 70~80%가 곡류와 채소에서 얻어진다.

셀레늄 축적은 토양에 따라 다르겠지만 채소중 마늘과 브로콜리가 가장 높습니다. 최근들어 우리나라에서도 셀레늄 마늘, 셀레늄 쌀, 셀레늄 고구마, 셀레늄 버섯, 셀레늄 딸기 등을 재배하고 있습니다.

그렇지만 지금까지 셀레늄이 독성물질로 알려져 있기때문에 함량을 표시할 수 없고, 재배기술 역시 체계화되지 못한 단점이 있습니다.

146

◎ 어떤 음식에 셀레늄이 들어있는가?

세계의 대부분의 나라에서 식물성 식품이 셀레늄의 주된 공급원입니다. 지역의 토양에 따라 들어있는 셀레늄의 양이 다른데, 그 양에 따라 흙에서 자라는 식물성 식품에 포함된 셀레늄의 양이 영향을 받습니다.

연구에 의하면 네브라스카주 북부와 다코타주 고원지역의 흙에는 매우 많은 양의 셀레늄이 포함되어 있다. 이 지역에 사는 대부분의 사람들은 미국에서 가장 많은 양의 셀레늄을 섭취합니다.

그러나 중국과 러시아의 일부 지역의 흙에는 아주 적은 양의 셀레늄이 포함되어 있어 이 지역에서는 식사를 통한 셀레늄 부족이 자주 보고되고 있다.

셀레늄은 육류와 해산물에도 있습니다. 셀레늄이 풍부한 땅에서 자란 곡식이나 풀을 먹는 동물의 근육에 셀레늄이 다 많다. 미국에서는 고기와 빵이 셀레늄의 주 공급원이다. 몇가지 견과류, 특히, 브라질산 견과류와 호두에도 역시 좋은 셀레늄 공급원입니다.

◎ 셀레늄을 너무 많이 섭취했을 때 건강에 미치는 해악

셀레늄이 너무 많으면 상당한 위험성이 있습니다. 피 속에 렐레늄이 너무 많으면 셀레늄증이라고 부르는 상태가 된다. 증상으로 위장장애, 탈모, 손톱의 흰 반점, 그리고 가벼운 신경손상이 나타납니다.

미국에서는 셀레늄 중독이 드물고 산업재해나 영양제를 만들때 셀레늄이 너무 많이 들어가서 생기는 제조상의 잘못과 관련된 소수의 경우가 보고되고 있습니다.

의학회에서는 셀레늄증이 생길 위험을 막기 위해 성인의 하루섭취상한을 400마이크로그램으로 정했다. 섭취상한이란 일반적인 사람들의 거의 대부분에서 건강상의 해악을 끼칠 가능성이 없는 최대섭취량을 말합니다.

▶ 원추리의 안트라퀴논 성분은 종양세포의 분화를 강하게 억제합니다.

34. 원추리

원추리는 넘나물, 또는 넓나물이라고도 부릅니다.

시름을 잊게 해준다는 뜻인 훤초(萱草), 또는 망우초(忘憂草)라고도 부르는 한방에서 쓰는 약재이나 이른 봄에 나물로 먹는 풍습이 있었고, 가난한 옛시절에는 구황식으로도 쓰여진 식물입니다.

어린 순을 따다 살짝 데쳐서 고추장에 무친 나물을 훤채(萱菜)라고 하며, 이외에 국거리나 튀김요리로 쓰기도 하고, 기름에 볶아 먹기도 하며, 밥을 지을 때 함께 넣고 지어 색반(色飯)을 짓기도 하였으며, 요즘은 샐러드로도 이용합니다.

원추리의 뿌리는 자양강장제로도 쓰이고 녹말을 추출해 쌀이나 보리 등과 섞어서 떡으로 먹기도 한다. 또 꽃술을 제거한 것을 밥을 지을때 넣으면 밥이 노랗게 물들고 독특한 향기가 납니다.

원추리의 효능은 마음을 진정시켜주기 때문에 스트레스나 우울증을 치료하는 약초로도 유명하지만, 민간요법으로 폐결핵, 빈혈, 황달, 변비, 소변 불통 등의 치료제로도 사용되었습니다.

더구나 뿌리 달인 물을 결핵치교, 이뇨작용, 항염증작용, 지혈작용, 해독작용에도 뛰어난 효과가 있다.

또한『본초습유』에 보면 '원추리 뿌리는 결석을 다스리고 수기를 내리며, 숙취를 제거합니다', 『본초연의』에는 '뿌리 생즙을 마시면 코피가 멎고 열을 내려준다',『본초강목』에는 '뿌리는 유선염도 효과가 있다' 등으로 기록되어 있습니다.

식욕감퇴로 영향섭취의 불균형이나 겨울철에 부족했던 영양소가 필요할 때 신선한 봄나물을 먹으면 암예방이나 건강을 지킬 수 있습니다.

▶ 양배추는 폐암·위암·대장암·직장암 등에 매우 효과적인 영양채소입니다.

35. 양배추

양배추를 서구에서는 3대 장수식품중의 하나로 주목받고 있습니다. 양배추는 수분이 90.6%이며, 성분은 100g당 당질 ⑦3g, 단백질 ①5g, 지방 0.2g, 섬유 0.8g, 회분 0.6g, 칼슘 38㎎, 인 16㎎, 철분 0.4㎎, 비타민C 29㎎ 등이다. 또한 비타민B1, B2, U도 들어있습니다.

이밖에 글루코시놀레이트가 있는데, 이 물질은 소화과정중 장내 세균에서 분비되는 미로시나제에 의해 가수분해되어 아이소사이오시네이트(ITC), 인돌-3-카비놀(I3C), 아일시아나이드, 설포라판 등을 생성합니다.

ITC는 다단계 발암과정의 전 단계에 걸쳐 암예방에 효과가 있으며, 이와 함께 설포라판에 의한 항산화 효소의 발현 유도는 유전자 변형을 막아줍니다.

뉴 멕시코 대학 연구진은 양배추를 날것, 짧은 시간에 가열한 것, 소금에 절인 것을 1주일에 세번이상 섭취한 사람은 1주일에 ①5번이나 그 이하로 섭취한 사람보다 무려 72%가 유방암 발생률이 줄어들었습니다.

양배추는 스튜나 볶음요리의 부재료로 이용하지만, 날것으로 섭취하기도 한다. 양배추의 섭취방법은 다양하지만, 그 중에서 김치, 초절임, 셀러드, 즙, 쌈 등으로 널리 이용되고 있습니다.

◎ 암을 이기는 한국인들의 보약음식 만들기

1) 양배추 소시지 볶음 샐러드

- 암을 이기는 보약음식의 궁합재료
양배추 500g, 비엔나쏘시지 50g, 마늘 1쪽, 닭고기 브이용(고형 수프) 1개, 양겨자 2큰술, 올리브 오일, 소금, 후춧가루

① 양배추를 가늘게 썬 다음 끓인 물에 살짝 데쳐 망에 담아서 물기를 뺍니다.

② 소시지는 비닐을 벗겨낸 다음 3㎜ 두께로 동글게 썬다. 팬을 달군 다음 식용유 4큰술을 두르고 다진 마늘, 고형 수프와 동글게 썬 소시지를 넣어서 볶는다.

③ 볶은 소시지에 양배추를 넣어서 소금, 후춧가루를 넣고 센불에서 얼른 볶아냅니다.

④ 불에서 내린 다음 뜨거울때 레몬즙 또는 와인식초 3큰술과 양겨자를 넣고 고루 섞습니다. 밑반찬처럼 냉장고에 두고 고기음식을 먹을때 함께 먹으면 잘 어울린다.

2) 오코노미야키

- 암을 이기는 보약음식의 궁합재료

양배추 1/4통, 양파 1개, 숙주 40g, 대파 반뿌리, 오징어 50g, 달걀 1개, 베이컨 30g, 밀가루 1컵

소스 - 우스터 소스 2큰술, 돈가스 소스 1큰술, 마요네즈 2큰술, 토마토 캐첩 반큰술

① 양배추의 두꺼운 줄기를 저며 내고 최대한 가늘게 채 썹니다.

② 양파도 가늘게 채 썰고, 대파도 얇게 썰어둔다.

③ 숙주는 살짝 데쳐서 가늘게 썰어둔다.

④ 오징어는 껍질을 제거하고 가늘게 채 썰어 준비하고 다리도 송송 썰어둡니다.

⑤ 베이컨은 작게 살짝 볶아둔다.

⑥ 큰 불 위의 재료가 엉길 정도로 반죽한다. 약간의 소금과 후추를 넣어 밑간을 합니다.

⑦ 분량의 소스재료를 함께 섞는다.

⑧ 팬에 기름을 두르고 반죽을 한국자씩 떠 놓고 앞뒤로 노릇하게 지진다.

⑨ 노릇하게 지진 오코노이야키의 한쪽에 소스를 살짝 빨라냅니다.

3) 쇠고기 양배추볶음

- 암을 이기는 보약음식의 궁합재료

쇠고기 200g, 양배추 4잎, 피망 1개, 대파 1개, 마늘 2쪽, 굴 쏘스 2큰술, 청주 1큰술, 간장 1큰술, 참기름 약간씩

① 쇠고기는 도톰하게 한 입 크기로 썰고 양배추는 깨끗이 손질해 큼직큼직하게 썹니다.

② 피망은 씨를 빼고 한입 크기로 썰고 대파는 4㎝길이로 썰고 마늘은 얇게 저민다.

③ 달궈진 팬에 기름을 두르고 파, 마늘을 넣고 향을 낸 다음 쇠고기를 넣어 같이 볶습니다.

④ 쇠고기가 적당히 익어갈 때 양배추와 피망을 넣고 함께 센 불에서 살짝 볶는다.
⑤ 팬에 소스와 간장, 청주, 참기름을 넣고 맛이 어우러지도록 볶아냅니다.

4) 양배추 겉절이

– 암을 이기는 보약음식의 궁합재료

양배추 120g, 실파 3뿌리, 고춧가루 2큰술, 설탕 1큰술, 식초 1큰술, 다진 마늘 1큰술, 통깨 1큰술, 소금 소량

① 양배추는 손질하여 한잎씩 떼어 씻은 후 한입 크기로 썰어 얼음물에 잠시 담갔다가 건진 다음 소금을 약간 뿌려 살짝 절입니다.
② 실파는 3㎝길이로 썰고 마늘은 다진다.
③ 고춧가루에 물 1큰술을 넣어 갠 후 다진 마늘, 설탕, 식초를 넣어 양념을 만듭니다.
④ ①의 양배추에 양념을 넣어 버무린 후 소금으로 간을 맞추고 실파와 통깨를 넣어 한번 더 버무립니다.

5) 양배추국

– 암을 이기는 보약음식의 궁합재료

양배추 100g, 모시조개 8개, 된장 2큰술, 곱게다진 마늘 반 큰술, 쪽파 1뿌리, 다시마물(물 4컵, 다시마 10㎝, 국멸치 8개)

① 양배추는 깨끗이 손질하여 두꺼운 부분을 도려내고 가늘게 채 썹니다.
② 모시조개는 껍질을 깨끗이 씻고 소금물에 담가 해감시킨다.
③ 냄비에 물을 붓고 다시마와 국멸치를 넣어 끓인다. 국물이 끓으면 다시마와 멸치는

건집니다.

④ 냄비에 다시마물을 넣어 끓이다가 된장을 풀어서 다시한번 끓인다음, 양배추, 모시조개를 넣고 다진 마늘을 넣어 끓인다.

⑤ 국이 다 끓으면 그릇에 담고 송송 썬 실파를 얹습니다.

암세포 증식억제, 암환자 체중감소, 식욕감퇴 억제, 면역기능 증진에 효과가 있습니다

▶ 암세포 증식억제, 암환자 체중감소, 식욕감퇴 억제, 면역기능 증진에도 효과가 있습니다.

36. 인삼

인삼은 스트레스, 피로, 우울증, 심부전, 동맥경화, 빈혈, 당뇨, 궤양 등을 비롯해 피부건강과 건조를 막아주는 효능을 가지고 있습니다.

인삼의 성분은 비타민B 복합체, 비타민C, 엽산, 나이아신, 아스콜빈산, 비오틴, 판토텐산, 리보플라빈 등입니다. 특히, 사포닌은 항 피로, 혈당치 강하, 용혈작용, 성기능 강화, 면역, 항암 등에 효능이 좋다. 사포닌은 진세노사이드라는 명칭으로 불리고 있으며, 이것은 다른 식물계에는 거의 존재하지 않는 특효성분 입니다.

특히, 내분비계, 면역계, 대사계, 체내 조절계를 도와 몸이 건강해지도록 도와준다. 이밖에 폴리아세틸렌과 산성다당체 등의 유효성분도 들어 있어 암세포 증식억제, 암환자 체중감소, 식욕감퇴 억제, 면역기능 증진에도 효과가 있습니다.

◎ 인삼을 효과적으로 먹는 방법

인삼은 냉장고에 넣어두면 생물이라 보존기간이 그리 길지않기 때문에 바로 깨끗하게 씻은 다음

① 밥을 할때 같이 쪄서 인삼밥을 해도 좋다.

② 채로 썬 다음 꿀에 절여 꿀삼차를 만들어도 됩니다.

③ 그냥 수삼을 씻은 다음 베란다 등에 널어 말린 다음 진삼을 만들어 필요할 때 대추나 생강 등에 넣어 말린 다음 건삼을 만들어 필요할 때 대추나 생강 등과 함께 조금씩 달여 먹어도 됩니다.

④ 김치 등에 채를 썰어 넣어 인삼김치로 만들어 먹어도 좋고

⑤ 라면이나 찌개끓일때 넣어먹어도 좋습니다.

⑥ 가정에 홍삼 제조기가 있다면 홍삼액을 만들어도 되고

⑦ 요구르트나 우유 등과함께 갈아서 주스형태로 마셔도 됩니다.

* 생인삼을 먹을 경우 민감하신 분은 열이 날 경우도 있으니 인삼의 머리부분(뇌두)은 반드시 제거한 후 먹어야 된다.

◎ 암을 이기는 한국인들의 보약음식 만들기

1) 인삼 삼계탕

– 암을 이기는 보약음식의 궁합재료

영계(500~600g) 4마리(미삼뿌리 30g, 당귀 2~3뿌리, 황률 5개), 찹쌀 1½, 수삼 2뿌리, 밤 8개, 대추 12개, 잣 1큰술, 마늘 20쪽, 은행 16개, 물 적당한량

① 영계 손질하기

영계는 꽁지 위로 칼집을 조금 낸 뒤 내장을 빼고 흐르는 물에 핏기를 없애면서 깨끗이 씻어낸다. 닭의 꽁무니 안쪽에 있는 노란 가름덩어리도 잘라낸다.

② 찹쌀 불리기

찹쌀을 깨끗이 일어 찬물에 2시간 정도 불린 뒤 건집니다.

③ 수삼 조절하기

3~4년생의 수삼을 준비하여 머리 부분을 자른 다음 솔로 문질러 깨끗이 씻습니다.

④ 부재료 손질하기

밤은 겉껍질만 벗기고, 대추는 씻어 건집니다. 잣은 마른 행주로 깨끗이 닦는다. 마늘은 껍질을 벗겨 건집니다.

⑤ 닭 뱃속에 부재료 넣기

닭의 뱃속에 밤, 대추, 잣, 은행, 마늘을 함께 넣은 뒤 양다리를 서로 엇갈리게 고정시켜 내용물이 밖으로 나오지 않게 합니다. 생강, 마늘은 미리 닭의 뱃속에 넣고 고아야 닭 전체에 향이 배어 더욱 맛이 있다.

⑥ 삼계탕 끓이기

솥에 닭을 안치고 닭이 넉넉히 잠길 정도로 물을 붓습니다. 황률, 당귀, 미삼을 넣고 불려놓은 찹쌀과 수삼을 거즈에 싸서 국물에 넣어 쌀이 푹 퍼질때까지 끓입니다. 처음엔 센

불에서 한소끔 끓인 뒤 불을 약하게 줄여 푹 무르도록 2시간 정도 곤다. 마른 삼을 쓸때는 물에 삼을 먼저 넣고 끓이다가 닭을 넣는다.

⑦ 담아내기

그릇에 먹기 수비도록 닭을 크게 잘라 닦고 뜨거운 육수를 붓습니다. 소금과 송송 썬 대파를 곁들여 내고 닭뼈를 발라낼 수 있는 그릇을 함께 낸다.

① 수삼은 머리부분을 자른 다음 솔로 문질러 깨끗이 씻는다.

② 밤, 대추, 은행, 마늘 등의 부재료를 손질 합니다.

③ 닭의 다리를 엇갈려 내용물이 빠져나오지 않게 한다.

④ 솥에 닭을 안치고 물을 부은 다음 황률, 당귀, 미삼을 넣습니다.

2) 인삼 물김치

– 암을 이기는 보약음식의 궁합재료

수삼 150g, 무 100g, 붉은 고추 1개, 청양고추 1개, 실파 3대, 소금 ½큰술, 설탕 ½큰술, 김치국물 2컵, 고춧가루 1큰술, 소금 ½큰술, 설탕 ½큰술, 마늘즙 ½큰술, 생강즙 ½작은술 넣고 만듭니다.

① 수삼은 씻은 후 잔털을 떼고 3㎝길이로 어슷 썹니다.

② 무는 깨끗이 씻은 후 1×4㎝ 크기로 얇게 썰고 고추는 씨를 빼고 송송 실파는 3㎝길이로 썹니다.

③ 넓은 그릇에 손질한 무와 수삼, 실파, 고추를 넣고 위의 용량의 소금과 설탕을 넣어 버무립니다.

④ ③을 항아리에 담고 미리 만든 김치국물을 자작이 부어 반나절 정도 익힌 후 상에 냅니다.

3) 인삼 마늘 꿀절임

– 암을 이기는 보약음식의 궁합재료

수삼 5뿌리, 마늘 10쪽, 꿀 ⅓컵, 검은깨 적당량

① 수삼 뿌리에 묻은 흙을 털어내고 씻어 물기를 완전히 뺀 뒤 어슷하게 저며 썹니다.

② 마늘은 꼭지를 자르고 얄팍하게 저며 썹니다.

③ 수삼과 마늘을 한데 담고 꿀을 넣어 고루 섞은 뒤 검은깨를 뿌리고 밀폐용기에 담아 2~3일 정도 절인 후 매일 아침 한 숟가락씩 먹습니다.

4) 인삼 우유세이크

– 암을 이기는 보약음식의 궁합재료

수삼 2뿌리, 우유 4컵, 꿀 2큰술

① 수삼을 깨끗하게 씻어 굵직하게 썹니다.

② 믹서에 수삼과 우유, 꿀을 넣어 곱게 간다. 조각얼음을 넣고 함께 갈아도 좋다.

5) 인삼 꿀에 재우기

– 암을 이기는 보약음식의 궁합재료

수삼 750g, 꿀

① 수삼 750g을 깨끗이 씻은 후 2mm크기로 떡 썰듯이 절편 합니다.

② ①번을 약한 불에 약 30분 가량 찌던지 절편한 채 햇볕에 고들고들하게 말린다.

③ 꿀 ①8에 채워 냉장실에 보관하며 수시로 복용한다.

유방암, 전립선암, 대장암 예방에 뛰어난 효능이 있습니다.

▶ 식물성 오메가-3가 풍부하여 심장과 건강한 콜레스테롤 비율을 유지시켜 주는 기능

37. 아마씨

아마씨의 성분은 지방 41%, 단백질 20%, 섬유소 28% 등이 많고 이밖에 알파리놀렌산, 리그난, 수용성 섬유소 등도 들어있습니다. 알파리놀렌산은 동맥경화증, 류머티즘 관절염 등 염증성 질환을 예방해준다.

식품을 조리할때 사용하는 옥수수유와 대두유는 전체 지방산중 알에파리놀렌산 함량이 각각 1%와 8%이지만 아마씨유는 전체 지방산의 57%입니다.

또한 아마씨는 대장 박테리아에 의해 호르몬 유사체인 포유류 리그난으로 전환되는 리그난 전구체의 함량이 다른 채소, 과일, 두류, 곡식류, 종자류 등보다 75~80배가 많다. 이 물질들은 유방암, 전립선암, 대장암 등을 예방하는데 효과가 있습니다.

리그난은 여성호르몬인 에스트로겐과 유사해 세포막에서 에스트로겐 수용체와 결합하는 성질이 있습니다. 폐경 전 여성처럼 내인성 에스트로겐의 혈중농도가 정상일때는 리그난이 에스트로겐 수용체와 결합해 내인성 에스트로겐의 작용을 저해하기 때문에 에스트로겐 길항제 작용을 하게 됩니다.

따라서 내인성 에스트로겐은 유방암 발생 인자인데, 아마씨는 과도한 에스트로겐 노출에 의한 유방암을 억제해준다. 전립선암 역시 호로몬 수준과 연관련 암이기 때문에 남성호르몬인 테스토스테론과 그 대사체에 영향을 받습니다.

임상시험 초기결과 수술을 대기하고 있는 전립선암 환자들이 저지방 식사와 함께 30g의 아마씨를 먹었을때 아마씨를 먹지않는 환자들보다 암세포의 성장이 억제되었습니다.

섭취 권장량은 심장순환기계 질환 예방지표를 이용한 임상시험에 근거해 하루에 약 25g정도가 적당합니다.

아마씨는 필수지방산과 마그네슘, 칼륨 및 섬유질이 많고, 비타민B군과 단백질, 그리고 아연이 풍부한 식품이면서 포화지방산과 칼로리가 적고 콜레스테롤을 함유하지 않다는 점이 특징입니다.

또한 아마씨에는 다른 식품들보다 약 100배이상의 리그난(lignan)이라는 영양성분이 들어있다. 장에 충분한 정상 세균총(유산균과 같은)이 있을때 특정 리그난이 강력한 항암물질로 전환될 수 있다고 합니다.

특히 아마씨에는 식물성 오메가-3가 풍부하게 들어있어서 심장과 건강한 콜레스테롤 비율을 유지시켜 주는 기능이 있습니다.

아마씨는 여성의 폐경기 증상을 감소시키는데 많은 도움이 되는 것으로 알려져 있다. 또한 안면홍조, 유방통, 불규칙한 생리주기와 기타의 생리 전 증후군이나 폐경기 증상들을 경감시키는 우수한 천연 수단이기도 합니다. 이 외에도 아마씨에 들어있는 리그난은 머릿결을 좋게 하고, 여드름을 감소시키며, 남성의 전립선을 건강하게 유지시켜주는 도움도 있다.

아마씨는 씨앗을 사서 직접 가루로 만들 수 있습니다. 가장 신선함을 유지할 수 있기 때문에 선호되는 방법이지만, 우리나라에서는 실천하기 어려운 예이다. 그 대신 몇 종류의 아마씨 분말이 국내에서도 판매되고 있습니다. 그 외에 아마씨 기름도 있지만 추천하지는 않는다. 아마씨 기름은 관리에 소홀하면 쉽게 고약한 냄새가 나게 되고 리그난도 거의 함유하지 않게 되기 때문입니다. 물론 아마씨 자체도 햇빛을 피하고 차광용기에 담아 냉장고에 잘 보관하지 않으면 고약한 냄새가 나게 될 수 있습니다.

아마씨 분말은 맛이 좋고 물이나 과일 또는 식물즙과 혼합해서 먹을 수 있으며 셀러드, 스프, 요구르트, 시리얼 및 대부분의 요리에 첨가해서 먹을 수 있습니다.

아마씨는 약처럼 규칙적으로 먹으려고 노력하기보다는 하루에 1~2테이블 스푼정도를 모든 음식에 뿌려서 먹는 것이 좋습니다.

마지막으로 아마씨는 익히거나 튀기는 등 열을 가하지 않고 생것 그대로 섭취하는 것이 가장 좋다. 열을 가하게 되면 아마씨에 풍부하게 들어있는 좋은 영양분이 거의 없어지기 때문입니다.

▶ 다양한 항암성분을 함유하고 있는 미강

38. 미강(쌀겨)

미강은 현미에서 백미로 도정하는 과정에서 생기는 쌀눈과 쌀겨로 이루어진 속껍질 가루로 현미의 8%입니다.

미강은 도정과정 중에 나오는 부산물로 연간 40만ton이 생산된다. 하지만 필요없는 것으로 생각되어 마강유나 사료의 소량만 사용되고 나머지는 폐기처분되고 있습니다.

미강의 구성요소는 지방, 단백질, 식이섬유가 대부분이고, 나머지는 비타민A, 티아민, 피리독신, 니아신 등의 비타민B군, 칼슘, 아연, 철분 등의 메네랄 입니다.

이밖에 곡류에 부족한 필수아미노산인 리신이 다량 함유되어 있고, 구성 지방산의 70%이상이 올레린산, 리놀레산, 리놀렌산 등이 불포화지방산이 들어있습니다.

미강유로 정제하는 과정에서 다양한 생리활성물질인 오리자놀, 토코페롤, 레시틴 등이 나온다. 이중에서 오리자놀은 페롤산과 스테롤류와 알코올류가 결합된 화합물인데 갱년기 장애와 자율신경 실조증 등에 효과가 있다. 더구나 토코페롤, 레시틴과 함께 항산화 활성이 높기 깨문에 활성산소로 인한 암 발생을 감소시켜 줍니다.

또한 피탄산이 9.5~1④5%가 함유되어 있는데, 이것은 암세포의 이상증식을 억제시켜 항암효과도 있습니다. 미강추출물의 섭취는 고혈압의 치료와 예방에 효과가 있다.

이처럼 미강은 다양한 생리활설물질을 가지고 있기 때문에 암과 여러가지 질병에 대한 예방 및 치료에 효과가 있습니다.

◎ 쌀겨보관법

쌀겨는 습기를 잘 흡수한다. 따라서 변질이 되거나 영양분이 잘 손실되기 때문에 쌀겨를 보관할때는 습기에 유의해야 합니다. 깨끗한 병에 넣고 밀봉보관을 한 다음 사용한다. 되도록이면 2주간에 모두 사용하도록 한다. 쌀겨를 식품으로 사용할때는 모두 프라이팬에 살짝 볶아서 식힌 다음 사용합니다. 그래야 변질을 예방할 수 있다.

◎ 쌀겨와 멸치를 함께 복용하면 아토피성 피부염이 치료됩니다.

이토피성 피부염에 걸리면 가려워서 밤잠을 설치게 됩니다. 학생들의 경우에는 제대로 공부할 수 없을 정도다. 아토피성 피부염은 체질적인 것이 원인이라지만 스트레스도 원인이 될 수 있다. 특히, 수험생들에게서 많이 나타납니다. 이처럼 아토피성 피부염으로 고생하는 사람에게 멸치와 쌀겨를 같은 양으로 섞어서 하루에 70~80g씩 먹을 것을 권합니다.

쌀겨에는 비타민A, 비타민B군, 비타민E, 리놀산, 효소 등 건강을 유지하는데 필요한 영양소가 많이 함유되어 있습니다. 멸치 역시 칼슘과 단백질, 비타민D등 필요한 성분들이 완비된 식품이어서 아토피성 피부염에 효과가 있다. 이 방법은 신진대사를 촉진시켜 혈액속에 있는 노폐물을 제거하여 아토피성 피부염을 치료하는데 효과가 있습니다.

1) 쌀겨가루 만들기 1

① 쌀겨를 프라이팬에 살짝 볶습니다. 구수한 냄새가 나며 갈색이 되면 다 볶아진 것이다.

② 멸치는 햇볕에 말려(비타민D가 강화된다)가루를 냅니다.

③ 이 두가지를 꿀에 버무려서 녹두알만한 크기로 빚어 두었다가 식후에 30알 정도씩 복용 합니다.

④ 또한 사탕만한 크기로 빚었다가 간식으로 3~5개씩 먹는 방법도 좋다. 간식으로 먹을 경우 피로감이 없어지고 신경안정 효과도 있다. 또한 몸이 가벼워서 매사에 의욕적인 활동을 할 수 있습니다.

2) 쌀겨가루 만들기 2

① 쌀겨를 프라이팬에 살짝 볶습니다. 구수한 냄새가 나며 갈색이 되면 다 볶아진 것이다.

② 멸치는 햇볕에 한나절정도 말린 다음, 내장을 떼어내고 가루를 냅니다.

③ 두 가지를 같은 양으로 섞어 병에 넣어 냉장고에 보관한다.

④ 하루에 찻술로 3술정도 우유나 물과 함께 먹는다. 된장국이나 찌게에 넣어 먹어도 좋습니다.

3) 쌀겨닭고기튀김

- 암을 이기는 보약음식의 궁합재료

다진 닭고기 150g, 쌀겨 30g, 달걀 노른자 1개, 청주 1/2큰술, 소금 조금, 간장 1/4작은술, 튀김기름

① 위의 재료를 모두 섞어 으깹니다.

② 튀김기름을 섭씨 170도 정도로 높여 ①의 재료를 숟가락으로 떠서 rmfgsms 기름속에 넣고 알맞게 튀긴다.

③ 기름기를 뺀 다음 레몬즙을 끼얹어 먹으면 좋습니다.

4) 돼지고기와 우엉된장 조림

– 암을 이기는 보약음식의 궁합재료

우엉 100g, 돼지고기(사태살을 얇게 썬것) 70g, 다시마, 멸치국물 3/4컵, 진간장 ①5큰술, 청주 1큰술, 맛내기술 1큰술, 쌀겨 30g, 파래김 1장

① 잘 씻어 삶은 우엉을 칼자루로 두들긴 다음 ④5㎝길이로 썹니다. 돼지고기는 한입크기로 썰어놓는다.

② 국물에 청주, 맛내기 술을 넣고 우엉이 부드러워질때까지 조립니다.

③ 돼지고기, 된장, 쌀겨를 넣어 국물이 없어질때까지 조린다.

④ 접시에 놓은 다음 살짝 구운 파래김을 가루내어 뿌려먹는다. 파래김을 뿌리면 풍미가 좋아져 쌀겨 특유의 냄새를 없앨 수 있습니다.

⑤ 이밖에 고등어, 멸치, 꽁치 등의 조림에도 쌀겨를 첨가하면 재료들이 가지고 있는 영양분의 상승효과를 기대할 수 있습니다.

5) 쌀겨 찐빵

– 암을 이기는 보약음식의 궁합재료

소맥분 150g, 베이킹파우더 1큰술, 계란 2개, 흑설탕 80g, 우유 4큰술, 샐러드유 3큰술, 건포도 100g, 쌀겨 50g

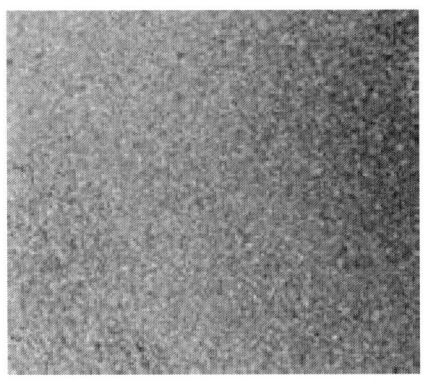

① 소맥분을 체에 친 다음 쌀겨를 섞습니다.

② 흑설탕은 우유에 섞어 끓이면서 녹인다.

③ 달걀은 가볍게 가품을 낸다. ②에 샐러드유를 넣고 ①을 섞어 건포도를 넣는다.

④ 찜통에 천을 깔고 강한 불로 15분정도 쪄냅니다.

⑤ 나무젓가락을 찔러보아 가루가 묻어나지 않으면 완전히 익힌 상태이다.

위암과 대장암 발병률이 각각 35%, 40%까지 감소 합니다.

▶위암과 대장암 발병률이 각각 35%, 40%까지 감소됩니다.

39. 시금치

시금치를 섭취하면 체내에서 비타민A로 변화되는 베타카로틴이 가장 풍부한 채소이며, 비타민C와 비타민K를 비롯해 무기질 성분인 칼슘, 철분, 엽산 등이 풍부합니다. 이밖에 강한 항산화제인 루테인과 제아잔틴 등의 카로티노이드가 있어 백내장과 눈의 노화를 예방해준다.

또한, 베타카로틴은 지용성이기 때문에 흡수율을 높이는 방법으로 기름을 첨가하면 됩니다. 녹황색 채소를 많이 먹는 사람은 위암과 대장암 발병률이 각각 35%, 40%까지 감소 됩니다. 이것은 시금치에 들어있는 엽산 덕분이다. 또한 치매를 예방해 주기도 한다.

시금치와 함께 비타민B12가 풍부한 간, 굴, 조개, 계란, 우유 등과 섭취하면 동맥경화증과 심혈관 질환을 비롯해 치매예방과 빈혈을 예방해 줍니다.

시금치에 풍부한 비타민C는 주로 잎부분에 함유되어 있으며, 무기질로는 동물성 식품보다 흡수율이 떨어지지만 철분과 칼슘 등도 많이 들어있습니다. 그러나 시금치를 많이 섭취하면 신장결석이 나타날 수도 있다. 시금치를 오래 삶으면 베타카로틴, 비타민C, 엽산 등이 파괴된다.

시금치에는 각종 비타민이 풍부하게 들어있습니다. 특히, 비타민C는 100g중에 100mg이나 들어있을 정도로 풍부하며 훌륭한 건강식품이다.

시금치는 무치거나 국의 재료, 셀러드로 먹으면 된다.

◎ 암을 이기는 한국인들의 보약음식 만들기

1) 시금치 녹즙

– 암을 이기는 보약음식의 궁합재료
시금치 400g
① 시금치 잎을 깨끗하게 싯습니다.
② 적당한 크기로 썰어 믹서기나 강판에 간다.
③ 당근즙을 약간 떨어뜨려 마십니다.

2) 시금치 오징어말이

– 암을 이기는 보약음식의 궁합재료

주재료 : 달걀 8개, 시금치 1/4단, 오징어 1마리(작은것), 김 4장

부재료 : 고추장 조금, 식물성 식용유

① 시금치는 끓는 물에 소금을 약간 넣고 데칩니다. 찬물에 헹구고 적당하게 다듬는다.

② 달걀은 소금을 넣고 잘 풀어둔다.

③ 오징어는 내장을 제거하고 껍질을 벗깁니다.

④ 손질한 오징어는 결대로 채 썰고 끓는 물에 살짝 데친다.

⑤ 프라이팬에 달걀 푼것을 붓고, 그 위에 김을 펼칩니다. 시금치, 오징어를 넣고 돌돌 만다.

⑥ 끝매듭을 고추장을 발라 접착시킨다.

⑦ 한입 크기로 자릅니다.

3) 시금치 조개국

– 암을 이기는 보약음식의 궁합재료

시금치 250g, 모시조개 150g, 모시조개 국물 3컵, 된장 1/2큰술, 대파 1/4대

① 모시조개는 문질러 깨끗이 씻은 후 끓는 물에 넣고 데치다가 조개가 입을 벌리면 건져내고 국물은 말갛게 받아 놓는다.

② 시금치는 다듬어 씻은 후 끓은 물에 소금을 약간 넣어 데친 다음 냉수에 헹구어 물기를 짭니다.

③ 따로 받아놓은 조개국물에 된장과 고추장을 채에 걸러 풀어넣고 끓으면 시금치를 넣고 다시 끓입니다.

④ ①이 끓으면 모시조개와 파를 넣고 불을 끈다.

4) 시금치 샐러드에 베이컨드레싱

– 암을 이기는 보약음식의 궁합재료

시금치 생것 65g, 양파 15g, 토마토 생것 10g, 올리브유 20g, 자연치즈 30g, 과일식초, 감식초 6g, 양송이버섯 20g, 고운소금 3g, 후추가루 1g

① 양파, 베이컨, 올리브유를 모두 팬에 넣고 볶습니다.

② 식혀서 적포도 식초를 넣고 소금과 후추로 간하여 베이커드레싱을 만든다.

③ 시금치의 연한 부분을 잘 다금고 활짝 피지않은 양송이를 슬라이스 합니다.

④ 접시에 시금치, 양송이, 파르메산슬라이스로 예쁘게 담는다.

⑤ 소스를 끼얹고 토마토로 장식하여 제공합니다.

5) 시금치 된장국

- 암을 이기는 보약음식의 궁합재료
시금치 반단, 조개, 된장 3큰술, 파 1줄기, 잘게다진 마늘 1큰술, 간장, 고춧가루

① 시금치는 끓는 물에 30초만 데친다.(그 다음에 빼서 접시에 놓아둡니다.)

② 조개는 진한 소금물에 넣어놔서 모래를 토하게 하고 조갯살만 구입했다면 깨끗하게 씻어준다.

③ 파는 쪽파로 사고 깨끗이 씻어서 어슷어슷하게 썰어줍니다.

④ 냄비에 물을 자작하게 붓고(물의 양은 자신이 조절해야 하겠지만 라면 4~5개 끓이는 정도) 물을 끓입니다.

⑤ 물이 끓기 시작하면 조갯살을 넣고 약 30초간을 끓인 후 된장을 풀어주고 마늘을 넣어줍니다.

⑥ 마늘이 익으면 시금치를 넣고 시금치가 익을때까지 조금 더 끓인 뒤

⑦ 국간장으로 간을 봐줍니다(국간장이 없으면 소금으로 대체)

⑧ 고춧가루를 한 큰술 넣어서 다시 한번 살짝 끓이면 완성된다.

6) 간장무침

- 암을 이기는 보약음식의 궁합재료
시금치 150g, 볶은소금 0.3작은술, 통깨 1작은술, 양념 집간장 1작은술, 잘게다진마늘 1작은술, 다진 파, 참기름 1큰술, 매실 엑기스 1작은술

7) 고추장무침

- 암을 이기는 보약음식의 궁합재료
재료 : 시금치 150g, 볶은소금 약간, 통깨 1작은술
양념 : 고추장 1큰술, 집간장 0.5작은술, 잘게다진마늘 1작은술, 다진 파 1큰술, 참기름 0.5큰술, 매실 엑기스 0.5작은술 흡연자의 체내 독성물질 중화 효과

▶ 흡연자 체내 독성물질 중화 효과가 있다.

40. 신선초

신선초는 명일엽, 선삼초, 심립초 등으로도 불립니다. 신선초의 성분은 비타민C가 다른 야생식품보다 2배가 많고, 풍부한 비타민B1, B2, 무기질, 리놀렌산 등이 많다. 이밖에 플라보노이드, 쿠마린, 사포닌 등도 있기때문에 건강식품으로 인기를 누리고 있습니다. 예로부터 신선초는 만성질환인 고혈압, 간질환, 신경통 등에 사용되어 왔다. 신선초 녹즙은 간기능 개선과 혈장콜레스테롤을 감소시켜준다. 또한 돌연변이 억제와 암세포 증식을 억제해줍니다.

흡연 남성 54명과 비흡연자 18명을 대상으로 신선초 녹즙을 6주동안 하루에 2병(총 300㎖)씩 섭취하게 한 다음 혈액검사를 했다. 그 결과 흡연자의 임파구 손상은 32%, 비흡연자는 29%나 감소했습니다. 또한 흡연자의 혈액 총 콜레스테롤 수치와 LDL-콜레스테롤 수치도 현저하게 감소시켰다.

다시말해 신선초 녹즙이 암예방에 탁월하다는 것을 알 수 있습니다.

이런 결과는 신선초에 비타민C, 카로티노이드, 클로로필, 플라보노이드 등이 풍부하게 들어있기 때문 입니다. 신선초는 특유의 향과 쓸쓸한 맛이 강해서 기호성이 다른 채소보다 떨어지지만 어린 순을 데쳐서 무치거나 튀김해서 먹으면 해결됩니다.

신선초 이용법

어린 순을 데쳐서 나물로 먹거나 무치거나 볶아 먹고 튀김으로도 해 먹습니다. 줄기와 잎은 녹즙을 내어 먹으면 병의 예방과 치료는 물론, 노화예방과 성인병, 노이로제를 해소하는 건강 물론 식품입니다.

열매는 약술로 담가 먹으면 피로회복, 자양강장제로 좋으며 드레싱 쿠킹에도 이용 합니다.

▶ 차가버섯은 암, 당뇨병, 관절염 등에 좋습니다.

41. 차가버섯

차가버섯 성분은 자연색소인 멜라닌과 프라보노이드, 트리터핀, 오블리콜, 라노스테롤, 이노토디올, 이노시톨, 아가산, 폴리페놀, 리그닌, 알칼로이드 등이며 무기질은 칼슘, 마그네슘, 철 및 망간 등입니다.

민간요법으로 혈압조절, 신체 저항력 증강, 종양발생 억제를 비롯해 당뇨, 신경통, 신경쇠약 등의 질병치료에도 사용되고 있습니다. 따라서 러시아에서 차가버섯이 항암물질로 승인을 받았으며, 이에 일본에서는 항암제나 항암식품으로 제품화되어 판매되고 있습니다. 또한 러시아와 미국 연구진에 의해 초기 위암, 폐암, 자궁암, 후두암 치료에 효과가 있다고 밝혔다. 이밖에 항에이즈 바이러스와 항인플루엔자 바이러스에도 효과가 있다고 덧붙였습니다.

민간요법뿐만 아니라, 현대의학에서도 당요병 개선에 효과와 함께 췌장기능 활성화, 혈당유지 기능이 있다고 발표했다. 또한 관절염, 혈압조절, 장기능 장애회복과 원기회복, 항균과 항돌연변이에 효능이 있습니다. 다시말해 암치료분만아니라 흡연이나 자동차 배기가스를 비롯해 매연 등으로 발생하는 암도 억제한다.

차가버섯은 자작나무에서 기생하는 여러 해의 버섯 입니다. 차가버섯은 오리나무속, 마가목, 너도밤나무에서 드물게 생산되는데 특징은 목질에 썩은 구멍을 만들어 궁형 나무의 옹이이다. 무게는 2kg정도이며, 외면은 틈새가 벌어지고 까만색입니다.

1) 차가버섯 채집시간

자작나무에 차가버섯 같은 모양의 유사한 버섯도 있다. 하지만 그런 버섯을 채집하면 안됩니다.

차가버섯을 아무때나 채집할 수 있다. 하지만 봄이나 가을이 더 좋다. 치료의 적극성이 높습니다.

2) 차가버섯의 사용할 수 있는 부분

차가버섯의 용이를 망치나 도끼로 쳐서 떨어뜨립니다. 약의 원료로서 갈색의 단단한 부분만 사용한다. 밤색의 보드라운 부분은 버린다.

차가버섯을 잘게 패어 공기나 전기 오븐에서 60℃이내에 말린 후 2년동안 보관할 수 있습니다.

이미 알려진 바와 같이 차가버섯은 면역력을 높여주며 뇌수의 피질의 생체 전기활동과 뇌조직의 신진대사를 원활하게 합니다. 내외면 사용때에 염증이 안생긴다. 실험에 의해 차가버섯의 효능을 밝혀냈다.

*종양의 증대를 늦어지게 합니다.
*차가 추출물은 동맥과 정맥의 혈압을 내린다.
*혈당의 수준을 1⑤8~29.9%까지 내릴 수 있습니다.
*차가버섯은 민간요법으로 내려왔다. 옛날부터 암과 위와 내장병을 치료했습니다.
*이비인후과에서 후두의 종기때 보조제(약)으로서 차가버섯 추출물을 사용한다. 10일동안 하루에 5~6분동안 흡입을 합니다.
*치과에서 치조농루를 치료한다(치은수술을 하거나 그냥 먹는다.)

3) 차가버섯의 사용법

① 차가버섯을 씻어 식힌 물에 5시간정도 담급니다. 차가버섯을 기계로 다지거나 강판으로 간다. 다진 차가버섯 한잔에 따뜻하고 식힌 물 5잔을 따라 넣고 2~3일동안 우려냅니다.

우려진 물을 거르고 남은 것을 짠 다음 버린다. 우려진 약을 하루에 30분 음식전에 6번 반잔씩 먹는다. 대장암이 있는 환자한테 골반암이 있으면 잠자기 전에 관장(50~100㎖)을 합니다.

② 약국에 차가엑기스인 '베푼긴'이라는 것이 있다. 베푼긴을 작은 스푼 3개의 분량에 물 150㎖를 혼합하여 하루에 3번, 식전 30분전에 큰 스푼 1개만 먹는다.

차가버섯 약재를 이용하는 치료단계는 3~5개월입니다.

※ 주의사항

차가버섯을 치료제로 사용하고자 한다면 유제품 식이요법을 따르면 좋을 것입니다. 이때 지방과 식육을 많이 먹으면 안된다. 통조림식품, 훈제식품, 매운양념을 먹으면 안된다. 페니실린을 사용하면 절대로 안되고 포도당을 주사를 맞아도 안됩니다.

▶ 암 예방, 변기, 식중독, 알레르기 예방에 탁월한 효과가 있습니다.

42. 요구르트

요구르트는 우유의 발효식품으로 올리브, 양배추 등과 함께 서양의 3대 장수식품으로 유명한데, 유산균으로 인해 독특한 맛을 가지고 있습니다.

요구르트에 들어있는 유산균은 장내의 유해균을 억제하면서 부패와 흡수를 억제한다. 다시 말해 요구르트에 함유되어 있는 비피더스균은 장의 청소를 도와줍니다.

이와 함께 배변을 원활히 해주고 장내 유해균의 증식과 독소의 발생을 막아준다.

비피더스균이 발효할때 탄산가스나 메탄가스 등이 나타나지 않으며, 다른 유산균과 달리 독성물질인 암모니아, 아민, 황화수소 등도 만들어내지 않습니다. 그렇기 때문에 체내의 알레르기의 유발을 막아주고, 체내에서 만들 수 없는 비타민B2군의 합성을 작용시켜줍니다.

특히, 요구르트는 항암기능까지 있는데, 이것은 발암물질을 저해하고 암세포로 전환되는 것을 억제해줍니다.

일본 신슈대학 아키요시 호소노 교수는 자신의 논문에서 '락토바실러스라는 유산균 발효유를 섭취하지 않은 그룹보다 섭취한 그룹이 돌연변이의 갯수가 7①9%나 감소했다'고 밝혔습니다.

이것은 락토바실러스가 돌연변이의 작용을 예방하기 때문이다. 또한 비피더스균, 락토코커스균 역시 항돌연변이의 효과가 있다고 밝혔습니다.

요구르트는 항균성 물질을 만들고 유해균의 생육도 억제해주며, 정장작용이 탁월해 장의 질환, 설사, 소화불량 등을 예방해 줍니다. 유산균에서 만들어지는 유산은 장내의 산도를 증가시킨다. 이것은 소장의 연동운동을 촉진시켜 소화를 돕고 대장의 운동을 조절해 변비를 예방해줍니다.

이밖에 요구르트 10g에는 120㎖의 칼슘이 함유되어 있는데 흡수율이 멸치 38%보다 많은 50%이다. 더구나 독성물질인 살모넬라균과 0-157의 활동을 억제시켜 식중독까지 막아줍니다.

◎ 암을 이기는 한국인들의 보약음식 만들기

1) 요구르트 드레싱

암을 이기는 보약음식의 궁합재료
플레인 요구르트 2컵, 생크림 1/2컵, 설탕 2큰술, 레몬즙 1큰술
① 준비한 생크림을 거품기를 이용해 한쪽 방향으로만 저어 충분한 거품을 냅니다.
② 거품 낸 생크림에 플레인 요구르트를 넣어 섞어준다.
③ 플레인 요구르트와 생크림에 설탕 2큰술을 넣어준다.
④ 설탕을 녹인 후 레몬즙을 넣어 요구르트 드레싱을 완성합니다.

요구르트는 가까운 가게에서 사 먹어도 좋지만, 직접 만들어 먹으면 당이 들어가지 않아

몸에 더 좋고 담백해 많이 먹어도 물리지 않습니다. 플레인 요구르트는 누구나 쉽게 만들어 먹을 수 있는 방법이다.

① 우유 중탕하기

우유 1ℓ 를 80℃로 중탕 합니다. 우유에 떠먹는 요구르트를 타기전에 우류를 따뜻하게 데워야 하는데, 너무 뜨거우면 균이 죽으니 주의한다.

② 우유에 유산균 섞기

③ 요구르트 90~100㎖를 넣습니다. 떠먹는 요구르트를 준비한 것은 살아있는 균을 얻기 위해서이다. 요구르트 안에 있는 균들이 우유속에 있는 양분을 먹으면서 번식하고 발효되어 새로운 플레인 요구르트가 된다.

④ 떠먹은 요구르트 대신 약국에서 파는 유산균 종균을 넣어도 됩니다.

⑤ 골고루 젓기

떠먹는 요구르트나 유산균 종균 파우더를 넣은 우유를 고루 젓는다.고루 잘 젓는 것도 발효가 잘 되는 비결입니다.

⑦ 밥솥에 넣기

발효에는 온도가 중요합니다. 균 번식에 가장 적당한 온도는 40~42℃, 요구르트를 랩으로 덮어 공기가 들어가지 않도록 밀봉하고 보온상태의 밥솥에 넣어 5시간 발효시킨다. 신맛이 느껴지면 다른 그릇에 옮겨 담아 냉장고에 보관합니다.

⑧ 완성된 요구르트 먹기

완성된 요구르트는 맛이 좀 신편이고 좋아하는 과일을 송송 썰어넣어 설탕이나 물엿 등을 섞어 먹거나 빵에 곁들여 먹으면 더 맛있다. 이렇게 만든 요구르트의 보존기간은 약 이틀, 오래 보관할 수 없으므로 200㎖우유팩을 그대로 이용해 만들면 남길 부담이 없습니다.

2) 요구르트 케이크

– 암을 이기는 보약음식의 궁합재료

케이크 : 박력분 100g, 베이킹파우더 1½작은술, 설탕 2작은술, 계란 1개, 우유 ¼컵

요구르트 : 플레인 요구르트 1컵, 버터 1작은술, 식용유·슈거 파우더 적당한량, 체리 20개

① 밀가루에 베이킹파우더를 섞어서 체에 내립니다.

② 버터는 중탕해서 녹이거나 랩을 씌워서 전자레인지에 10~20초정도 가열한다.

③ 볼에 달걀을 넣고 푼 다음 설탕과 우유을 넣어서 잘 섞는다.

④ ③에 밀가루와 버터 녹인 것을 넣고 고무주걱으로 가루가 남지 않도록 섞습니다. 여기에 플레인 요구르트를 넣고 석어서 랩을 씌워 30분정도 두었다가 사용한다. 반죽을 해서 바로 구우면 팬에 들러 붙거나 밀가루가 덩어리져서 가라앉습니다.

⑤ 팬을 달구어 기름을 둘러 길을 들인 뒤, 기름을 따라 내고 남은 기름은 종이 타월로 닦아낸다.

⑥ 불을 약하게 줄이고 반죽을 떠놓아 팬을 움직여 골고루 퍼지게 한 다음 굽습니다. 위에 구멍이 숭숭 뚫리기 시작하면 뒤집어서 익힌다.

⑦ 체리를 씨어서 물기를 빼고 함께 담아냅니다.

3) 요구르트 드레싱의 종류

① 요거트 드레싱

플레인 요거트 1컵, 머스터드 1작은술, 커리가루 1작은술, 레몬쥬스 1/2큰술, 소금 1/2작은술, 다진 케이퍼 1/2큰술, 레몬즙 1큰술, 잘게다진 양파 1큰술, 고금 1/2작은술, 후우 1/4작은술

② 홀스래디쉬 요거트 드레싱

플레인 요거트 1/2컵, 간 홀스레디쉬 1큰술, 올리브오일 2큰술, 잘게다진민트 1작은술, 다진 케이퍼 1/2큰술, 레몬즙 1큰술, 다진 양파 1큰술, 소금 1/2작은술, 후추가루1/4작은술

③ 딜 요거트 드레싱

플레인 요거트 1/2컵, 마요네즈 1/4컵, 다진 딜 1큰술. 파르리카 파우더 1/4큰술, 잘게다진 양파 1큰술, 소금 1/2작은술, 후추 1/4작은술

④ 커리 요거트 드레싱

플레인 요거트 1/2컵, 마요네즈 1/4컵, 커리 가루 2작은술, 사과 1/8개, 우스터 소스 1/2작은술, 소금 1/2큰술, 후추가루 1/4큰술

⑤ 민트 요거트 드레싱

플레인 요거트 1/2컵, 졸인 사과 주스 4큰술, 다진 민트 1큰술, 커민 가루 1작은술, 레몬주스 1작은술, 파프리카 파우더 1/4작은술, 소금 1/작은술, 후추가루 1/4작은술

⑥ 유자 요거트 드레싱

플레인 요거트 1/2컵, 우자청 1/4컵, 작게다진 피클 생강 2큰술, 다진 셀러리 1큰술, 올리브오일 2큰술, 다진 파슬리 1/2작은술, 화이트 와인 식초 1/2큰술, 레몬주스 2큰술, 다진 붉은양파 1큰술, 소금 1/짝은술, 후추 1/4작은술 수수, 기장, 조 등으로 만든 오곡밥을 먹으면 노화방지와 암이 예방됩니다.

▶ 수수, 기장, 조 등으로 만든 오곡밥을 먹으면 노화방지와 항돌연변이가 예방됩니다.

43. 잡곡류 (수수, 조)

수수는 100g당 당질 73g, 단백질 10.9g, 지방 ③ 2g, 식이섬유 ② 3g, 화분 ① 6g, 칼슘 ② 7㎎, 철분 ④3㎎, 비타민B 10.3㎎, 비타민B 20.14㎎, 니아신 ② 8㎎등이 들어있습니다. 또한 지방산은 리놀레산 49%, 올레산 31%, 팔미틴산 14%, 리놀렌산 ② 7% 등도 들어있습니다.

수수기름에는 노화방지 물질인 카로티노이드가 kg당 ⑦7㎎이 들어있는데, 또한 이 물질에는 지아산틴 3⑥3%, 루테인 2⑧6%등이 들어있습니다. 더구나 페놀산과 플라보노이드를 비롯해 페놀화합물을 다량으로 함유하고 곡물 중 유일하게 탄닌이 들어있습니다.

탄닌은 맛이 떫기 때문에 벌레나 새가 접근하지 못하고, 수분이 부족한 토양에서도 수수의 알맹이를 보습해 주는 역할도 합니다.

지금까지 수수에 대한 다양한 실험에서 암을 예방하는 효과가 있는 것으로 드러났다. 수수의 붉은 색은 인체활성물질인 페놀화합물질 안토시아닌, 안토시아니딘 색소, 플라보노이드가 조합되어 나타나기 때문입니다.

기장과 조 역시 수수와 마찬가지로 항산화, 항균, 항돌연변이의 물질이 다량으로 함유되어 있다. 더구나 암을 실험하는 아메스 실험법에서 수수와 기장은 항돌연변이 효과가 뛰어난 것으로 나타났습니다. 또한, 위암, 대장암, 골육암 등의 임상실험인 MTT와 SRB실험에서도 항암효과가 뛰어났다.

동물실험을 통해 자연적으로 항암 세포의 기능을 강화해 주는 연구 결과도 있습니다.

▶ 암의 유발을 억제하고 위암·유방암·간암세포 등의 성장을 억제시켜 줍니다.

44. 부추

옛날부터 부추는 간의 기능을 강화하고 혈액순환을 원활하게 하고 몸을 따뜻하게 해주는데 애용되어 왔습니다. 또한 만성요통의 갸선과 함께 감기, 설사, 빈혈치료에도 효능이 있습니다.

여성의 경우 부추는 인체내의 나쁜 피를 배출시켜주기때문에 생리의 양을 증가시키고, 생리통을 완화해 주며 냉체질을 개선해주는 효과가 있다. 한면 남성의 경우 간의 기능을 강화시키고 정력을 강화해줍니다.

부추의 성분은 비티만A, B1, C를 비롯해 칼슘과 철분 등이 다른 채소보다 많이 함유되어 있다. 또한 특유의 향미성분으로 알릴화합물을 함유하고 있기때문에 생선과 육류의 냄새를 제거해주는 역활을 합니다. 더구나 소화기능을 도우며 항균작용을 하기 때문에 식중독을 예방해줍니다.

특히, 부추는 암의 유발을 억제하고 위암, 유방암, 간암세포 등의 성장을 억제해주는 효능을 가지고 있습니다. 그러므로 부추로 부추 김치나 부추된장국을 끓여서 먹으면 좋다.

예를 들면 음식물에 체해 설사를 할때 부추 된장국에 끓여 먹으면 효과를 얻습니다. 된장국에 들어간 부추는 된장의 짠맛을 감소시키면서 된장에 부족한 비타민A와 C를 보충시켜 줍니다.

◎ 암을 이기는 한국인들의 보약음식 만들기

1) 부추김치

– 암을 이기는 보약음식의 궁합재료

부추 1kg(3단), 멸치젓국 2/3컵, 고춧가루 2/3컵, 다진 마늘, 통깨, 설탕

① 부추를 다듬어 깨끗이 씻은 뒤 멸치젓국 1/3컵으로 살짝 절입니다.

② ①의 절인 젓국물에 마늘을 넣고 고춧가루와 설탕을 넣어 양념을 만든다.

③ ①의 절인 부추에 ②의 양념과 통깨를 넣고 버무리면서 남은 젓국으로 간을 맞춥니다.

④ 바로 먹을 수 있으며, 항아리나 김치통에 담고 꼭꼭 눌러둔 뒤 익혀서 먹기도 합니다.

2) 부추생즙

– 암을 이기는 보약음식의 궁합재료

부추 300g(1회용), 케일 150g, 사과 또는 당근 1개

① 부추는 깨끗한 것을 골라 씻어 적당한 길이로 자릅니다.

② 케일, 사과(또는 당근)도 깨끗이 씻어 적당히 썬다.

③ ①, ②를 녹즙기나 믹서기에 넣고 즙을 짜냅니다.

※ 손으로 만들경우

① 부추를 잘게 썰어 쇠절구에 넣고 짓찧습니다.

② 찧은 것에 물을 조금씩 가하면서 고루 촉촉히 버무린다.

③ 삼베 헝겊이나 가제에 ②를 넣고 짜서 당근즙, 사과즙과 혼용합니다.

3) 부추해물잡채

– 암을 이기는 보약음식의 궁합재료

낙지 1마리, 홍합 4개, 조갯살 50g, 소라 4개, 부추 1단, 피망 4개, 적피망 1개, 당근 60g, 파와 마늘, 식용유, 당면 200g, 간장 4큰술, 깨소금 1큰술, 참기름 1큰술

① 낙지와 홍합, 조갯살은 소금물에 씻어 잡물을 뺍니다.

② 손질한 해물을 끓는 물에 데쳐 내어 낙지는 4㎝ 길이로, 홍합은 어슷하게 저미고 소라는 얇게 썹니다.

③ 부추는 4㎝ 길이로 썰고 피망은 반으로 갈라 씨를 빼고 굵게 채 썹니다.
  당면은 삶아서 짧게 자릅니다.

④ 팬에 마늘과 파를 넣고 기름을 넉넉히 두르고 볶다가 향이 나는 해물을 넣고 다시 채소를 볶아냅니다.

⑤ 당면을 팬에 넣고 볶다가 간장과 설탕으로 간을 하고 다시 볶은 재료를 합한 뒤 깨소금, 참기름을 넣어 볶아냅니다.

4) 부추맛살 달걀볶음

– 암을 이기는 보약음식의 궁합재료
부추 150g, 게맛살 큰것 2개, 계란 2개, 다진 마늘 1작은술, 소금, 통깨, 식용유
① 부추는 깨끗이 다듬어 5~6cm길이로 썰어놓습니다.
② 게맛살은 두께를 반으로 포를 뜬 뒤 채를 썰고 달걀은 풀어놓는다.
③ 넓은 프라이팬에 식용유를 넣고 다진 마늘과 부추를 넣어 살짝 볶은 다음 게맛살을 넣고 소금으로 간을 맞춥니다.
④ 프라이팬 가장자리로 ③의 재료를 밀어놓고 중심에 기름을 한 숟갈 넣은 다음 달걀을 부어 반숙이 되었을때 부추와 살며시 연결하여 볶습니다.

5) 부추전

– 암을 이기는 보약음식의 궁합재료
부추 100g, 밀가루 1컵반, 달걀 2개, 홍고추 1개, 물오징어 또는 맛살, 소금, 식용유, 초간장 아니면 초고추장
① 부추는 깨끗이 씻어 3cm길이로 썰어놓고 홍고추는 배를 갈라 씨를 털어낸 다음 곱게 채 썰어 놓습니다.
② 물오징어는 데쳐서 물기를 빼고 가늘게 썰고 맛살의 경우 찢어놓는다.
③ 물에 달걀을 잘 푼 다음 밀가루를 넣고 소금으로 간하여 멍울이 생기지 않도록 섞습니다.
④ ③에 ①, ②의 재료를 넣어 썩는다.
⑤ 프라이팬에 기름을 넉넉히 붓고 ④의 반죽을 부어 노릇노릇 전을 부칩니다.
⑥ 한입 크기로 썰어 접시에 가지런히 담고 초간장이나 초고추장을 곁들여 냅니다.

6) 부추 달걀말이 튀김

– 암을 이기는 보약음식의 궁합재료
부추 200g, 달걀 3개, 맛살 큰것 2개, 밀가루, 식용유, 소금, 후추

① 달걀에 소금을 넣고 잘 푼 뒤 2장의 달걀 지단을 부쳐놓습니다.

② 부추는 다듬어 5㎝ 길이로 썰고 맛살도 썹니다.

③ 팬에 기름을 넣고 부추와 맛살을 넣고 볶으면서 소금, 후추로 간을 한 다음 밀가루를 조금 뿌려 끈기있도록 볶는다.

④ 밀가루에 물을 넣어 촉촉하게 반죽해 놓습니다.

⑤ 김발에 지단을 놓고 지단 가장자리에 ④의 밀가루 풀을 바른 다음 ③의 부추볶음을 놓고 팽팽하게 말아 양끝에는 대꼬치로 풀어지지 않도록 고정시킵니다.

⑥ 프라이팬에 기름을 넉넉히 넣고 뜨거워지면 ⑤의 재료를 넣어 튀겨낸 다음 식으면 한 입크기로 썰어 그릇에 담아냅니다.

▶ 암 증식, 전이, 말기 등에 효과가 있습니다.

45. 생선

우리 식생활에서 밀접한 관계를 가지고 있는 생선을 적절하게 섭취하지 않으시면 고혈압, 간암, 자궁암 등에 걸릴 확률이 섭취하는 사람보다 2~②6배이다.

생선에서 추출한 지방의 주성분은 EPA(에이코사펜타엔산), DHA(도코사헥사엔산) 등인데, 이것은 암을 억제해주는 작용을 합니다. 이중에서 EPA는 혈소판의 응집억제 작용을 하기때문에 일본에서 세계최초로 폐쇄성동맥경화증의 치료제와 항고지혈증 치료제로 만들었습니다.

DHA는 신경계 발달, 학습기능 향상에 효과가 있으며 특히, 노인성 치매증을 완화시켜주는 효과가 있습니다.

또한 EPA는 암증식, 전이, 말기 등에 효과가 있는데, 이것은 혈관생성을 억제하는 작용이 있기 때문입니다.

DHA 역시 발암 억제작용을 하는데, 일본 국립암센터 연구팀은 DHA가 프로스타글란딘의 활성상태 관계가 있다는 사실도 알아냈습니다. 프로스타글란딘이 체내에서 많이 작용되면 대장암이 발병한다. 또한 콜레스테롤을 저하시키고 활성산소를 제거해줍니다.

◎ 암을 이기는 한국인들의 보약음식 만들기

1) 가자미 무졸임

– 암을 이기는 보약음식의 궁합재료

가자미 중간크기 1마리, 무 1/4도막, 풋고추 1개, 홍고추 1/2개, 다진 파 1큰술, 다진 마늘 1큰술, 생강 1작은술, 진간장 1/2큰술, 소금 1작은술, 후추가루 조금. 참기름 1/2큰술, 깨소금 1/2큰술, 고춧가루 1큰술, 고추장 1작은술, 다시마 멸치육수 ①5컵

① 가마지는 비늘을 긁고, 머리를 떼고 잘 손질하여 씻습니다. 칼집을 조금 넣고, 볶은 소금을 약간만 뿌려둔다. 무는 큼직하고 도톰하게 썰어둔다. 풋고추, 홍고추는 어슷 썰어둔다.

※ **양념은 모두 섞어 준비합니다.**

② 넓고 얕은 냄비에 무를 깔고 위에 가자미를 얹어놓고, 양념장을 끼얹고 고추 썬것을 얹고 끓인다. 끓으면 불을 좀 낮추고 가끔 숟가락으로 국물을 떠서 생선에 끼얹어 줍니다.

③ 완성 접시에 무와 생선을 양념이 흩어지지 않게 담는다.

2) 고등어 된장졸임

– 암을 이기는 보약음식의 궁합재료

주재료와 양념 : 고등어 1마리, 일본된장 1½큰술, 대파 1대, 생강채 조금

조림용 쏘스 : 물 2큰술, 청주 3큰술, 조미술 2큰술, 설탕 1½큰술, 진간장 2큰술, 생강 1개 고등어를 손질후

① 냄비에 졸임용 소스를 담고 끓입니다.

종림용 쏘스 : 물(다시마 국물) 1/2큰술, 조미술 2큰술, 청주 3큰술, 진간장 2큰술, 설탕 1½큰술, 생강 1개(저며서)

※ 다미사물 – 다시마물 찬물에 6~7시간 우려두거나 약한 불에서 30분정도 끓입니다.

② 소스가 자글자글 끓으면 고등어를 넣고 소스를 끼얹어가며 졸인다.

③ 고등어가 80%익으면 대파를 썰어 넣고 냄비를 한쪽으로 기울여 남은 소스에 일본된장을 개어 잘 풉니다.

④ 된장 소스를 끼얹어가며 약한 불에서 1~2분 더 졸요 그릇에 담아낸다.

⑤ 생강을 곱게 채썰어 물에 5분정도 담갔다가 물기를 빼고 요리위에 얹어냅니다.

▶ 올리브기름은 심장병과 동맥경화를 비롯해 노화방지와 암예방에 효과가 탁월합니다.

46. 올리브기름

미국에서 발간되는 건강잡지「헬스」는 세계 5대건강식품으로 김치, 요구르트, 렌틸, 콩과 더불어 올리브기름을 소개하고 있습니다.

특히 웰빙식품으로 알려지면서 우리네 가정에서도 식용유 대신 올리브 오일을 많이 사용하고 있다. 이렇게 올리브 기름이 건강식품으로 불리게 된 이유는 약 70%의 올레인산이 함유되어 있기때문 입니다.

체내의 콜레스테롤 수치를 낮춰 고농도의 콜레스테롤로 발병되는 만성질환인 동맥경화나 심장병을 예방해줍니다.

다시 말해 콜레스테롤이 고농도 상태로 혈액속에 쌓이게 되면 심장 안쪽 벽에 지방성분이 흡착되면서 혈관이 좁아지거나 막혀서 혈액순환이 원활하게 이뤄지지 못한다. 또한 올리브 기름을 섭취하면 암예방에 탁월한 효과를 얻을 수 있습니다.

연구결과 올레인산이 HER-2/neu라는 종양유발 유전자의 활성을 뚜렷하게 억제해주는 역할이 있다는 보고서가 있다. 또한 유방암을 치료해 주는 허셉틴(트라스투즈맙)의 효과를 강화시켜 암환자들의 생존을 연장해준다는 사실도 밝혀냈습니다.

일반 식용유와 올리브기름의 제조법이 다르다. 일반 식용유는 재료를 고온으로 가열시킨 다음 압력으로 기름을 짜 내지만, 올리브 기름의 제조법이 다릅니다. 일반 식용유는 재료를 고온으로 가열시킨 다음 압력으로 기름을 짜 내지만, 올리브 기름은 가능한 열을 가하지 않고 압력만으로 기름을 짜낸다. 다시말해 제조방법의 차이로 인해 천연항산화제가 손상되지 않고 그대로 남아있는것입니다.

올리브오일에 함유된 토코페롤, 폴리페놀, 스쿠알렌 등은 세포의 노화방지와 항산화 작용을 비롯해 성인병 예방에 탁월하다. 이중에서 스쿠알렌은 암세포의 성장을 억제해주는 효능을 가지고 있습니다.

올리브오일은 두가지로 크게 나누어집니다.

엑스트라버진(100%압착)과 퓨어/엑스트라라이트('퓨어'와 '엑스트라라이트'는 같은 제품이다. 산도의 차이, 맛의 차이에 따라 종류가 여러가지로 나뉘지만 크게 두가지만 알면 됩니다.

1) 엑스트라버진

엑스트라버진은 올리브를 수확한 후에 씨를 빼고 첫번째 짜낸 오일을 말한다.

색깔의 특징 : 녹색이랑 노랑색이 약간 섞인 그런 색입니다.

용도 : 샐러드 드레싱을 만들때나 혹은 식빵을 찍어먹을때와 생으로 바로 먹을때 사용(발연점이 매우 낮기때문에 가열하는 요리에는 적합하지 않습니다.)

2) 퓨어/엑스트라라라이트

두번째 짜 낸 정재기름과 첫번째 짜낸 버진오일을 일정비율로 혼합을 한 혼합기름입니다.

색깡의 특징 : 식용유의 색과 비슷하다.

용도 : 전 튀김, 볶음과 같이 열을 가하는 요리를 할때 사용합니다.

※ 제품을 구입할 때 알아두어야 할 것

① 올리브오일에는 산도라는 것이 있다. 산도는 낮으면 낮을수록 제품의 신선함을 나타내는 것이기 때문에 수치가 낮은 것을 구입합니다.

② 제품에는 유통기한이 있다. 유통기한은 18개월에서 24개월정도 되는데, 최소한 6개월정도의 여유가 있는 제품을 구입하는 것이 좋습니다.

③ 올리브 오일 고유의 맛과 향을 위해 유리병에 든 것을 선택하는 것이 좋으며 빛이 닿지 않는 선반 안쪽의 제품을 선택하는 것이 좋다(빛에 노출된 올리브 오일은 맛의 변형이 올 수 있습니다.)

◎ 암을 이기는 한국인들의 보약음식 만들기

1) 올리브오일을 이용한 드레싱 소스 만들기

– 암을 이기는 보약음식의 궁합재료

179

올리브기름(엑스트라버진) 2큰술, 식초 1큰술, 설탕 1큰술, 레몬즙 1큰술, 깨소금 1큰술, 소금 1작은술

준비된 재료를 섞어만 주면 맛있는 드레싱 소스가 완성됩니다.

면역세포를 강화시켜 항체 생산세포를 많이 만들어 주는 물질입니다

▶ 키토산 효능 면역세포를 강화시켜 항체 생산세포를 만들어 항암치료 부작용 개선

47. 새우젓

새우젓은 우리나라 사람들이 가장 많이 먹는 젓갈인데, 만드는 방법은 우선 새우를 염장한 뒤 15~20℃에서 2~3개월 숙성시키면 됩니다.

새우의 키틴 올리고당은 대식세포, 즉 병균이나 바이러스의 침범으로 여염된 세포를 잡아먹고 이를 분해시키는 기능을 가지고 있는 세포를 활성화시키거나 혹은 면역세포를 강화시켜 항체생산세포로 항체를 많이 만들게 해주는 물건입니다.

키토산이라는 것은 화학적으로 키틴에서 아세틸기를 70%이상 제거시킨 것을 말합니다.

180

키토산이 만들어지는 방법은 유기산에 키틴을 넣어 녹이면 된다. 이렇게 하는 것은 키틴을 녹일 수 있는 용매가 없기때문입니다.

키토산 올리고당을 분자량의 크기에 따라 5천~1만, 3천~5천, 1천~3천 등으로 만들어 육종종양세포가 이식된 쥐를 대상으로 일정하게 매일 매일 복강에 투여한 결과, 쥐의 체중 1kg당 509㎖씩 24일간 1일 1회 투여했을때 체중에 큰 차이가 없었습니다. 하지만 종양세포의 성장억제율은 중간크기의 올리고당(3천~5천)이 74%로 가장 높게 나타났습니다.

특히, 새우젓이 발효되는 과정에서 베타인의 함량이 증가되는데, 베타인은 옛날부터 위액의 산성도를 조절해 주는 의약품으로 개발되어 사용하고 있습니다. 이 뿐만 아니라 지금은 고지혈증, 비만 등에도 사용되고 지방간이나 알코올로 인한 간기능 장해의 개선에도 효과가 있다는 보고가 있습니다.

◎ 새우젓 만드는 법

생새우에 소금을 뿌려 담근 젓.

빛이 흰 잔새우를 골라 이물질이 섞이지 않도록 가린 후 물에 깨끗이 씻어서 소쿠리에 받쳐 물기를 뺍니다. 새우에 소금을 1/3의 비율로 치고 잘 썩어서 적당한 항아리에 담고 꼭꼭 눌러서 위에 윗소금을 두껍게 얹고 봉해서 그늘에 둔다.

새우젓은 5월에 담근 것을 오젓, 6월에 담근 것을 육젓, 가을에 담근 것을 추젓이라 하는데, 김장용으로는 육젓을 제일로 칩니다.

이밖에 백하(白蝦)젓, 자하(紫蝦)젓, 곤쟁이젓 등이 있습니다.

새우 속의 단백질은 필수아미노산이 많은데, 글리신이라는 아미노산과 비타민이 있어 새우고유의 맛을 더해준다. 또한 새우는 건강식품으로 단백질과 칼슘을 비롯한 무기질 등을 함유하고 있어 새우의 선호도가 아주 높습니다.

우리나라의 새우젓은 토하젓이라고도 하며, 특히, 멸치젓과 함께 김치를 담그는 조리료로 애용하고 있습니다.

◎ 새우젓의 종류

1) 광천토굴 새우젓

전국적인 명성을 얻고 있는 명품젓이라고 합니다. 새우젓을 지하 7m이하의 토굴에서 지중 온도 섭씨 13~16℃에서 자연스럽게 약 3~4개월 저장하여 숙성시킴으로써 그 맛과 향이 타지방의 새우젓보다 월등히 뛰어나 '토굴새우젓'이라고 합니다.

오늘날에는 광천하면 토굴새우젓, 새우젓하면 광천을 떠올릴만큼 유명해져서 김장철은 말할 나위없이 평소에도 전국에서 도매상과 소비자가 줄지어 찾는 광천이 되었습니다.

2) 육젓

유월 땡볕에서 잡아올린 새우를 숙성시킨 것으로 크기가 크고 살이 통통하다. 그리고 토굴 속에서 3개월 숙성시키면 국물이 우유처럼 뽀얀 빛깔이 됩니다. 새우젓 중에 최고의 명품 새우젓이라 할 수 있다.

3) 오젓

5월에 잡은 새우를 숙석시킨 것으로 육젓보다 약간 작고 추젓보다는 좀 큽니다. 대체로 흰색이며 깨끗하고 육질이 좋다. 새우젓중에 육젓 다음으로 좋은 새우젓이라 할 수 있습니다.

4) 추젓

넉넉함이 눈부식 가늘에 건져올린 새우를 숙성시킨 것으로 오젓보다 작으나 부드럽고 좀 덜 짠 편입니다.

5) 세하젓

대체로 일년중 봄 5~6월, 가을 9~10월 사이에 잡아 숙성시킨 것으로 맛이 좋습니다.

6) 자젓

늦은 봄 5~6월 사이 늦가을 9~10월 사이에 잡아 숙성시킨 것으로 다른 새우젓에 비해 작고 빛깔은 약간 더 불그스름합니다. 찌게, 호박볶을때, 풋고추 조림 요리 등에 사용되며 맛이 아주 좋습니다.

◎ 좋은 새우젓을 고르는 법

새우젓 담그는 시기에 따라 오젓(음력 5월), 육젓(음력 6월), 추젓(삼복이후), 백하젓(겨울)으로 나눠지며, 이중 새우살이 통통하며 염도가 높아 김장용으로 가장 많이 애용되는 것이 육젓입니다. 새우젓은 껍질이 얇으며 밝은 분홍색으로 살이 굵은 것이 좋다. 붉은 색을 띠며 비린내가 구린내가 없어야 좋은 새우젓입니다.

첫째, 신선하고 이종품의 혼입이 없어야 되고

둘째, 균일하고 고유한 색을 띠고 있고 오염 변색이 없는 것이어야 되며

셋째, 형대는 파쇄육 혼입이 10%이하인 것이어야 되며, 향미는 고유의 향미, 적정 염도의 제품, 이미와 이취가 없는 것이어야 하며, 액즙은 정미량의 20%이하여야 되며, 마지막으로 모래, 흙 등 기타 자물의 혼입이 없어야 됩니다.

◎ 암을 이기는 한국인들의 보약음식 만들기

1) 애호박 새우젓찌게

- 암을 이기는 보약음식의 궁합재료

애호박, 양파, 멸치 다시국물, 다진 마늘 조금, 대파 풋고추, 고춧가루, 새우젓, 식용유 조금

① 양파를 도톰하게 채 썬다. 애호박을 한입크기로 도톰하게 썹니다.
   대파, 풋고추를 어슷하게 썹니다.
② 쿠거에 애호박, 양파, 고춧가루, 새우젓(너무 짜지않게), 다진마늘, 대파, 풋고추, 식용유 약간을 넣고 살짝 볶아 준 후 멸치다시국물을 자작하게 붓고 애호박이 살짝 무를때까지 보글보글 끓여냅니다.

2) 호박 새우젓볶음

- 암을 이기는 보약음식의 궁합재료

애호박 1개, 새우젓 1스푼, 다진마늘 1티스푼, 소금 약간, 고추가루 1티스푼식

① 먼저 애호박을 깨끗이 씻어줍니다. 동글게 전할때처럼 잘라주고 둥근 것을 다시 4등분한다.

② 프라이팬에 기름을 살짝 두르고 팬이 달궈지면 다진 마늘을 1개 정도 넣어줍니다.

③ 썰어놓은 호박을 넣어준다. 호박이 투명해질 때까지 볶아준다.

④ 투명하게 잘 볶아진 호박에 새우젓으로 간을 합니다.

⑤ 간을 맞췄으면 고춧가루를 1티스푼 정도 넣어주면 된다.

3) 두부새우젓국

- 암을 이기는 보약음식의 궁합재료

두부 1모, 굴 200g, 새우젓 2큰술, 실파 8뿌리(또는 대파 한대), 다진마늘 2작은술, 붉은 고추 1개, 푸른 고추 1개, 후추가루(또는 고춧가루)

① 두부는 살짝 씻어준 후 깍두기 크기로 썰어둡니다.

② 굴은 소금물에 넣고 껍질과 지저분한 것을 없애준 후 살살 흔들어 건진후 물기를 빼준다.

③ 냄비에 물을 넣고 끓여줍니다. 이때 무를 조금 넣어주거나 다시마를 넣어도 국물이 맛있다.

④ 실파는 송송(대파는 어슷어슷) 썰어주고 붉은 고추도 썰어둡니다. 양파나 당근 있으면 채 썰어서 조금 넣어줘도 좋습니다.

⑤ 국물이 끓으면 두부를 먼저 넣는다. 양파나 당근을 넣고 싶다면 새우젓을 조금 더 넣거나 소금으로 간을 맞춰도 됩니다.

⑥ 굴을 넣고 익으면 고추, 파, 마늘을 넣어서 한소끔 끓여주면 됩니다.

▶ 알로에에 함유된 이모딘, 알록틴A 등은 항암작용에 효과가 있습니다.

48. 알로에

알로에는 예로부터 노화방지에 많이 사용되고 있으며, 알로에에 함유된 이모딘, 알록틴A등은 항암작용에 효과가 있습니다. 이모딘, 알록틴A 성분은 피부세포의 증식작용과 치료에 대한 촉진효능도 가지고 있습니다.

예를 들면 여름철 일광욕으로 자외선에 과다노출되면서 피부면역기능에 손상을 입었을때 알로에를 사용하면 손상된 피부를 회복시킬 수가 있습니다.

이외에도 난치성 피부병, 화상치료, 류머티즘 예방과 치료, 염증, 소화기 궤양, 호흡기 질환 예방과 치료, 히스타민, 면역기능 조절, 방사선에 의한 백혈구 감소, 암 등의 예방과 치료에 탁월한 효능이 있습니다. 또한 환경오염으로 인한 중금속 중독을 예방한다.

이 중에서 알로에의 항암효과는 다음과 같습니다. 즉 알로에에 들어있는 이모딘은 암세포의 유전자 복제과정을 억제시켜 암세포 증식을 막아줍니다.

이것은 국내 연구진의 연구결과에 의하면 암세포 성장과 전이와 관련된 신생혈관 생성을 억제시킴으로써 암의 발병을 막아준다고 발표하기도 했습니다. 신생혈관 생서이란 암의 성장과 전이에 필요한 혈관을 만들어 내는 과정을 말한다. 이모딘은 결명자, 둥글레차, 대황 등에도 다량으로 들어있습니다.

◎ 알로에 껍질 벗기는 요령

깨끗이 씻고 물기를 닦아낸 알로에를 20~30㎝의 길이로 자르고 생선지느러미 자르듯 가장자리 가시 있는 부분을 칼로 도려냅니다. 생선포를 떠내듯 껍질과 껍질 사이에 칼을 넣어 2등분한다. 껍질이 도마표면에 닿게 하고 알로에 살을 얇은 밥주걱 같은것으로 주욱 밀면서 투명한 육질만 벗겨낸다. 분리된 육질(편)은 필요한 크기로 잘라서 씁니다.

◎ 암을 이기는 한국인들의 보약음식 만들기

◎ 알로에 술

- 암을 이기는 보약음식의 궁합재료

알로에 ③5㎏, 소주(①8ℓ) 2병술, 검은 설탕 1/2컵, 질금 2홉
① 잎을 채 쓸듯이 썰어 검은 설탕과 질금을 넣고 소주를 채웁니다.
② 18~20도 정도의 실온에서 1달이후 내용물 건더기를 걸러낸 후 같은 온도에서 한달정도 더 숙성을 시킨 후 복용을 한다.
③ 1~2잔 반주로, 잠가지 저느 피곤할때, 몸이 아플때 마시면 됩니다.

2) 알로에 차

말린 아보레센스의 잎을 빻지않고 달여서 마십니다. 꿀을 넣어마셔도 된다. 효과는 아보레센스 생잎을 먹을때와 같으며, 생잎을 먹기 힘들면 말린 잎을 갈아서 먹어도 됩니다.

3) 알로에 가루

몸이 가려운 사람 또는 피부질환이 있는 사람, 피부를 부드럽게 탱탱하게 하고싶은 사람은 알로에 가루를 타서 목욕을 하기도 하고, 빻지 않은 것을 다른 용기에서 우려낸 다음 목욕물에 섞어서 목욕 또는 좌욕도 하며 머리가 가려운 사람은 머리를 감기도 합니다.

4) 알로에 엿

보통 물엿(조청)에 똑같은 양의 알로에 즙액을 양푼에 담아서 중탕 식으로 끓는 물속에 양푼을 띄우고 잘 저어서 완전히 섞이고 알맞게 졸아든 다음에 꺼낸다. 감기, 편도선염, 구내염 등의 입병에 효과가 있습니다.

◎ 알로에 분말과 정제

알로에 생잎을 먹기 힘이 드는 사람, 멀리 출장을 갈때 많이 이용을 합니다.

1) 알로에 쥬스

2컵의 주스를 만들려면 알로에 생잎 200~300g에 작은 요구르트 2~4병을 믹서에 넣은 후 갈아서 마시며 다른 주스 또는 과일, 꿀 등을 섞어넣어 먹어도 됩니다.

2) 씹어서 먹는 법

잎의 양면에 붙은 가시를 떼어내고 껍질채 씹어서 먹는데, 황색 수액으로 인해 쓴맛을 느낄 수 있기때문에 익숙해진 경우가 아니고는 먹기 힘들다. 이때는 알로에 잎을 뿌리쪽으로 잘라 황색 수액을 흐르게 해서 제거한 뒤 먹으면 쓴맛을 물론 풋내도 없어집니다.

3) 갈아서 먹는 법

믹서에 준비한 채소 분량의 2/3쯤 물을 넣고 갈아먹습니다. 효능을 높이기 위해서는 물의 양을 줄이는 것이 좋습니다. 어린이와 같이 맛 때문에 알로에를 꺼리는 경우하면 만들때 꿀이나 과일즙을 조금 넣어도 괜찮다. 하지만 설탕은 되도록 넣지않습니다.

4) 즙으로 먹는 법

소화기능이 좋지않은 환자나 공복에 장을 위해 마시는 건강음료로 활용할수 있습니다.

5) 달여서 먹는 법

생즙에 비해 탁월한 효과를 기대할 수는 없지만 상습 변비나 체질이 약한 사람에게 좋습니다. 아보레센스나 베라를 잘게 다지거나 으깨어 한약을 달이는 약탕기에 준비된 알오에와 같은 비율의 물을 함께 넣고 처음에는 센 불로 익히다가 후에는 약한 불로 약 한시간 정도 물이 반쯤으로 줄어들때까지 달입니다. 아 달여지면 불에서 내려 식힌 다음 거즈나 약수건으로 짜서 하루에 3회1큰술 정도씩 먹는다. 냉장고에 넣어 두면 2~3일정도 보관이 가능합니다.

6) 알로에를 다른 야채, 과일과 함께 갈아서 마십니다.

보통 이경우에는 알로에 가시를 제거후 껍질을 갈아먹는 사람도 있는데, 껍질에는 자극적인 성분이 있으므로 위염이나 위산과다 증세가 있는 사람은 껍질을 제거하는게 좋습니다. 껍질째 갈아먹을 경우에는 식후에 소화를 돕는다. 설탕이나 요구르트보다는 천연과일이나 꿀을 첨가해서 먹는게 좋습니다.

7) 과일화채 또는 샐러드와 함께 먹는다.

수박 화채나 다른 과일 화채를 만들어 얼음과 함께 시원하게 먹을때, 알로에를 얼려두었다가 함께 섞어 먹으면 좋습니다.
사각형의 얼음포켓에 말맞은 크기로 잘라넣어 얼렸다가 필요할때 물로 녹여서 얼음과 함께 사용합니다(껍질제거하고 얼음조각보다 작은 크기) 투명하게 얼린 음료에 얼음조각은 얼음 대신 술에 한조각 띄워서 먹어도 좋다.

8) 도토리, 메밀묵과 함께 먹습니다.

묵을 먹을때 적당한 크기로 잘라 어우러져 양념이 된 상태로 먹으면 역겨움 없이 쉽게 먹을 수 있다. 이때 알로에의 크기는 묵보다 얇게 잘라야 한다. 다이어트에 좋은 곤약과 함께 먹어도 좋습니다.

9) 알로에 냉면과 비빔국수, 콩국수

냉면이나 국수를 먹을때, 맛도 중요하지만 고명이 주는 맛깔스러움이 음식의 맛을 더할 때가 있다. ①5㎝×5㎝ 크기로 얇게 저며서 고명으로 얹으면 투명하고 시원한 빛갈이 먹음직 스럽습니다.

10) 알로에 양갱 만들기

암을 이기는 보약음식의 궁합재료
알로에, 한천, 팥, 설탕, 물엿
① 한천을 물에 담그고 20~30분 불립니다.

② 알로에 껍질을 얇게 벗겨 적당하게 썰어낸 뒤 뜨거운 물로 헹궈내서 점액질을 제거합니다.

③ 불린 한천에 물 한컵을 넣고 끓이다가 한천이 녹으면 물엿과 설탕을 넣고 다시한번 끓입니다.

④ 설탕이 녹으면 알로에를 넣고 걸쭉해질 때까지 기다린다.

⑤ 끓인 재료를 모양 틀에 부어 차게 식히면 알로에 양갱이 완성됩니다.

⑥ 이때 동일한 방법으로 팥을 이용해도 좋습니다.

◎ 알로에 샐러드 만들기

– 암을 이기는 보약음식의 궁합재료

알로에, 오이, 양배추, 마요네즈, 우유, 설탕, 레몬 등

① 껍질을 벗겨 얇게 썰어낸 알로에를 뜨거운 물에 헹구어 점액을 제거합니다.

② 각종 채소와 과일을 썰어 찬물에 담가둡니다.

③ 소스를 만들기 위해 파인애플, 레몬, 키위 등을 잘게 썰어 설탕, 마요네즈 등을 섞어 믹서에 갈아둔다.

④ 드레싱을 알로에가 들어간 채소 위에 뿌려주면 완성됩니다.

▶ 머루에는 항암과 관련된 성분들이 많이 들어 있습니다.

49. 머루

머루에는 항암과 관련된 성분들이 많이 들어있습니다. 예를 들면 레스베라톨, 폴리페놀, 카테친, 레스베라콜 4분자가 모인 호피페놀, 헤이니놀, 이소호피페놀, 시티신, 비티시푸란 등 입니다.

머루의 구성은 80%가 수분이고, 그 다음으로 조단백질이 0.87~1%, 조비방이 0.25~0.6%, 환원당이 1①95~19% 등 입니다.

성분 함량은 다소 차이가 있지만 카테친 약 50mg/kg, 폴리페놀 약 150μg/ml(착즙액), 레스베라톨 약 60μg/g(과피에 일반포도보다 10배이상 들어있음) 등을 비롯해 호피페놀,

189

헤이니놀, 이소호피페놀, 시티신, 비티시푸란(뿌리) 등도 다량으로 들어있습니다.

이중에서 레스베라톨 물질은 머루 외에 오디, 땅콩 등 72종이상의 식물체에도 들어있는데, 항암과 심혈관질환 예방에 탁월한 효능이 있습니다. 암은 3단계를 거치면서 생성되는데, 레스베라톨은 3단계 모두에 작용이 된다.

다시 말해 암 개시를 촉진시키는 1단계 효소인 CYP450를 저해시켜 암발생을 억제합니다. 해독화와 관련된 2단계 효소인 쿠논환원효소를 유도하여 DNA변이와 손상을 억제한다. 암 촉진단계 효소인 사이크로옥시나제-② 유도형 산화질소 합성효소, 단백질인 산화효소 등을 저해시킵니다. 또한 암의 진행단계에서는 미분화된 암세포 분화를 유도하고 암세포의 세포주기 저해와 세포사멸을 유도한다.

머루의 섭취방법은 포도처럼 생과나 열매에서 추출한 주스나 이것을 발효시킨 와인을 마시면 됩니다.

머루의 뿌리는 한약재로 이용되는데, 민간에서는 잎의 추출물로 구토, 설사, 동상, 빈혈치료에 쓰이고 있습니다.

◎ 암을 이기는 한국인들의 보약음식 만들기

1) 머루 드레싱 샐러드

① 머루는 알알이 때서 그릇에 담고 으깨어 씨와 껍질을 분리해 즙을 냅니다.
② 머루즙에 플레인 요구르트, 올리브유, 설탕, 레몬즙, 소금, 후추를 살짝 뿌려준다.
③ 양상추는 손으로 뜯어주고 토마토, 오이, 파프리카를 먹기좋게 썰어 그릇에 담아 머루를 올려줍니다.

2) 머루주

잘 익은 산머루를 구해서 물에 깨끗이 씻은 후에 물기가 빠지면 독이나 항아리에 담습니다. 머루는 발효가스가 많기 때문에 일체 설탕을 넣으면 안된다. 재료량의 2~3배 정도 독한 술을 붓고 밀봉하는데 목이 가늘고 입이 좁은 그릇, 입구가 나사식으로 된 그릇에다 담는 것이 좋습니다. 술이 완숙되기 전에 자체에서 가스가 생겨 터져버리는 경우가 많기때문 입니다. 꼭 밀봉하여 냉암소나 지하실에 보관하는데 보관도중에 그릇을 움직이거나 옮기면 안됩니다. 보관한 지 3~4개월이면 술이 완숙된다. 피로회복에 좋고 식욕을 증진시키며 소화에 큰 도움을 준다고 합니다.

3) 머루엑기스 만들기

머루와 설탕을 똑같은 양을 넣고 밀봉하여 선선한 곳에서 100일정도 숙성시킨 다음 머루를 건져내면 머루엑기스가 완성됩니다.

4) 머루(포도)잼 만들기

① 잘 씻어 머루알을 뗍니다.
② 냄비에 넣고 끓이기(물을 부으면 안된다)
③ 소쿠리에 걸러 액만 받는다.
④ 머루액을 끓이면서 설탕을 기호에 맞게 넣고 저어가며 졸입니다.
⑤ 알맞은 농도가 되면 불을 끄고 식힌다.

▶ 호박에 함유된 카로티노이드 색소성분이 항암효과가 있습니다.

50. 호박

호박이 누런 빛깔을 띠는 이유는 호박에 함유된 카로티노이드 색소인 카로틴때문입니다. 이 성분이 항암효과가 있다는 연구보고서가 꾸준히 발표되면서 호박의 약리작용에 힘을 실어주고 있다. 따라서 늙은 호박을 고를 때는 누렇게 잘 익은 것을 골라야 약효가 뛰어나고 당도가 높습니다.

호박은 단백질, 탄수화물, 미네랄, 식이섬유 등을 함유하고 있으며, 비타민A, 비타민C, 비타민E 등 다량의 비타민을 함유하고 있는 비타민의 보고 입니다. 예로부터 '동짓날 호박을 먹으면 중풍에 걸리지 않습니다'는 말이 전해내려올 정도로 겨울철에 호박을 많이 먹으면 감기에 대한 저항력이 길러지고 동상도 예방할 수 있다고 합니다.

무엇보다 호박은 콩팥 기능이 나빠서 부종을 겪는 환자나 회복기 환자들이 죽이나 즙으로 만들어 먹는 인기메뉴 입니다. 특히 우리나라에서는 산후 부기가 빠지지 않은 산모가 복용하면 좋다고 할려져 있습니다.

호박은 호박살(과육)뿐만 아니라 잎, 줄기와 꽃, 씨, 껍질, 덩굴까지 어느것 하나 버리는 것이 없는 약알칼리성 식품입니다. 무엇보다 호박은 미국 국립암연구소의 연구에 따르면, 당근, 고구마와 함께 하루 반컵정도의 늙은 호박을 별도로 먹으면 흡연으로 인한 폐암의 위험을 반감시킬 수 있다고 합니다.
또 동짓날 호박죽을 먹으면 중풍에 걸리지 않는다는 애기가 있을 만큼 호박은 예방에도 좋다. 호박의 당분은 소화가 잘 되므로 회복기의 환자나 위가 약한 사람에게 좋습니다. 그래서 위장이 약하고 마른 사람이 꾸준히 먹으면 위가 강화되고 살이 찌는 효과를 얻는다.

또한 비만증인 사람의 다이어트, 당뇨나 산후의 부기를 빼는데에도 늙은 호박을 따를 만한 식품이 없습니다. 이는 호박이 살을 찌게하는 성질을 갖고있는 동시에 몸안의 수분이나 노폐물을 잘 빼주는 성질을 갖고있기 때문입니다. 또 호박은 불면증에도 효과가 있고 호박의 펙틴성분은 식물성 섬유소로 이뇨작용을 돕고 담석증 예방에도 좋습니다.
또한 늙은 성인병이나 변비, 설사, 기침이나 감기, 냉증, 피부부호, 야맹증에도 도움이 됩니다.

◎ 각 증상에 따라 효과적으로 이용하는 방법

당뇨, 비만, 신장, 위장장애 호박요리, 호박죽이 좋습니다.

1) 피부미용, 체질개선

호박과 팥, 흑설탕이나 꿀을 넣은 호박범벅을 자주 해 먹거나 호박오가리로 수프를 자주 만들어 먹어도 좋습니다.

2) 기침, 천식

호박식혜를 만들어 꾸준히 먹는다. 만성적인 기치에는 호박씨를 달여서 하루 3~4번 반컵 정도씩 식전에 마십니다.

3) 스테미나 부족, 전립선 비대

호박씨를 까먹거나 달여먹습니다.

4) 신장과 방광기능 저하

늙은 호박을 여러가지로 조리해서 먹는 것이
좋은데, 늙은 호박을 대추, 꿀 등과 푹 고아서
먹는 방법이 효과적입니다.

5) 위궤양, 십이지장궤양

호박죽이나 찜이 좋다. 호박죽을 계속 먹으면 위장을 튼튼하게 하여 계속되는 설사를
멈추게 합니다.

6) 신경통

늑간신경통으로 가슴이 아플때는 호박찜질을 하면 진통, 소염효과가 있다. 호박을
찜통에 넣고 푹 찐 다음 절구에 넣고 으깨서 따뜻할 때 부위에 직접 붙이지 않고 거즈나
한지에 발라 붙입니다. 식으면 따뜻한 것으로 바꿔주고 하루 2~3회 반복하면 따뜻한
기운이 은근히 퍼져 나가면서 아픈 증세가 서서히 가라앉습니다.

7) 유산이나 조산 방지

자궁이 약해 유산이 염려되는 사람은 호박덩굴을 말려 곱게 가루를 낸 다음 매일
한스푼씩 먹습니다.
껍질을 벗긴 호박씨를 120g정도를 볶아 곱게 갈아 1회 30g씩 따뜻한 물과 함께 먹어도
좋습니다.

◎ 요리 종류

국수호박으로 다양한 요리를 만들 수 있습니다. 국수호박에서 면발을 뽑아내는 방법은

간단하다. 먼저 호박을 반으로 잘라 끓는 물에 12~14분 정도 삶은 뒤 꺼내 찬물에 넣고 식힌 후 껍질을 손으로 눌러주면 속살이 국수가닥처럼 풀어져 나옵니다.

1) 수제비

국수호박에서 뽑아낸 사리를 적당히 잘라 밀가루를 넣고 물은 넣지 않고 반죽합니다. 반죽이 되면 끓는 물에 적당한 크기로 떼어 넣고 다 익으면 갖은 양념을 합니다.

2) 만두

사계절 음식이라고 할 수 있는 만두는 먼저 잘게 간 돼지고기와 국수호박 사리에 물기를 없앤 두부, 부추, 당근, 양파 등을 넣어 더진다. 여기에 마늘, 참기름, 후추, 소금, 깨소금 등을 함께 넣고 양념장해 만두 속을 만듭니다.

만두피에 먹기좋게 속을 적당량 넣어 빚는다. 이렇게 빚은 만두를 육수에 끓여내면 됩니다.

3) 비빔

비빔은 국수호박에서 뽑아낸 호박사리에 양념을 한 후 초장과 육수, 깻잎, 양배추, 참기름을 넣고 비빕니다.

4) 냉면

냉면은 일반 냉면처럼 각종 냉면재료에 호박사리를 넣어 먹으면 별미입니다.

5) 콩호박국수

맷돌에 갈아 만든 콩국수에 국수호박 사리를 넣고 콩국수처럼 먹습니다.

6) 전

각종 채소와 섞어 전으로 부쳐 먹어도 별미입니다.

7) 오징어 무침

끓는 물에 살짝 데친 오징어에다가 오이, 당근, 국수호박 사리를 양념초장에 버물러 먹어도 별미입니다.
잇몸 염증, 고혈압, 동맥경화 예방에 효능이 좋습니다.

▶ 각 증상에 따라 효과적으로 이용하는 방법 대장암이나 유방암에 효능이 높습니다.

51. 가지

가지의 단점은 토마토나 오이보다 비타민이 다소 부족합니다. 가지의 약 93%가 수분이며, 먹을 수 있는 부분 100g을 기준으로 단백질 0.9g, 지질 0.1g, 당질 ④5g등을 비롯해 β-카로틴은 32μg, 비타민C 9mgDL 들어있습니다.
가지는 영양적인 면이 부족하지만 그대신 담백한 맛과 함께 씹을때 부드러운 촉감으로 사람들이 좋아하는 채소입니다.

연구에 따르면 혈관을 강하게 하고 열을 낮추며, 잇몸과 구강내의 염증, 고혈압, 동맥경화 예방에도 효과가 있다고 합니다.
다시 말해 가지는 벤조피렌이나 아플라톡신을 비롯해 탄음식에서 나오는 발암물질 등에 대해 억제가 브로콜리나 시금치보다 약 2배정도의 효과가 있었으며, 암세포를 이용한 실험에서도 암활성을 억제시키는 효과가 높았습니다.

가지에 함유된 암 예방물질은 알칼로이드, 페놀화합물, 클로로필, 식이섬유소 등이 있지만, 청색의 안토시아닌이 항산화와 암 예방에 중요한 역할을 합니다. 즉 성인병을 막아주는 과일로 블루벨리를 많이 섭취하는데, 가지가 블루벨리의 대체식품으로 쉽게 먹을 수 있습니다.
가지의 식이섬유소는 대장암이나 유방암의 원인인 동물성 지방과 콜레스테롤을 대장에서 제거시켜주며, 장운동의 촉진과 함께 변비 예방에도 탁월하다.

이밖에 각기, 화농, 치통, 혈변, 하리 등에 대한 약리성분도 함유되어 있습니다.

◎ 암을 이기는 한국인들의 보약음식 만들기

◎ 가지 된장소스 찜

– 암을 이기는 보약음식의 궁합재료
가지 3개, 돼지고기 100g, 밀가루 2큰술, 잘게다진 파, 마늘 약간, 소금, 후추 약간, 참기름 약간,
된장소스 재료 : 물 1½컵, 멸치 10g, 양파 ¼개, 풋고추 1개, 홍고추 1개, 된장 2큰술, 고춧가루 작은술, 마늘 조금

① 가지 칼집내어 절이기
가지는 5㎝길이로 토막을 내어 도막위에 세우고 자른 면에 열십자로 칼집을 넣고 소금을 뿌려 절였다가 물기를 꼭 짠다.
② 고기 양념하기
고기에 다진파, 다진마늘, 소금, 후추, 깨소금, 참기름으로 양념합니다.
③ 가지에 고기끼워넣기
가지에 밀가루를 뿌리고 양념한 고기를 열십자 부분에 끼웁니다.
④ 된장소스 만들기
멸치, 양파, 풋고추, 홍고추, 파, 마늘을 아주 잘게 썰어 기름을 두른팬에 볶다가 된장과 고춧가루를 풀고 물을 부어 끓입니다.
⑤ 소스로 찜하기
끓기 시작하면 가지를 넣고 뚜껑을 덮어 간이 충분히 배도록 찜니다.
⑥ 가지 양념하기
가지는 수분이 많으므로 소금에 절인 다음 물기를 꼭 짜냅니다. 된장과 멸치양념으로 찜을 하면 구수하고 깊은 맛이 난다.

1) 가지볶음

– 암을 이기는 보약음식의 궁합재료
가지 2개, 대파 1/2개, 마늘 2쪽, 소금 약간, 까나리액젓, 깨소금, 참기름 2작은술,

후춧가루, 실고추 조금(혹은 붉은 고추)

① 가지는 꼭지를 떼고 1cm의 폭으로 어슷 썬 뒤 약하게 간한 소금물에 담가둡니다.

② 마늘은 납작하게 썰어놓고 대파는 어슷 썬다.

③ 가지는 물에서 건져 물기를 제거합니다.

④ 오목한 팬을 달구어 기름을 두른 후 마늘편을 넣어 향을 낸 후 가지를 넣고 볶습니다.

⑤ ④에 어슷 썬 파와 소금, 까나리젓, 깨소금, 참기름 등의 양념을 넣은 후 중불에서 오랫동안 볶아냅니다.

2) 가지튀김

암을 이기는 보약음식의 궁합재료
가지 1개, 치즈 3장, 계란 1개, 밀가루 2작은술, 빵가루 1C, 튀김가루, 소금 조금

① 가지는 0.5cm두께로 썰어 연한 소금물에 담궜다 건집니다. 꺼낼때에는 작은 체를 겹쳐서 쓴다.

② ①의 가지에 밀가루를 묻히고 가지와 가지사이에 치즈를 넣어줍니다.

③ ②에 계란물, 빵가루를 씌운다.

④ 튀김기름의 온도가 오르면 ③을 튀겨냅니다.

3) 가지무침

암을 이기는 보약음식의 궁합재료
가지 400g, 실파 1뿌리, 붉은고추 1개, 간장 3큰술, 깨소금 반큰술, 소금 약간, 참기름 2작은술, 마늘 반큰술

① 가지는 꼭지를 떼고 길이로 반 갈라 속이 위를 향하게 놓는다.

② 소금을 약간 넣어 쪄 낸 후 찬물에 잠시 담갔다가 건져 놓는다.

③ 실파는 다지고, 붉은고추는 2등분한 후 씨를 털고 다집니다.

④ 다져놓은 붉은 고추, 실파와 간장, 깨소금, 고춧가루, 마늘, 참기름을 분량대로 섞어 양념장을 만듭니다.

⑤ 쪄내어 식힌 가지는 가지런히 담고 양념장을 얹는다.

⑥ 먹을때 찐 가지와 함께 무쳐먹습니다.

4) 가지김치

– 암을 이기는 보약음식의 궁합재료
가지, 부추_ 굵은 파, 마늘, 생강, 고춧가루, 소금, 보리쌀

① 가지는 연하면서 너무 굵지않은 것으로 골라 꼭지를 잘라내고 10㎝ 길이로 자른다. 양끝의 1㎝ 정도씩을 남기고 가운데에 두세갈래의 칼집을 낸다.
② 부추와 무는 씻고 다듬어서 1㎝길이로 썹니다.
③ 굵은 파는 깨끗이 다듬어서 곱게 다진다.
④ 마늘과 생강은 껍질을 벗기고 다듬어서 찧어놓습니다.
⑤ 보리쌀은 물 4컵을 붓고 물의 양이 반으로 줄어들때까지 삶은 다음 체에 받쳐 물만 받아냅니다.
⑥ 칼집이 난 가지를 찜통에 넣고 10분정도 찐다.
⑦ 썰어놓은 부추에 무채와 고춧가루, 다진 파, 다진 마늘과 생강을 넣고 소금으로 간을 하여 버무립니다.
⑧ 찐 가지의 칼집사이사이에 속을 넣고 항아리나 단지에 차곡차곡 담는다.
⑨ 보리삶은 물에 소금을 약간 넣고 간을 맞추어 항아리에 붓고 익힙니다.

▶ 쑥이 함유하고 있는 다양한 성분들이 암을 예방하는 효과가 있습니다.

52. 쑥

1945년 원자폭탄이 투하됐던 히로시마에서 가장 먼저 자라난 식물이 쑥이었다고 합니다. 그 정도로 쑥의 생명력은 유달리 강한데, 식물을 찾아보기 어려운 버려진 땅에서 오직 쑥만 자라난 경우가 많다고 한다.

쑥이 가지고 있는 독특한 향은 치네올이라는 성분때문이며, 무기질과 비타민이 풍부하다. 이 치네올은 우리가 복용을 하게 되면 위액분비를 촉진시켜줍니다.

그래서 소화력을 도와주며, 또한 우리 몸속에서 항균내지는 살균효과가 아주 뛰어납니다.

암을 예방하는데 있어 가장 중요한 성분은 항산화 활성이 높아 활성산소를 제거하는데 탁월한 효과가 있는 비타민A와 베타카로틴 입니다. 이뿐아니라 쑥이 함유하고 있는 다양한 성분들이 암을 예방하는 효과를 지니는데, 그 대표적인 성분으로는 요모긴과 아르테미시닌을 들 수 있습니다. 그중 요모긴은 아폽토시스(암세포 자살 유도)를 유도해 암을 예방하는 역할을 합니다.

특히, 비타민A가 매우 풍부해 하루에 쑥 80g만 먹어도 필요한 비타민A 양을 충분히 공급할 수 있습니다. 쑥에는 항산화활성이 높은 베타카로틴이 풍부하게 함유되어 있습니다.

베타카로틴은 몸속에 들어와 비타민A로 전환되는데 몸속에서 전환된 이 비타민A가 몸 안에 침입한 세균이나 바이러스에 대한 저항력을 높여주는 암과 같은 질병에 대한 면역기능을 향상시켜줍니다.

◎ 암을 이기는 한국인들의 보약음식 만들기

1) 애탕

– 암을 이기는 보약음식의 궁합재료

삶은 쑥 100g, 쇠고기 100g, 밀가루 1/2컵, 달걀 2개, 실파, 맑은 집간장, 양념장(간장에

다진 파, 다진 마늘, 후추, 참기름, 깨소금)

① 쑥은 살짝 데쳐 찬물에 헹군 뒤 꼭 짜서 곱게 다집니다.

② 쇠고기는 곱게 다져 양념한 다음, 다진 쑥을 넣고 함께 버무려 완자로 빚는다.

③ 양지머리 국물에 간을 한 후 팔팔 끓이다가 완자를 밀가루에 굴리고 달걀을 입혀 하나씩 떠 넣습니다.

④ 파를 넣고 한소끔 끓인다.

2) 쑥국

– 암을 이기는 보약음식의 궁합재료

다시용 멸치 15마리, 물 3컵, 쑥 1종(손으로 잡았을때 한뭉치), 잘게다진마늘 3/1수저, 된장 3/2수저, 고추장 3/1수저

① 다시용 멸치를 냄비에 불을 올리고 살짝 볶아줍니다.

② 물을 붓고 10분정도 팔팔 끓인 다음 멸치는 건져낸다.

③ 끓인 다싯물에 된장, 고추장을 넣고 잘 풀어주고 다진 마늘을 넣어줍니다.

④ 한번 팔팔 끓으면 쑥을 넣고 불을 꺼준다.

3) 쑥버섯 볶음

– 암을 이기는 보약음식의 궁합재료

쑥 50g, 표고버섯 3장, 양송이 50g, 마늘 1작은술, 간장 2작은술, 설탕 약간, 소금 약간, 후추(가루) 약간, 식용유 조금

① 마른 표고버섯은 따뜻한 물에 불려 밑둥을 없애고 물기를 꼭 짠 다음, 채를 썹니다.

② 쑥의 질긴 부분을 없앤 후 끓는 물에 데쳐 물기를 짠다.

③ 느타리버섯은 끓는 물에 데쳐 물기를 없애고 손으로 찢습니다.

④ 팬에 식용유를 두르고 저민 마늘을 볶다가 표고버섯, 느타리버섯, 쑥을 넣고 볶는다(센 불에서 빠르게 살짝 볶아야 맛있다.)

⑤ 간장, 설탕, 소금, 후춧가루를 섞어 4에 넣어 간을 해 마무리 합니다.

▶ 베타카로틴과 비타민C가 항암작용을 하여 암예방에 효과적 입니다.

53. 곰취

깊은 산속에서 곰이 먹는 나물이라 하여 붙여진 이름이다. 또한 말발굽 모양을 닮아서 마제엽(馬蹄葉)이라고도 합니다.

곰취는 참취, 참나물과 함께 취나물 중에서는 가장 알아주는 산나물 입니다.

지방에 따라 웅소나물이라 부르기도 하며, 근영식물로는 곤달비, 어리곰취(어리곤달비), 긴잎곰취, 털머위, 새뿔곰취, 화살곰취, 왕가시곰취, 갯곰취, 개담배 등이 있습니다.

깊은 산속에서 주로 자라나 해발 고도에 따라 생육지의 주변환경이 다르게 나타난다. 표고 500m이상에서는 햇볕이 잘 드는 양지의 풀밭에 다른 잡초들과 섞여서 생육하고 낮은 곳에서는 낙엽수림 하부의 북사면에 주로 생육합니다.

우리 식생활 문화를 육류에서 채소류쪽으로 바꾸는데 힘을 써오면서 특유의 입맛을 내기 위해 쌈, 절임, 곰취감치까지 만들어서 식탁에 올립니다.

육류를 높은 온도에서 구울때 육유중의 단백질이 열분해되는 과정에서 생성되는 발암물질이나 담배를 태울때 생성되는 벤조피린 등과 같은 발암물질의 활성을 곰취가 60~80%정도 억제하는 효과를 나타냅니다.

곰취에는 베타카로틴과 미타민C가 풍부하게 함유되어 있어 항암작용을 하기 때문에 암예방을 하는데 효과적 입니다. 또한 육류를 불에 직접 구우면 암을 유발하는 타르질이라는 발암물질이 발생하는데, 이 발암물질을 최고 80%정도 억제하는 효과가 있어서 고기를 구워먹을때 함께 먹으면 정말 좋습니다.

곰취는 칼슘과 기름이 많아 산성체질을 개선해주고, 노화를 방지해주며, 정신적, 육체적 피로를 회복시켜주는 기능을 가졌다. 또한 모든 장기의 기능을 강화하고 정상화시켜 건강을 유지하는데 좋은 식품입니다.

◎ 암을 이기는 한국인들의 보약음식 만들기

1) 생취나물

– 암을 이기는 보약음식의 궁합재료

생취를 데쳐서 200g, 마늘 다짐 1작은술, 국간장 2작은술, 소금 손으로 잡아서 1번, 식용유 1작은술, 들깨가루 1큰술, 참기름 1작은술, 들기름 1작은술, 대파다짐은 1큰술

① 손질한 생취를 끓는 물에 소금을 조금 넣고 부드럽게 데쳐냅니다.
② 물에 여러번 씻어서 물기를 꼭 자서 준비한다.
③ 양념①에 버무려서 약 불로 꼭 자서 볶은 후 불을 끈다.
④ 양념②에 다시 무치면 됩니다.

곰취	취나물

2) 곰취장아찌

① 곰취를 다듬어 깨끗이 씻어 체에 받쳐서 물기를 완전히 뺍니다.
② 단지에 물기를 뺀 곰취를 넣고, 설탕, 간장, 식초를 동량으로 섞어서 붓고 꼭 눌러놓는다.
③ 3일후에 곰취를 건져서 체에 받치고 남은 국물을 끓여서 식힌 다음 다시 넣습니다.
④ 위의 방법으로 일주일 간격으로 ②을 반복한 뒤 서늘한 곳에 보관한다.
   위의 방법으로 하면 1년내내 맛이 변하지 않고 아무탈 없이 먹을 수 있습니다.

3) 취나물김치

취나물을 삭혀서 고춧가루, 콩죽, 홍고추, 감촛물 등을 넣고 버무린 김치로 독특한 취나물의 맛과 향이 입맛을 돋워주어 봄철에 사찰에서 많이 담가먹는 김치다.
취나물은 특유의 쌉쌀한 맛을 빼기위해 소금물에 담가 무거운 것으로 눌러 3일정도 삭혀줍니다.

▶ 김은 대장암과 위암의 발병률을 낮춥니다.

54. 김

김이 가지고 있는 단백질의 아미노산 조성은 타우린이 약 ①0%정도 함유되어 있으며 식품중에서는 오징어, 문어, 굴 등의 몇몇 수산제품을 제외하고는 가장 함량이 높다.

타우린은 항암 아미노산으로 콜레스테롤 저하 간장보호 작용뿐만 아니라, 어린아이의 성장에 매우 중요한 아미노산으로 분유에 함유시키고 있는 성분입니다.

또한 김에는 비타민B12가 비교적 다량 함유되어 있는데, 이 비타민은 두뇌발전과 밀접한 비타민이다. 따라서 어린이의 성장에 중요한 타우린과 비타민 섭취를 위해서는 김의 섭취가 매우 중요합니다.

김은 대장암과 위암의 발병률을 낮춘다. 김의 함유성분중 포피란은 김에만 들어있는 생리활성물질이면서 식이섬유의 일종입니다. 이것은 장의 활동을 원활하게 하고, 배변이 잘 되게 하여 유독성분이 장내에 머무는 시간을 줄이는 등 유독성분의 흡수를 차단하여 대장암의 발병률을 낮추는 것입니다. 또 푸코이단, 알긴산 등과 마찬가지로 다양한 암세포의 자연적 세포사멸을 유도하여 암세포의 성장을 억제하기도 합니다.

또한 동맥경화, 콜레스테롤 축적, 고혈압 등의 성인병 예방에 매우 우수한 효과를 나타내는 EPA(20:5)의 함량이 전체 지방산의 약 절반을 차지하고 있어 식이섬유인 포피란과 더불어 성인병 예방식으로 매우 우수한 식품입니다.

김과 관련한 민간요법으로 알려진 것에는 다음과 같은 것들이 있습니다.

폐병, 다담농혈(多痰膿血), 구취, 자한(自汗), 도한(盜汗) 등의 증세에 김 20장을 마시면 효험을 본다. 이때 소금이나 간장을 첨가하지 말아야 하며, 만약에 부작용으로 복통이 생기면 끓인 물에 식초를 조금 타서 마십니다.

고혈압과 동맥경화에는 김 한장을 불테 구워 부순 다음, 끓인 물로 하루 3~6회 복용한다. 이것은 혈관을 소제하고 혈압을 완화시키므로 좋은 효과가 있습니다.

폐농양, 토혈농(吐血膿), 해수 등에는 한사발의 물에 김 10장을 넣어 달여서 매일 3회씩 식후 복용한다. 이것은 보조치료의 효과가 있습니다.

◎ 암을 이기는 한국인들의 보약음식 만들기

1) 김부각

– 암을 이기는 보약음식의 궁합재료

김 5장, 찹쌀가루 1/2컵, 물 1컵, 소금 1작은술, 튀김기름 적당한량

① 냄비에 분량의 물과 찹쌀가루를 넣고 덩어리지지않게 저어가며 끓여 찹쌀풀을 만든다. 걸쭉해지면 소금을 넣고 그릇에 옮겨 차갑게 식힙니다.
② 김을 한장씩 넓게 펴고 ①의 찹쌀풀을 얇게 골고루 펴 바른다.
③ 김을 햇볕에 널어 2~3일 말립니다.(70℃로 예열한 오븐에 30분정도 구우면 쉽게 김부각을 완성할 수 있습니다.)
④ ③의 김을 150℃의 튀김기름에 하나씩 튀겨 먹기좋은 크기로 잘라 그릇에 담습니다.

2) 김 계란국

① 김 3장(큰것)을 부숩니다.
② 계란 2개를 푼다.
③ 섞고 물 2컵이상 붓고 끓이면 됩니다.

3) 김장아찌

암을 이기는 보약음식의 궁합재료

김 50장, 밤 3개, 간장 3컵, 올리고당 1컵, 설탕 1컵, 꿀 4큰술, 양파 1개, 생강 1개, 다시마 1개, 청양고추 2개, 마늘 10개, 말린고추 3개, 통후추 1큰술, 백포도주 1/2컵, 물 2~3컵

① 김밥용 김 500장을 10장씩 겹쳐서 8등분 합니다.
② 김 20장을 한 묶음으로 만들어 조리용 실로 묶습니다.
③ 냄비에 양파, 말린 홍고추 3개, 통후추 1큰술, 생강 1개, 마늘 10개, 청양고추 2개, 다시마 1개, 설탕 1컵, 간장 3컵, 올리고당 1컵을 넣습니다.
④ 냄비에 백포도주 1/2컵, 꿀 4큰술을 넣고, 물을 2~3컵정도 보탠후 20분정도 끓입니다.
⑤ 다 끓여진 간장을 체로 거른 다음 식힌다.

⑥ 끓였던 다시마를 건져낸 다음 적당한 크기로 썹니다,

⑦ 묶어둔 김을 그릇에 담는다.

⑧ 김에 밤채와 통깨를 약간 뿌리고 다시 김을 얹는 것을 반복합니다.

⑨ 김 위에 식힌 간장을 붓고 15일간 삭힙니다.

⑩ 간장을 붓고 김이 떠오르면 김을 눌러주고 1~2번정도 뒤집어 준 다음 냉장 보관합니다.

⑪ ① 썰어놓은 다시마를 김과 함께 담습니다.

제5장 암정복 정보

▶ 암세포를 자살시키는 식품15가지

① 생강　　　　　　면역력 항암작용 항균작용
② 미역귀　　　　　후코이단 성분 항암작용
③ 고추　　　　　　켑사이드신 항암작용
④ 노루궁댕이버섯　베타글루칸 면역력
⑤ 쑥　　　　　　　요모긴 테미시닌 암세포공격 고혈압 동맥경화
⑥ 포도　　　　　　레스베라트롤은 암세포를 자살시키는 성분
⑦ 톳　　　　　　　후코인단 성분
⑧ 브로콜리　　　　대장암효과
⑨ 인삼　　　　　　암세포 전이 억제
⑩ 콩　　　　　　　아이소플라본
⑪ 도라지　　　　　암세포 소멸 수족냉증
⑫ 딸기　　　　　　비타민이 풍부
⑬ 아보카도　　　　발암물질 제거
⑭ 청국장　　　　　유방암 직장암 폐암
⑮ 녹차　　　　　　카테킨 성분은 암성장 속도

▶ 암 당뇨 심장질환 없애주는 검정색 음식 6가지

① 검정콩　　　　　오메가3 지방산일종인 알파-리놀레산 심장질환
② 흑차　　　　　　안토니시아닌황산제
③ 검정랜즈콩　　　철분
④ 흑미　　　　　　테아플리빈이라는항산화제 근육염증 심장마비
⑤ 검정콩　　　　　혈전층
⑥ 검정강남콩　　　바이오플라보노이드 덩어리 암을막아주는성분
⑦ 블랙베리　　　　폴리페놀 인지기능저하막아준다

▶ 블랙커피가 몸에 미치는 영향 6가지

① 두뇌 우울증 예방 장기기억력 향상
② 간질환 예방
③ 심장기능 촉진
④ 당뇨 방지
⑤ 통풍 방지
⑥ 피부 세포암 방지
⑦ 혈압 안정
⑧ 다이어트
⑨ 변비 예방

▶ 죽은관절살리는약초 6가지

① 황칠나무 골다공증
② 오가피   뼈를 강화 자라나는 어린이에게 좋음
③ 개다래   신장질환 퓨린 성분이 통증치료에 좋다
④ 울금   치매 통풍 위암 전립선암 노화방지
⑤ 접골목   고혈압 동맥경화 심장질환 골다공증
⑥ 우슬   엑크디손이라는 성분이 근골격 류마티스 관절염과 퇴행성 관절

▶ 신장에 좋은 음식

팥, 검은콩, 밤, 율무, 옥수수염, 수박, 배, 늙은호박, 오이, 녹두, 결명차, 국화차

▶ 우엉차를 마시면 나타나는 몸의변화

① 혈관건강 리그닌 사포닌 이라는성분이 혈관에 쌓인 콜레스트롤 효과적으로 배출
   뇌졸중 심근경색에 좋다.
② 사포닌의 강력한 항산화 효과 노화방지
③ 알카로이드 인체의 치유력을 향상
④ 변비 해소 셀룰로이스 식물성섬유질
⑤ 여성의 호르몬 조절 생리통 생리불순을 완화해주는 효과
⑥ 팔미트산 성분 당뇨 비만예방 포만감
⑦ 철분이 풍족 빈혈환자에 좋음
⑧ 신장을 보호해주는 아눌린성분 몸의 붓기를 빼주고 이뇨작용
⑨ 탄닌성분 소염작용 두두러기 아토피 습진
⑩ 아르기닌이라는 성분은 뇌를 튼튼하게 치매를 예방

제6장 비만 원인과 비만이 불러오는 암

▶ 비만 원인

간과근육에 글리코겐이라는형태로 저장시키는역활을 합니다.

탄수화물이 가장많이 인슐린분비를 자극합니다.

탄수화물 단백질 지방 중 탄수화물이 가장많이 인슐린을 분비 피하지방 에너지저장 단열 여성 폐경후비만 내장지방 발열물질 태어나동면하는동물 남성 30세 이상 과하면 동맥경화 심장병 뇌졸중 식후에는 부교감 신경이 우세 수면후 일부는 글리코겐 나머지는 지방으로 축적

▶ 비만이 불러오는 암

① 위암

② 간암

③ 자궁암 에스트로겐 과잉분비

④ 담낭암

⑤ 췌장암

▶ 비만 치료

① 공복 유지

② 과도한 단백질

③ 천연발효식초

④ 수요성 식이섬유

⑤ 일일2식 일일1식

⑥ 밤 10시부터 새벽 2시 숙면 지방연소

⑦ 내장지방은 찬물로 목욕 연소

1. 암을 불러오는 음식

① 간식

② 유전자 조작 식품

③ 통조림

④ 전자랜즈용팝콘

⑤ 탄산음료

⑥ 다이어트 식품

⑦ 말린 고기

⑧ 간식

⑨ 크림빵

⑩ 식빵에 마가린

⑪ 베이컨 햄 소세지

⑫ 과일주스(방부제)

⑬ 저지방무지방요구르트

⑭ 깡통반찬

2. 암 유발

① 나무젓가락 – 아프라톡신 표백제 광택제 곰팡이방지제

② 물티슈 – 방부제 형광증백제

③ 플라스틱용기 – 자궁암 전립선염

⑤ 합성비타민 과다섭취 – 신장 결석

3. 칼슘 부족이 암을 유발시킨다

1) 칼슘 수명

우유에 들어있는 영양소인 칼슘은 뼈를 만들고 건강을 유지하는데 매우 중효한 영양소다. 칼슘은 혈전을 돕고 근육을 수축시켜 혈압을 조절하기 때문이다.

칼슘은 전해질로써 근육에 전기 자극을 전달하는 영양소로 몸 안에 90% 이상이 벼와 치아에 저장된다. 태아의 뼈는 7년 정도 유지되는데 5세까지 1년에 15% 정도가 소멸되고 새로 생성된다. 그러므로 뼈는 35세 까지 많은 칼슘을 저축해 뼈를 튼튼하게 해야한다.

칼슘이 부족하면 우리 몸에는 여러 증상이 나타나는데 충치가 많이 생기고, 다리에 쥐가 자주 나고, 손발이 저리며 탈모 증상이 나타난다. 불면증이나 수면장애, 구부정한 자세, 건망증, 발작 증세가 나타날 수도 있다. 나이 들면서 우리 몸은 1년에 3%씩 감소하는 칼슘은 근육을 수축 이완할 수 있도록 저축한 칼슘을 빌려온다.

칼슘이 부족할 때는 우유나 치즈 요거트 등 고 칼슘 유제품이나 시금치 케일과 같은 녹색 채소 야채를 섭취할 필요가 있다. 그 밖에 아침 식사와 두유 곡물 등에 칼슘이 들어있답니다.

2) 칼슘의 배합

칼슘+비타민D+비타민k2+마그네슘+오메가3
(수축)   (이완)

3) 칼슘 보충 식품

① 달걀 ② 시금치 ③ 생선(오메가3)
④ 두유 ⑤ 양파 ⑥ 병아리콩 ⑦ 치즈 ⑧ 요거트 ⑨ 홍합
⑩ 멸치 등 음식을 골고루 섭취하는 게 건강을 지키는데는 매우 중요하다.

4) 혈액암 (비타민 C)

혈액암은 혈액을 구성하는 성분에 생긴 암을 포괄적으로 이르는 말로 혈액이나, 조혈기관, 림프절, 림프기관 등에 발생한 악성종양으로 혈액내에 종양세포가 발생하면 혈액내 혈구세포가 제 기능을 하지 못하게 되면서 생기는 병으로 백혈병, 악성림프종, 다발성골수종, 재생불량성 빈혈 등이 있다.

혈액암이 발생하게 되면 그 증상으로는 빈혈과 식욕부진, 체중감소, 피로감등이 나타나며 흉골에 통증이 나타나기도 하며 림프절이 붓기도 한다.

병이 진행되어 중추신경계를 침범했을땐 구토와 경련, 뇌신경마비 등 위험한 증상이 나타나기도 한다.

혈액암에 좋은 음식 첫번째는 바로 신선한 야채와 과일인데 특히 비타민c가 풍부한 레몬과 오렌지 등은 나트륨 배출에 효과적이며 폴리페놀과 청분 등 해독작용을 하는 포도도 혈액암에 좋은 음식이다.

미역과 다시마는 혈액의 혈전제거에 도움이 되며 꽃송이 버섯은 탁월한 항암효과가 있다.

한국방송통신대학100만명양성
세계선호도1위대학으로
www.knou.ac.kr

isbn 9791193186619
정가 38000원

저자 김정수
출생 전북고창
약력 방통대 경제학과
국내최초국가기간전산망
국내최초이동통신사업자선정
비트코인 백만장자저자
억만장자선물옵션저자
발행일 10월28일